西北大学"双一流"建设项目资助

数字经济的逻辑及场景研究

Research on the Logic and Scenarios of the Digital Economy

钞小静　薛志欣　廉园梅◎著

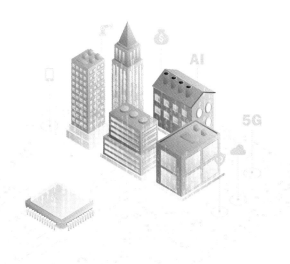

人民出版社

策划编辑:郑海燕
责任编辑:张　蕾
封面设计:牛成成
责任校对:周晓东

图书在版编目(CIP)数据

数字经济的逻辑及场景研究/钞小静,薛志欣,廉园梅 著. —北京:
　人民出版社,2023.12
ISBN 978－7－01－026026－6

Ⅰ.①数…　Ⅱ.①钞…②薛…③廉…　Ⅲ.①信息经济-研究-中国
Ⅳ.①F492

中国国家版本馆 CIP 数据核字(2023)第 200330 号

数字经济的逻辑及场景研究
SHUZI JINGJI DE LUOJI JI CHANGJING YANJIU

钞小静　薛志欣　廉园梅　著

人民出版社 出版发行
(100706　北京市东城区隆福寺街 99 号)

中煤(北京)印务有限公司印刷　新华书店经销

2023 年 12 月第 1 版　2023 年 12 月北京第 1 次印刷
开本:710 毫米×1000 毫米 1/16　印张:20.25
字数:230 千字

ISBN 978－7－01－026026－6　定价:105.00 元

邮购地址 100706　北京市东城区隆福寺街 99 号
人民东方图书销售中心　电话 (010)65250042　65289539

序 一

在更大范围、更深层次的科技革命和产业变革中,云计算、人工智能、大数据、区块链等数字技术加速创新,与经济之间的融贯大幅增加,发展数字经济已经成为构筑国家竞争新优势、增添发展新动能的关键力量。党的十八大以来,我国将发展数字经济上升为国家战略。2021 年 10 月 18 日,中共中央政治局就"把握数字经济发展趋势和规律,推动我国数字经济健康发展"进行第三十四次集体学习。2021 年 12 月,国务院印发《"十四五"数字经济发展规划》明确指出 2025 年数字经济应迈向全面扩展期。中共中央、国务院印发了《数字中国建设整体布局规划》进一步明确数字中国的整体框架。如何做强做优做大我国数字经济已经成为我国政府与学术界最为关注的重点问题之一。

作为一种新型经济形态,数字经济是随着数字技术的应用场景、应用层次及其与实体经济深度融合而不断发展的。《中华人民共和国国民经济和社会发展第十四个五年规划和 2035 年远景目标纲要》在强调加快数字化发展,建设数字中国重要性基础上,对数字经济应用场景具体范围提出明确要求。这意味着发展数字经济、拓展数字经济应用场景将是我国实现高质量发展的重要基点,特别是随着产业数字化转型的快速推进和数字产业化水平的显著提升,其应用场景也将延伸至经济社会的多个领域。然而,由于关键数字创新能力不足、产业链供应链受制于人、数字鸿沟尚未有效弥合等问题的存在,发展多元化数字经济应用场景仍存在较多困境。现有研究主要关注数字经济在绿色可持续、产业结构升级、国家治理模式转变等方面的影响效应,并未充分讨论数字经济及其典型应用场景的经济效应。而对这一问题的研究不仅可以更深入地理解数字经济与国民经济之间的新机制,也有助于为数字经济发展新优势的培育提供施政参考。

钞小静教授的《数字经济的逻辑及场景研究》通过构建"核心构成—关键支撑—典型应用"三位一体的分析框架,讨论数字经济及其典型应用场景产生的经济效应。研究内容包括:(1)从"核心构成—关键支撑—典型应用"三个维度构建理论分析框架,研究数字经济及其核心应用场景在不同层面产生经济效应的理论机理。(2)数字经济核心构成产生的经济效应研究。聚焦数据要素、关键数字技术等数字经济的核心构成对我国制造业高质量发展、企业绿色创新和企业高质量发展等方面产生的经济效应及其作用机制,并以中国地级市层面面板数据为样本,采用系统广义矩估计、空间计量等方法进行实证检验。(3)数字经济关键支撑产生的经济效应研究。聚焦新型数字基础设施,研究其对我国经济高质量发展、经济韧性和企业升级等方面产生的经济效应及其作用机制,并以中国地级市或企业层面的面板数据为样本,采用双向固定效应、分位数回归等方法进行实证检验。(4)数字经济典型应用产生的经济效应研究。分析数字贸易和数字金融等应用场景对我国企业全球价值链、企业创新效率等方面产生的经济效应及其作用机制,并以企业层面的面板数据为样本,采用双重差分模型、倾向得分匹配等方法进行实证检验。

该书在整体协同联动的理论逻辑下构建"核心构成—关键支撑—典型应用"的系统分析框架,同时以数字经济的理论内涵为依据探索其驱动我国经济发展的具体机理和路径,在理论上具有鲜明的研究价值:第一,将数字经济与其核心应用场景置于同一框架讨论其产生的经济效应,深化了数字经济的理论研究。现有文献尚未权衡好研究数字经济整体与其核心应用场景之间的全面性与精准性问题。而数字经济是一种不断演进发展的新型经济形态,随着新一轮科技革命和产业变革的深入发展,其理论内涵开始呈现出更加丰富多维的业态表现,因此数字经济整体和各组成部分之间大都具有独特属性。基于此,该书将数字经济及其核心应用场景置于同一框架,在刻画数字经济整体层面经济效应的同时研究其核心应用场景的具体作用,深化了现有的数字经济相关理论。第二,基于整体协同联动的理论逻辑完善了数字经济的理论研究。现有文献倾向于在宏观层面研究数字经济对经济增长或经济发展的影响,但是数字经济及其核心应用场景的经济效应大都具有全局性、协同性的特点,宏观层面的经济效应并不能包含其产生的所有影响。该书从"核心构成—关键支撑—典型应用"三个维度建立分析框架,系统阐释数字经济及其核心应用场景在我国不同层面产生的经济效应,拓展了现有的数字经济相关理论。

在数字化的时代,发展数字经济是把握机遇、赢得未来的战略选择。深刻认识数字经济的内在逻辑与应用场景在我国经济社会发展中所起到的作用,准确把握我国及全球数字经济发展的演变趋势,对构筑国家竞争新优势具有重要意义,亦是应对世界百年未有之大变局的重要举措。是以为序。

南京大学文科资深教授　洪银兴

2023 年 6 月 8 日

序　二

　　党的二十大报告提出"加快发展数字经济,促进数字经济和实体经济深度融合,打造具有国际竞争力的数字产业集群"。新发展阶段,数字经济在我国国民经济中的地位稳步提升,已经成为中国经济提质增效的新变量、培育高质量发展的新动能、推进中国式现代化的新机遇。近年来,我国经济以高质量发展为主线,以数字产业化、产业数字化为主攻方向,加快推进数字基础设施建设,数字经济的新业态和新模式不断涌现,数字经济正在成为新发展阶段经济发展的新引擎和新优势。

　　在新发展阶段,我国经济面临着培育新动能的任务,而数字经济的快速发展为我国经济发展新动能的培育带来了机遇。一是推动我国智能产业发展的机遇。推动数字经济与实体经济的融合,是我国实现产业转型升级,进而推动智能产业发展的重要抓手与契机。以新一代信息技术与制造技术深度融合为特征的智能制造模式,正在引发新一轮制造业变革,数字化、虚拟化、智能化技术将贯穿产品的全生命周期,柔性化、网络化、个性化生产将成为制造模式的新趋势。同时在社会生活中,数字经济的影响与作用已经得到较好体现,电子商务、互联网金融、网络教育、远程医疗、网约车等为代表的智能服务业使我国居民的生产生活方式发生巨大改变。二是大力培育数字消费的机遇。在数字经济社会,人口红利已经由工业经济中的劳动力转变为以数字消费者数量为主导的生产要素。在新发展阶段,我国的数字消费者指数不断增长,数字化生活的渗透力度更为明显。智能制造能够为数字消费提供日趋完善的硬件和信息服务,5G、人工智能等数字基础设施能够完善数字消费的平台建设,从而增进数字消费的满足感。我国具有人口规模巨大的优势,人口规模和科技水平都有利于提升数字消费的广度和深度。三是加速数字基础设施投资的机遇。随着数字经济的发展,数字基础设施的概念更广泛,既包括了信息基础设施,也包括了对物理基础设施的数字化改造。传统物理基础设施驱动经济增长的过程中,衍生出政府投资对私人投资的挤出效应,抬高了投资的成本。数字基础设施形成的关键是技术,并且数字基础设施投资不再受物理空间的制约,投资形成的过程中不会挤占数量有限的土地资源,投资效率远高于物理基础设施,在进入新发展阶段的背景下要抓住数字基础设施投资的战略机遇,加快数字中国建设的步伐。

但是我国数字经济发展也存在一些问题,包括数字技术与实体经济融合程度不够高,工业生产智能化程度较低,企业数字化改造提升面临较高壁垒,推动数字经济发展的人才、技术和管理支撑不足。因此新发展阶段需要大力推进数字经济的应用场景建设,提高数字经济在我国新发展阶段经济发展中的首位度,在新发展阶段积极促进我国产业的数字化转型,积极推进数字产业的成长壮大,高度重视数字经济的人才队伍建设,完善数字经济发展的保障体系建设。

钞小静是我在西北大学工作期间从本科、硕士到博士指导下成长起来的新一代经济学者，主要从事经济增长质量、高质量发展研究，近年来主要从事数字经济赋能高质量发展研究。在《经济研究》等期刊发表 60 余篇论文，入选教育部新世纪优秀人才。她带领团队完成了《数字经济的逻辑及场景研究》一书，该著作对数字经济及其应用场景的经济效应进行系统梳理，为推动我国数字经济健康发展提供学理依据，在实践层面具有重要的应用价值。面对风高浪急的国际环境与艰巨繁重的国内改革发展稳定任务，我国将数字经济作为把握新一轮科技革命和产业变革新机遇的战略选择，该书系统讨论数字经济及其应用场景产生的经济效应及内在机理，寻找制约其更好发挥经济发展引擎作用的边界条件并探讨相应的破解路径，对推动我国数字经济健康发展的思路、举措具有重要参考价值。

数字经济是我国经济高质量发展的新引擎，在新发展阶段我们要积极推进数字产业的发展，推动数字经济新技术、新产品、新业态和新模式的成长，推进数字产业化进程，积极培育数字经济新兴产业。希望该书的出版能为我国数字经济应用场景建设提供思想引领，同时期待钞小静在数字经济赋能高质量发展方面能做出更好的研究成果。

南京大学数字经济与管理学院特聘教授　任保平

2023 年 6 月 8 日

目　　录

第二篇　数字经济的核心构成

第三篇　数字经济的关键支撑

第四篇 数字经济的典型应用

导　　论

一、研究数字经济的必要性

当前,新一轮科技革命和产业变革深入发展,数字经济作为继农业经济、工业经济之后的主要经济形态,反映了以信息通信技术为基础的新一代数字技术发展和应用的重要趋势,体现了信息与经济融合、数据与人交互的时代潮流,具有变革性、广泛性和持续性的特点,深刻改变着经济和社会发展。党的十八大以来,在党中央的高度重视下,发展数字经济上升为我国的国家战略,数字经济以前所未有的势头迅速发展,在国民经济中已经占有相当重要的地位。现阶段,进一步大力发展数字经济,有利于推动构建新发展格局,有利于推动建设现代化经济体系,有利于推动构筑国家竞争新优势,是重组全球要素资源、重塑全球经济结构、改变全球竞争格局的关键力量。《中华人民共和国国民经济和社会发展第十四个五年规划和2035年远景目标纲要》提出"加快建设数字经济""打造数字经济新优势",党的二十大报告和2023年政府工作报告也进一步强调要"加快发展数字经济""大力发展数字经济",因此,正确认识数字经济在推动我国经济运行整体好转中的战略性地位,对扎实推进中国式现代化具有重要意义。

(一)理论价值

就理论价值而言,本书结合新一轮科技革命和产业变革加速推进的特征事实,聚焦数字经济的基本元素,建立"核心构成—关键支撑—典型应用"的分析框架,探索其驱动我国经济发展的具体机理和路径,在理论上具有鲜明的研究价值和研究意义。

第一,将数字经济与其核心应用场景置于同一框架讨论其产生的经济效应,深化了数字经济的理论研究。数字经济是一种不断演进发展的新型经济形态,随着新一轮科技革命和产业变革的深入发展,其理论内涵开始呈现出更加丰富多维的业态表现。现有文献或是聚焦于数字经济整体层面讨论其理论内涵、发展现状以及对经济增长的影响等问题,忽略了其核心应用场景特有属性产生的独特影响效果,或是着眼于数字经济某一应用场景研究其产生的经济效应,整体代表性不足,无法权衡好数字经济相关研究的全面性与精准性问题。而本书将数字经济及其核心应用场景置于同一框架,在刻画数字经济整体层面经济效应的同时研究其核心应用场景的具体作用,是对现有数字经济相关理论的拓展与深化。

第二,基于整体协同联动的理论逻辑完善了数字经济的理论研究。现有文献主要从单一视角出发对数字经济如何在宏观层面影响经济增长或经济发展进行研究,但是数字经济的经济效应具有协同联动的特点,会对中国经济发展产生一系列全局性、长期性的影响,需要以经济理论为依据、立足数字经济的核心内涵总结其在多维度影响中国经济发展的机制与路径。因此,本书从"核心构成—关键支撑—典型应用"三个维度建立分析框架,研究数据要素、人工智能、工业互联网等核心构成,新型数字基础设施等关键支撑,数字贸易、数字金融等典型应用产生的经济效应,是在信息经济学、经济发展理论等理论层面的交叉研究。

(二)实践价值

本书基于"核心构成—关键支撑—典型应用"的分析框架,精准识别数字经济及其核心应用场景在不同层面产生的经济效应与作用机制,在中国经济发展实践层面具有鲜明的应用价值。

第一,本书对数字经济及其应用场景的经济效应进行系统梳理,为我国扎实推进中国式现代化提供明确方向。当今世界百年未有之大变局加速演进,国际力量对比深刻调整,冷战思维和集团政治沉渣泛起,世界经济复苏也在单边主义、保护主义的影响下展现出动力不足的发展态势。面对风高浪急的国际环境,我国将数字经济作为把握新一轮科技革命和产业变革新机遇的战略选择,通过发挥其在构建新发展格局、建设现代化经济体系和构筑国家竞争新优势中的重要作用,帮助我国经济实现在第四次工业革命中的换道超车。从国内看,中国正面临艰巨繁重的国内改革发展稳定任务,要进一步深化供给侧结构性改革、推动构建新发展格局,就必须把握好数字经济这一制胜法宝。因此,讨论数字经济及其应用场景产生的经济效应,既切合新时代发展的迫切需要,也为全面建设社会主义现代化国家提供了明确方向。

第二,本书对我国数字经济基本要素从"核心构成—关键支撑—典型应用"等维度产生的经济效应进行了细致的量化考察,为加快构建新发展格局提供数据参考。现有文献主要是从单一视角出发对数字经济如何影响经济增长或经济发展进行规范分析或实证检验,但是缺乏立足全局性视角刻画数字经济产生的经济效应的研究。基于此,本书在对数字经济的典型特征进行清晰界定的基础上,从"核心构成—关键支撑—典型应用"等不同维度选取切入点,实证检验数字经济及其核心应用场景在不同维度产生的经济效应,能够对数字经济驱动经济发展的作用效果进行多角度连续观测,从而为理解我国数字经济与经济发展之间的关系提供可靠的分析依据,为加快构建新发展格局提供相应的数据参考。

二、理解数字经济的研究框架和思路

随着新一轮科技革命和产业变革的深入发展,数字经济的理论内涵开始呈现出更加丰富多维的业态表现,本书聚焦数字经济的基本元素,建立"核心构成—关键支撑—典型应用"的分析框架,从整体和局部两个层面全面刻画数字经济产生的经济效应。具体来说,将数字经济的核心构成明确为数据要素和数字技术;将数字经济的关键支撑提炼为新型数字基础设施;将数字经济的典型应用确定为数字贸易和数字金融。

(一)研究内容

1. 数字经济的基本逻辑

本部分从信息经济的演进过程出发对数字经济进行理论溯源,将数字经济的典型特征归纳为以现代信息技术的集成迭代为核心驱动力、以数字化知识与信息为基本要素和以新兴技术与实体经济的融合迭代为作用路径,进一步结合现实背景从上述三个方面总结数字经济进一步发展的机遇和挑战。在此基础上,从经济高质量发展和产业现代化两个层面刻画数字经济产生的经济效应,梳理数字经济通过信息匹配效应、知识溢出效应、技术提升效应推动经济高质量发展的理论逻辑,阐释数字经济影响产业现代化的创新协同机制、要素整合机制以及二者间产生的共轭效应。

2. 数字经济核心构成产生的经济效应

本部分分别以数据要素和关键数字技术等数字经济核心构成为切入点,探讨其对制造业高质量发展、企业绿色创新和企业高质量发展等方面产生的经济效应及其作用机制。具体来说,数据要素可以有效渗透到制造业研发创新、生产制造与市场匹配全产业链条助推制造业高质量发展。人工智能可以通过推动研发人才集聚、研发资本集聚和信息集聚提升企业绿色创新绩效。工业互联网可以通过网络扩张效应降低信息交易成本、通过网络关联效应促进网络信息互联互通、通过网络整合效应整合重构零散资源推动企业高质量发展。

3. 数字经济关键支撑产生的经济效应

本部分立足新型数字基础设施这一数字经济关键支撑,探讨其对我国经济高质量发展、经济韧性和企业升级等方面产生的经济效应及其作用机制。具体来说,新型数字基础设施能够发挥技术创新效应提升创新效率、发挥市场整合效应打破市场分割、发挥生产率提升效应实现数据要素的叠加协同促进经济高质量发展;新型数字基础设施能够在经济抵抗维度发挥多样化效应、在经济适应维度发挥匹配效应、在经济转型维度实现创新效应增强我国经济韧性;新型数字基础设施可以发挥创新效应提高生产效率、发挥结构效应优化组织管理、发挥集聚效应实现价值链攀升促进企业升级。

4. 数字经济典型应用产生的经济效应

本部分将数字经济的典型应用提炼为数字贸易和数字金融，分别探讨其在企业全球价值链、企业创新效率等方面产生的经济效应及其作用机制。具体来说，数字贸易所形成的市场连接与渗透效应、价值共创效应和要素"虚拟化"配置效应有助于企业实现全球价值链中高端攀升。数字金融可以通过拓展资金来源与可得性缓解融资约束、缓解信息不对称降低代理成本促进企业创新效率提升。

（二）研究思路

本书沿着从整体到局部的逻辑思路展开：首先，在整体层面，综合信息经济、互联网经济、智能经济等相关理论，采用归纳推理法梳理数字经济的理论逻辑与典型维度，运用大数据挖掘等方法获取数字经济的相关数据，梳理并验证其对经济高质量发展、产业现代化产生的驱动作用。其次，在局部层面，建立"核心构成—关键支撑—典型应用"的分析框架，刻画数据要素、人工智能、工业互联网等核心构成，新型数字基础设施等关键支撑和数字贸易、数字金融等典型应用产生的经济效应及具体作用机理，并使用双重差分模型、自举法（Bootstrap）、倾向得分匹配等方法进行验证。

（三）研究方法

1. 归纳推理法

采用归纳推理法阐明数字经济的逻辑机理并建立分析框架。基于信息经济的演进过程将数字经济界定为由网络技术、数字技术、智能技术等新一代信息技术集成应用、协同迭代所衍生形成的

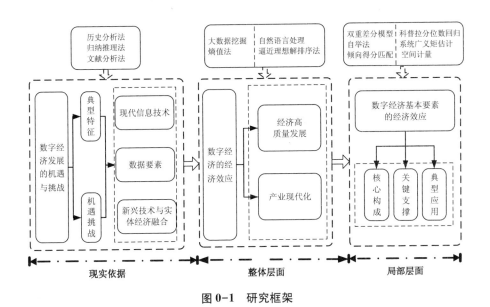

图 0-1　研究框架

各种新型经济形态的集合体系,在此基础上,建立"核心构成—关键支撑—典型应用"的三维系统分析框架,讨论数字经济不同层面产生的经济效应。

2. 统计分析法

从网络化、智能化、数字化和平台化四个维度构建数字经济综合指数,采用"熵值—逼近理想解排序法"测算度量中国 30 个省份的数字经济发展水平;从产业结构和产业组织两个维度构建产业现代化指标体系,采用纵横向拉开档次法测算度量中国 282 个地级及以上城市的产业现代化水平。

3. 计量经济法

采用计量经济法实证研究我国数字经济及其核心构成、关键支撑和典型应用产生的经济效应与具体机制。使用系统广义矩估计、空间计量分析实证检验数据要素、人工智能和工业互联网在制造业高质量发展、企业绿色创新、企业高质量发展等方面产生的经济效应;使用倾向得分匹配、双重差分模型实证检验新型数字基础设施在经济高质量发展、经济韧性、企业升级等方面产生的经济效应;使用工具变量法、自举法实证检验数字贸易、数字金融在企业全球价值链、企业创新效率等方面产生的经济效应。

三、研究数字经济的突破点

第一,在问题选择方面,立足更大范围、更深层次科技革命和产业变革的时代背景,将数字经济与其核心应用场景置于同一框架,研究其对我国经济发展的影响。让数字经济引擎释放新动能,进一步凸显其驱动经济发展的放大、叠加、倍增作用是构建新发展格局的关键所在。现有研究在讨论数字经济发展问题时大都无法兼顾全面性与精准性,而本书关注到数字经济理论内涵逐渐丰富多维的典型事实,将数字经济及其核心应用场景置于同一框架,在刻画数字经济整体层面经济效应的同时研究其核心应用场景的具体作用,分别讨论数据要素、人工智能、工业互联网、新型数字基础设施、数字贸易和数字金融等核心构成、关键支撑和典型应用产生的经济效应及具体作用机制,在论证数字经济是我国经济发展引擎的同时,细致刻画了数字经济核心应用场景产生的特有影响,明确进一步大力发展数字经济的基本着力点。

第二,在学术观点方面,立足"核心构成—关键支撑—典型应用"的三维系统分析框架,阐释数字经济及其核心应用场景多层面影响我国经济发展的作用机制。随着新一轮科技革命和产业变革的加速推进,数字经济成为世界各国经济中投资最多、创新最活跃、增长速度最快的领域,也逐步成为我国经济发展的新动能。如何找准着力点,积极推动以网络化、智能化、数字化与平台化为典型内涵的数字经济发展,是构建新发展格局、扎实推进中国式现代化的关键,而已有研究大都从单一视角出发对数字经济如何在宏观层面影响经济增长或经济发展进行研究,对数字经济影响效果的刻画较为单薄与片面。基于此,本书聚焦数字经济的基本元素,从"核心构成—关键支撑—典型应用"三个层面构建分析框架,挖掘数字经济及其核心应用场景影响我国经济发展的理论逻辑与作用机理。在核心构成维度研究数据要素、人工智能和工业互联网在制造业高质量发展、企业绿色创新、企业高质量发展等方面产生的经济效应;在关键支撑维度研究新型数字基础设施在经济高质量发展、经济韧性、企业升级等方面产生的经济效应;在典型应用维度研究数字贸易、数字金融在企业全球价值链、企业创新效率等方面产生的经济效应。

第三,在研究方法方面,采用前沿数据分析方法与工具,对我国数字经济发展水平及其产生的经济效应进行量化考察。在分析数字经济相关问题时,已有研究大都对数字经济的具体内容缺乏明确界定,难以从更加细微的尺度有效度量我国数字经济发展的基本状态,进一步也无法多维度准确识别数字经济与经济发展之间的因果效应。因此,本书充分利用基于大数据的网络爬虫技术克服数据获取的有限性与时滞性,采用"熵值—逼近理想解排序法"来提高评价度量的有效性与准确性,并进一步采用倾向得分匹配、双重差分模型、自举法等方法精准识别出数字经济及其核心应用场景在不同层面产生的经济效应与具体作用机制,以期在方法上对现有研究进行补充和完善,同时也为数字经济以何种机制与路径推动我国经济发展提供充足的理论支撑和经验证据。

第 一 篇

数字经济的基本逻辑

第一章　数字经济发展的机遇与挑战

数字经济关系国家发展大局,是我国经济在第四次工业革命中实现换道超车的宝贵机遇,正在成为重组全球要素资源、重塑全球经济结构、改变全球竞争格局的关键力量。目前,我国数字经济发展正转向深化应用、规范发展、普惠共享的新阶段,具有覆盖面广、创新性高、渗透性强的突出特点,在助力传统产业转型升级、畅通国内外经济循环方面支点作用不断加强,为构建新发展格局、构建现代经济体系增添了强大动力。基于此,本章通过梳理数字经济的已有研究,归纳整理数字经济的典型特征,刻画现阶段数字经济发展的机遇与挑战,这对于培育壮大新动能、推动我国经济高质量发展具有重要意义。

第一节　数字经济的典型特征

借鉴国际组织和统计机构对数字经济的界定逻辑,结合现阶段中国数字经济的发展情况,与传统经济相较而言,数字经济的典型特征主要表现在：

一、数字经济以现代信息技术的集成迭代为核心驱动力

数字经济主要以现代信息技术作为新的动力源。从历史发展经验来看，每一次科技革命中新技术的广泛应用和推广均是重塑经济发展形态的重要力量。美国 20 世纪 90 年代经济持续繁荣的技术基础正是信息技术，特别是互联网技术。作为一种通用目的技术，信息通信技术可以被广泛应用到经济社会的各个领域。在第四代移动通信技术的大规模商业化应用下出现了移动支付、共享单车、社交电商、短视频等新业态与新模式。当前，信息技术、生物技术、新能源技术、新材料技术等交叉融合正在引发新一轮科技革命和产业变革，在这一过程中，现代信息通信技术的高速发展与广泛应用会推动经济活动由以物质生产、物质服务为主向以信息生产、信息服务为主的转变，而第五代移动通信技术、人工智能、工业互联网、物联网、车联网、大数据、区块链等新兴信息技术的创新和产业应用会极大地带动生产、交换、消费和分配等活动的变化。现阶段，线上消费、远程办公、居家学习等需求大幅增加，拉动了对大数据、云计算、人工智能等新兴技术的更高需求，加速了新一代信息技术在经济活动中的创新集成应用和各产业的数字化转型，并由此推动了直播电商、社交零售等新业态与新商业模式的迅速发展。在此基础上，信息技术也开始呈现出由单点应用向协同迭代演进的特征，比如第五代移动通信技术可以帮助物联网感知层产生海量数据，可以帮助人工智能将应用延伸到边缘，第五代移动通信技术、人工智能、工业互联网等整体迭代、融合应用使现代信息技术成为数字经济发展的核心驱动力。

二、数字经济以数字化知识与信息为基本要素

数字经济是由新一轮科技革命与产业变革所带来的经济活动与经济形态的新变化,主要以数字化的知识与信息作为其基本生产要素。作为一种新型生产要素,数字化的知识与信息主要通过与其他生产要素相结合来成为现实生产要素,进而形成新的经济活动与经济形态。随着新一代信息技术的快速发展与广泛应用,海量数据的收集、存储、处理和深度挖掘成本大幅下降,知识创造、知识产品化与知识消费的溢出效应不断增强,在此基础上发展形成的数字经济依靠时空碎片化、非独占性、可复制性以及边际成本为零等突出特性,衍生形成大量的新产品、新业态和新商业模式,成为支撑我国国民经济发展的重要力量。一方面,云计算、分布式数据存储等计算机底层应用能够有效搜集、加工、清洗、分析和挖掘具有碎片化和非结构性特征的海量数据,由此构成数字经济活动的基本要素渗透到经济运行的各个方面,进而催生出新技术与新产品,并引领经济业态与模式的转变。例如现阶段的新兴需求倒逼数字化信息传输效率提升,加强了第五代移动通信技术、云计算等信息技术在各环节各领域的渗透、覆盖,并加速了其规模化商用进程,数据作为关键生产要素对我国经济发展的促进效应越发凸显。另一方面,随着数字经济的发展,人类知识信息的增长速度呈现出井喷式趋势,这不仅对知识更新的持久性和专业的自主性要求变得更高,而且使得散落化低频使用的隐性知识也能够被充分挖掘,进一步强化了个体隐性知识与显性知识的串联、流通,推动了社会知识结构的优化与创新,数字化的知识与信息成为数字经济发展的关键生产要素。

三、数字经济以新兴技术与实体经济的融合迭代为作用路径

数字经济是新兴技术应用而发展形成的新型经济形态,是新兴技术与经济活动不断融合的结果。基于"技术—经济"范式,每一历史时期的技术革命都会带来整个生产体系的更新,由此形成新的经济形态推动经济持续发展。作为一种新的经济形态,数字经济发展的基本作用路径是通过新一代信息技术与经济活动的深度融合来实现的。当前,以人工智能、大数据、量子信息等为代表的数字技术的集成迭代成为新一轮科技革命和产业变革的重要驱动力量,多种技术相互支撑、交叉迭代的链式变革在实体经济中呈几何级渗透扩散,推动数字经济与实体经济全方位深度融合。国务院于 2021 年 12 月印发的《"十四五"数字经济发展规划》强调,数字经济是数字时代国家综合实力的重要体现,要促进数字技术向经济社会和产业发展各领域广泛深入渗透,推进数字技术、应用场景和商业模式融合创新。具体而言,我国正处在转变发展方式、优化经济结构、转换增长动力的攻关期,在以新一代信息技术为代表的科技革命加速演进背景下,第五代移动通信技术、人工智能、云计算等新兴技术应用的产业化直接催生出了新产业,推动了战略性新兴产业本身的培育与壮大。与此同时,数字化、智能化等技术与传统制造业、服务业的融合迭代,可以促使现有产业衍生叠加出新环节、新链条,并在此基础上形成新的业态与商业运行模式,促进了传统产业的转型升级。以工业互联网为例,其作为信息技术与工业经济交互融合的产物,可以有效克服时间、空间的物理约束,将大数据采集分析、智能生产流程管理等充分渗透到企业生产管理的全周期、全过程,从而助推传统产业转型升级,并带动相关产业新动能发展。2020 年 6 月 30 日,习近平总书记在主持召开

中央全面深化改革委员会第十四次会议时也强调,加快推进新一代信息技术和制造业融合发展,要顺应新一轮科技革命和产业变革趋势,以智能制造为主攻方向,加快工业互联网创新发展。同样地,新兴技术与服务业的融合可以增强服务业多样化发展潜能,比如新型餐饮服务就是互联网等新兴技术与服务业融合所催生出的新业态,它能够通过个性化定制食材、就餐环境以及外卖服务等有效克服传统餐饮地点固定、体验趋同的弊端。

第二节　数字经济进一步发展的机遇

数字经济是由现代信息通信技术发展与应用带来的新技术、新产业、新业态与新模式。国家统计局核算结果显示,2019 年我国以新产业、新业态、新商业模式为核心的经济活动增加值占国内生产总值比重达到 16.3%,按现价计算的增速为 9.3%,比同期国内生产总值现价增速高 1.5 个百分点[①]。现阶段,第五代移动通信技术、云计算、人工智能等新一代信息技术带来了更新的电商体验、智能诊断、无人机与人工智能结合的环境监测以及异地的协同设计等,并由此促进了新技术、新产业、新业态的加快发展,数字经济正成为我国实现经济平稳运行的重要支撑。

一、现代信息技术的创新能力与集成应用不断强化

现代信息技术是数字经济活动产生与发展的核心动力,而技

---

① 陆娅楠:《"三新"经济释放澎湃动力》,《人民日报》2020 年 7 月 8 日。

术迭代主要通过技术创新的方式来实现。近年来,我国与全球前沿技术的差距正在不断缩小,2019 年国际高被引论文数、发明专利申请量和授权量均居世界第一,世界知识产权组织发布的评估结果显示,我国在高校质量、工业产品外观设计和商标申请量、高科技和创意产品出口等方面提升显著,创新指数连续 4 年上升,排名第 14 位,已经进入创新型国家行列。根据《中国经济普查年鉴》统计,近年来我国高技术服务业发展迅速,2018 年高技术服务业企业法人单位数为 216.0 万个,比 2013 年增长 271.9%,高技术服务业企业营业收入达 116722.0 亿元,比 2013 年增长 110.5%[①]。此外,现阶段现代信息技术呈现出典型的协同迭代演进特征,通过第五代移动通信技术、人工智能、云计算等新一代通用技术的融合应用可以有效加快新兴技术的优化迭代过程,比如云计算与人工智能相结合可以构建起传输、存储、计算、分析、自我学习、应用以及再传输的闭环生态,实现终端与边缘计算的高效结合,而工业互联网正是边缘计算、第五代移动通信技术等新一代信息技术集群性突破、协同性创新与融合性应用所带来的产物,并且第五代移动通信技术、边缘计算等技术的集成应用还有效推动了工业互联网的普及。与此同时,现代信息技术这种整体迭代的方式还可以给数字经济发展带来叠加倍增的促进效应,比如以数据为基本管理对象,融合云计算、区块链、人工智能等新技术于一体的数据中心,可以充分激发数据要素的活力,有效带动上下游产业链以及新兴产业的加速发展。因此,现阶段需要加强新一代信息技术的融合应用与整体迭代,加快推动现代信息技术和产业创新的全面发展,

---

① 国务院第四次全国经济普查领导小组办公室:《中国经济普查年鉴—2018—第三产业卷》,中国统计出版社 2020 年版,第 13 页。

从而进一步推动数字经济的加速发展。

二、数据要素潜能加速释放

随着新一轮科技革命与产业变革的深入发展,数字化的信息和知识成为数字经济发展过程中出现的新型生产要素,党的十九届四中全会首次提出将数据作为生产要素参与分配。数据要素是一种以比特形式存在的经济资源,随着以第五代移动通信技术、云计算、人工智能为代表的新一代信息技术的大规模商用,数据的收集、存储、传输、处理、计算的成本大大降低,数据资源得以逐渐开始积累并支撑起一系列经济新模式、新业态的出现,由此推动新一轮科技革命的加速演进。从2015年8月国务院发布《促进大数据发展行动纲要》,正式规划布局了国家大数据战略,到2020年4月中共中央、国务院印发《关于构建更加完善的要素市场化配置体制机制的意见》,再到2022年1月《求是》杂志发表习近平总书记的重要文章《不断做强做优做大我国数字经济》,反复强调数据作为一种新型生产要素的属性,指出"发展数字经济意义重大,是把握新一轮科技革命和产业变革新机遇的战略选择"。在此次产业革命中,新一代信息技术在其主导的技术体系中处于核心地位,而数据则成为核心生产要素。当前中国数据资源规模庞大,且拥有完备的产业体系优势与超大的规模市场,有利于数据要素广泛渗透于国民经济发展各方面。相较于劳动力、资本等传统生产要素,数据要素具有非排他性、可复制性、规模报酬递增等典型特征,这也使其具有了多元共享、跨界融合、即时智能等其他生产要素所不具备的特性。

数据要素的生成主体本身就是多元化的,并且其在参与经济运行的过程中还可以形成"数据反馈循环",由此不断创造出更多的数据,这使得从投入角度看数据要素生产的边际成本要比传统生产要素低很多。另外,数据要素能够被多个主体同时使用,这使得数据要素的价值在使用过程中不仅不会削减甚至还能升值。并且,随着数据要素使用主体和网络节点数量的增加,基于数字经济的"网络效应"和"梅特卡夫法则"(Metcalfe Law)带来的倍增的网络价值,还可以进一步提高数据要素的投入产出效率。作为一种新型生产要素,数字化的知识与信息主要通过与传统生产要素相结合来成为现实生产要素,这也会改变经济形态本身的生产要素组合结构以及最终的产出效率,从而带来传统生产方式的重大变革。数据要素与传统生产要素的融合使用可以打破时空限制,加速各类资源要素流动以及虚拟空间网络集聚,通过万物互联的属性促进技术和知识溢出,通过共享内外部资源形成价值共创模式,从而不断拓宽要素配置边界,快速提升要素配置效率。而在创新激励方面,数据要素所具有的特性有利于形成数据与知识网络集合,加速企业知识创新与溢出进而实现技术的突破。一方面,数据要素可以借助其特有的"数据网络效应",实现对传统产业全方位、全链条的综合赋能,推动产业技术创新;另一方面,数据要素在物联网、工业互联网等平台的传递有利于催生一批新经济模式与业态。因此,现阶段需要发掘和释放数据要素价值、激活数据要素潜能,协同推进技术、模式、业态和制度创新。

三、新兴技术与实体经济融合不断深化

新兴技术与实体经济的融合迭代是数字经济发展的主要作用路径。一方面,第五代移动通信技术、云计算、人工智能等诸多新

兴技术能够为相关产业提供信息化、智能化的服务,对其产生显著的技术扩散效应,提高其创新活动水平,进而产生正向反馈、加快新兴技术的创新迭代速度;另一方面,这类新兴技术能够充分渗透到其他联动产业的整个发展过程,对整个产业链条产生网络溢出效应,促进其分工效率提升,并进而加深新兴技术的应用程度与应用范围,在此基础上,进一步加速新技术的融合、新业态的形成以及新模式的推广。作为新一代信息技术与制造业深度融合的产物,工业互联网的发展能够帮助大企业提高数据利用效率,提升智能化水平、形成完整的生产系统和管理流程,能够帮助中小企业以更低的价格、更灵活的方式来弥补其数字化领域投入能力的不足。中国电子信息产业发展研究院等发布的《中国"新基建"发展研究报告》显示,当前我国工业互联网已被创新融合应用到工程机械、交通、能源、医疗等30余个国民经济重点行业,已形成50余个具有一定区域和行业影响力的工业互联网平台。

新兴技术与实体经济的高度交叉融合可以有力推动实体经济数字化、网络化、智能化转型升级,并在此基础上进一步衍生出新技术、新业态与新模式,进而推动数字经济的加速发展。例如,将第五代移动通信技术与增强现实技术结合的眼镜接入云网络,可以极大地提高装配的效率;将工业高清视频经过第五代移动通信技术和边缘计算与中心云相连,进一步用人工智能进行分析可以有效提升检测的精确度。移动通信的新业态也是在网络能力具备以后所催生的。如前所述,工业互联网融合了数据感知、先进计算、智能分析等能力,是新兴技术与制造业深度融合的产物。现阶段,工业互联网在资源配置、数据联通、供应链调整等方面均发挥了非常积极的作用。从长远来看,随着工业互联网在各行业应用的持续深化,可以更好地推动产业多层联动平台的构建,并催生智能化生产、网络化协同、服务化延伸、个性化定制的诸多新产业、新业态与新模式,从而发挥出显著的乘数效应、边际效应。2020年6月30日工信部发布《工业互联网专项工作组2020年工作计划》,提出了建设工业互联网平台,突破核心技术标准等十大任务类别共54项具体措施。因此,需要进一步推动新兴技术与实体经济的深度融合,加快推进工业互联网的创新发展和实体经济的数字化、网络化、智能化转型步伐。

第三节　数字经济进一步发展的挑战

一、现代信息技术的自主创新能力不强

虽然经过近几年的发展,我国新兴技术与实体经济的融合迭代呈现出良好态势,但目前仍然处于起步阶段,实体经济发展对新兴技术具有更加深层、更加广泛的需求。数字经济的加速发展对现代信息技术提出了更高的要求,比如对于海量数据的存储、处理需要数据中心、人工智能技术作为支持,对于智能工厂、远程医疗等应用场景需要低时延、大容量、高速率的数据传输网络作为保障,对于车联网、虚拟现实技术(Virtual Reality,VR)、增强现实技术(Augmented Reality,AR)等基于实时计算的场景需要直接在本地终端实现边缘计算作为支撑。但是由于我国与部分国家存在产业发展的正面竞争,使得我国在引进关键技术、购买核心设备和出口科技产品等方面面临严厉的限制措施,在集成电路、高端芯片、高端传感器、工业软件与工业应用程序等关键核心技术方面仍然

面临较大瓶颈。为此,需要明确主攻方向,着力攻克关键核心技术,提升我国现代信息技术的自主创新能力,并强化自主研发技术的应用,从而满足数字经济加速发展的技术需要。

二、数据要素市场发育不完善

随着数字经济的快速发展,数字化的知识与信息成为与其相适应的关键生产要素。党的十九届四中全会决议通过的《中共中央关于坚持和完善中国特色社会主义制度　推进国家治理体系和治理能力现代化若干重大问题的决定》将数据作为与土地、劳动力、资本、技术并列的生产要素。数据要素不仅可以给企业的生产经营活动带来报酬递增与正向反馈,而且能够加快生产方式和组织形态的根本性变革,提升产业的数字化、网络化、智能化发展水平,这将对提升我国整个产业体系的竞争力、推动我国数字经济的加速发展以及产业链价值链向中高端攀升产生深远影响。很多数据都具有非竞争性、外部性等多维特征,这导致其参与市场交易变得相对困难。目前,我国在数据要素的采集、存储、处理、交易和共享等各环节基本形成了数据的产业体系,并且数据管理和数据应用能力也在不断提升。但是数据要素市场尚未广泛建立,数据定价规则也仍然处于初期阶段。2020 年 4 月,中共中央、国务院发布的《关于构建更加完善的要素市场化配置体制机制的意见》强调,要加快培育数据要素市场。因此,需要立足数据要素与资本、技术等其他生产要素的不同特点,进一步健全数据价格形成体系、交易规则体系以及数据清洗、数据挖掘、流转交易等配套服务体系,建立与数据来源、交易过程、平台安全保障等相关的法律法规、标准规范,在此基础上构建起数据要素有序流通、高效利用的新机制。

三、新型基础设施建设投入不足

党的二十大报告明确指出,要"优化基础设施布局、结构、功能和系统集成,构建现代化基础设施体系"。加快新型数字基础设施建设有助于促进数字技术更加快速、全面地渗透至实体经济运行的全过程、各领域,促进新型生产要素的流动及其与传统生产要素的融合。因此,以数字经济与实体经济深度融合赋能经济高质量发展需要加强现代基础设施体系的战略布局,加快新型数字基础设施建设,为数字技术的自我更新、交叉融合并在实体经济的集成应用奠定重要基础。新型基础设施是以技术创新为驱动,由信息基础设施、融合基础设施和创新基础设施所组成的基础设施体系,是扩大有效投资、赋能数字经济发展的重要手段。作为数字经济核心驱动力的现代信息技术,其发展所需要的投资规模巨大,且又很难在短期产生明显的经济收益,从而导致企业的投资动力显著不足。而这类新兴技术本身属于新型基础设施的组成部分,比如第五代移动通信技术、物联网、工业互联网等是通信网络基础设施的主要内容,人工智能、云计算、区块链是新技术基础设施的基本构成,数据中心、智能计算中心是算力基础设施的关键要素,信息基础设施的建设与完善非常有助于促进这类新兴技术的集成迭代。与此同时,具有公益属性的创新基础设施可以为科学研究、技术开发和产品研制提供充分支持,帮助现代信息技术更好地实现关键技术的突破,融合基础设施能够促进第五代移动通信技术、大数据、人工智能等技术与实体经济的深度融合,并衍生形成新产品、新业态与新模式,进而推动数字经济的加速发展。因此,需要进一步加快新型基础设施的建设进度,研究出台具体的指导意见与规则制度,充分激发和调动各类主体的投资积极性,大力发展新一代信息网络,通过支持生产过程智能化、运营管理现代化的智能工厂建设,打造跨越物理边界的"虚拟"产业集群和数字产业链供应链,鼓励发展基于知识传播、经验分享的创新平台,推动数字经济加速发展。尤其工业互联网属于工业云平台,前端连接着海量企业设备和业务数据,后端支撑着工业应用程序的开发部署,是新一代信息技术与实体经济深度融合的核心,需要对其给予重点的政策支持。

综上所述,数字经济作为数字技术与经济活动融合的产物,是继农业经济、工业经济之后的主要经济形态,其所具有的以现代信息技术的集成迭代为核心驱动力、以数字化知识与信息为基本要素、以新兴技术与实体经济的融合迭代为作用路径的典型特征,在经济发展的"宏观—中观—微观"等不同方面都展现出了独特优势。具体而言,在宏观层面,数字经济是推动经济运行实现循环累积的前提条件,其通过提高网络信息传输能力和数据整合交换能力形成知识溢出,加快显性及隐性知识的生产,进一步激发多元市场主体的持续创新,将知识转变为现实生产力,形成大规模的"技术蓄水池"缓解核心技术和关键技术制约,驱动经济发展从外延式发展向内涵式发展转变,促进宏观层面的经济发展;在中观层面,数字经济是推动区域或产业间实现自我良性循环的重要基础,随着数据挖掘、信号处理和可视化等新一代信息技术的加速迭代与大型存储设备、运算单元与算法等软硬件的快速发展,数字经济能够通过多边平台产生相互通信、协同工作的实现机制,实现共享内容相互理解的操作,减少阻碍要素融合联动的因素,产生生产要素流动机制,诱发"乘数效应"促使要素价值的成倍增加,促进中观层面的经济发展;在微观层面,数字经济是促进企业实现自我正循环的关键动力,通过网络整合效应能够把零散的微观主体资源通过网络连接的方式而彼此衔接,从而实现信息系统的资源共享和协同工作,通过资源调整来达到理想配置状态,促进微观层面的经济发展。

　　本章通过整合数字经济已有研究,将数字经济的典型特征归纳为:以现代信息技术的集成迭代为核心驱动力、以数字化知识与信息为基本要素、以新兴技术与实体经济的融合迭代为作用路径。立足发展阶段背景,将数字经济进一步发展的机遇总结为现代信息技术的创新能力与集成应用不断强化、数据要素潜能加速释放与新兴技术与实体经济融合不断深化,将数字经济进一步发展面临的挑战总结为现代信息技术的自主创新能力不强、数据要素市场发育不完善、新型基础设施建设投入不足,在此基础上建立"宏观—中观—微观"的分析框架,为后文刻画数字经济及其典型应用场景的经济效应提供研究思路。

第二章　数字经济对经济高质量
发展的影响研究

　　党的十九届五中全会把"推动高质量发展"作为"十四五"时期我国经济社会发展的主题。面对新一轮科技革命和产业变革的重大机遇,加快发展数字经济成为形成我国经济高质量发展新动能的重要途径。2020年国家发展改革委、中央网信办印发《关于推进"上云用数赋智"行动,培育数字经济发展实施方案》的通知中强调要"加快产业数字化转型,培育数字经济发展,助力构建现代化产业体系,实现经济高质量发展"。《中共中央关于制定国民经济和社会发展第十四个五年规划和2035年远景目标的建议》进一步强调,要培育新技术、新产品、新业态、新模式,促进平台经济、共享经济健康发展。基于此,本章采用"纵横向拉开档次法—误差逆传播"(Back Propagation, BP)测算了中国数字经济的发展水平,并从信息技术、知识能力、智能技术与平台经济四个层面考察了数字经济对经济高质量发展的影响机制及其作用效应。

第一节 数字经济影响经济高质量
发展的理论分析

基于国际组织、政府机构以及相关学者的已有研究,本节将数字经济理解为在新一轮科技革命与产业变革推动下所形成的新型经济形态,主要包括信息技术、知识能力、智能技术与平台经济四种形式,能够通过新一代信息技术的集成迭代、知识能力的提升拓展、智能技术的创新应用以及平台经济的网络协同对经济高质量发展产生重要的支撑作用。

一、信息技术:数字经济影响经济高质量发展的信息匹配效应

信息技术通过信息运维、算法模型和迭代应用三个部分构成闭环反馈,带动生产、交换、消费和分配等活动的变化,从而对经济发展质量产生变革性影响。其对经济高质量发展的具体影响为:一是数字经济通过信息运用影响经济高质量发展。信息技术的广泛应用可以提高技术能力,降低企业运维成本,实现人与人、人与物、物与物之间的精准匹配,提高匹配效率,从而为推动经济高质量发展发挥积极作用。二是数字经济通过算法模型影响经济高质量发展。信息技术能够将模型算法与信息资源进行匹配,实现全生命周期的产品信息集成,帮助企业高效追踪产品状态,提高企业生产率,从而推动经济高质量发展。三是数字经济通过迭代应用影响经济高质量发展。数字经济的发展倒逼了信息技术的突破,加强了第五代移动通信技术网络等信息技术在各环节各领域的渗透、覆盖,提高匹配精度,这不仅催生了移动电子商务、淘宝直播等新兴产业,还加快了传统产业数字化、智能化转型,对我国经济发展质量的促进效应越发凸显。

二、知识能力:数字经济影响经济高质量发展的知识溢出效应

数字经济的发展与知识密切相关,以知识能力为表征的数字经济在知识创造、知识产品化与知识消费三个环节上对经济高质量发展产生了深远的影响。其对经济高质量发展的知识溢出效应具体表现为:一是数字经济通过知识创造影响经济高质量发展。随着工业 4.0 时代的到来,人类知识信息的增长速度呈现井喷式趋势,"人力资本"概念内涵也相应发生了转变,从传统型人力资本向创新型人力资本转型,对知识更新的持久性和专业的自主性要求更高,创新型人力资本作为加速器更易产生知识溢出,提高经济效益,推动经济高质量发展。二是数字经济通过知识产品化影响经济高质量发展。数字经济发展的过程也是知识产品化的过程,而知识产品化通过知识溢出将知识转变为现实生产力,大幅降低数据处理与挖掘的成本,不断衍生出新产品,获取更高的市场份额和竞争优势,提高企业的整体效益,从而带动经济高质量发展。三是数字经济通过知识消费影响经济高质量发展。数字经济发展是个体隐性知识被充分挖掘的过程,原先散落化且低频使用的隐性知识在技术变革下逐渐串联显性知识,显著提升分类知识的整合效率,有利于社会知识结构的优化,推动了知识服务的消费升级,进而推动经济高质量发展。

三、智能技术:数字经济影响经济高质量发展的技术提升效应

智能技术是在处理信息与整合知识的基础上,实现资源优化配置,支撑经济高质量发展的数字经济形态。智能技术主要通过商品研发、商品生产和商品销售三个环节促进经济高质量发展,具体来看:一是数字经济通过商品研发促进经济高质量发展。企业通过灵活运用智能技术更易提高技术创新水平,降低价值链、供应链、产业链互联互通的成本,从而创造出更多"站在巨人的肩膀上"的机会(殷德生、吴虹仪、金桩,2019)[①],实现多阶段、多投入的复杂过程,促进经济发展质量的提高。二是数字经济通过商品生产促进经济高质量发展。数字经济通过智能技术帮助企业进行智能化决策,共建柔性生产链,提高生产效率,从而促进经济高质量发展。三是数字经济通过商品销售促进经济高质量发展。以智能技术为主导的数字经济通过借助"数据+算力+算法"的运作范式,智能分析消费者行为,精准把握消费趋势,根据消费者的潜在需求实现产品供给的智能化,从而帮助企业获得持续性竞争优势,促进经济高质量发展。

四、平台经济:数字经济影响经济高质量发展的网络协同效应

平台经济作为数字经济发展的新模式,通过各种要素的充分流动,凸显与提升企业自身优势,从而对经济发展质量产生重要影响。平台经济根据功能不同可分为平台层、用户层与应用层,其对

---

① 殷德生、吴虹仪、金桩:《创新网络、知识溢出与高质量一体化发展——来自长江三角洲城市群的证据》,《上海经济研究》2019年第11期。

经济高质量发展的网络协同效应具体为:一是数字经济通过平台层影响经济高质量发展。平台层是指满足基础服务和增值服务所需的新型基础设施,数字经济的发展促进了新型基础设施建设水平的提高,降低经济网络的创造成本与利用成本,促使资源流动效率提升,产生跨边网络效应,激发双边用户价值创造效应,从而提升用户间的协调效率,促使平台企业获取超额利润,推动经济高质量发展。二是数字经济通过用户层影响经济高质量发展。用户层是指使用平台的各种客户集合,数字经济发展促使平台要素充分集聚,加快物质、信息的交换,实现自组织、自学习、自适应的循环机制,进一步促进平台经济实现资源集聚,产生多边辐射,提高平台要素间的协调水平,最终实现资源优化配置,提高经济运行效率,推动经济高质量发展。三是数字经济通过应用层影响经济高质量发展。应用层是指为供求双方提供信息匹配的场所。数字经济发展将供给端和需求端连接在一起,高效配置供给和需求,缓解了交易双方的信息不对称问题,降低议价成本,实现生产的快速响应与协同,提高投入与生产间的协调效率,从而促进企业效益提升,推动经济高质量发展。

基于以上分析,本章提出如下假说:

假说一:数字经济对经济高质量发展具有推动作用。

假说二:数字经济通过信息技术的信息匹配效应、知识能力的知识溢出效应、智能技术的技术提升效应与平台经济的网络协同效应共同推动经济高质量发展。

第二节　数字经济影响经济高质量发展的研究设计

一、模型设定

为对上述理论假说进行验证,本节首先建立数字经济与经济高质量发展之间的模型如下:

$$QED_{it} = \beta_0 + \beta_1\Omega_{it} + \alpha X_{it} + v_i + \varepsilon_{it} \qquad (2-1)$$

其中,式(2-1)下标 i 和 t 分别代表城市($i=1,2,\cdots,282$)和时期($t=2009,2010,\cdots,2018$), QED_{it} 表示第 i 个城市在 t 时期的经济高质量发展水平, Ω_{it} 表示核心解释变量集,分别包含数字经济发展水平(NE_{it})、信息技术水平(DE_{it})、知识能力水平(KE_{it})、智能技术水平(TE_{it})和平台经济水平(PE_{it})。同时, X_{it} 分别表示物理基础设施、投资率、区域发展水平、对外开放程度、金融结构的控制变量,分别用 Py_{it} 、 Inv_{it} 、 $Pgdp_{it}$ 、 Ope_{it} 、 Fin_{it} 表示。 v_i 为地区固定效应, ε_{it} 为随机误差项。

为了进一步考察数字经济对不同分位点下经济高质量发展的影响差异并排除极端值影响,本节还建立如下面板分位数回归模型:

$$QED_{it} = \beta_0 + \beta(q)_1 NE_{it} + \alpha X_{it} + v_i + \varepsilon_{it} \qquad (2-2)$$

其中,分位点 $q=0.3$ 、 0.6 、 0.9 。

二、变量选取

经济高质量发展集中表现为经济效率的提升,部分学者认为,经济效率的提高是提升经济发展质量在狭义上的核心要义

（刘思明、张世瑾、朱惠东，2019）①，而全要素生产率的增长一定程度上可用于衡量经济效率的高低（胡亚茹、陈丹丹，2019）②。因此，本节主要选用全要素生产率的增长率代表经济高质量发展，并选用曼奎斯特（Malmquist）指数法，对城市经济高质量发展进行测度。其中，用实际国内生产总值表示产出③，从业人员数表示劳动力投入，资本存量采用固定资产投资额并借助永续盘存法进行估计。

数字经济是本节的核心解释变量，其准确度量是决定经验结果可靠性的重要基础。首先，确定数字经济的分维度指数与各个基础指标。其次，基于"纵横向拉开档次法—误差逆传播神经网络分析法"对我国 30 个省（自治区、直辖市）④2009—2018 年数字经济发展水平进行测算。最后，将省级数字经济发展水平进行分级匹配到地级市，得到地级市层面的数字经济指数⑤。

在其他控制变量中，物理基础设施选用固定电话用户数表示，投资率选用固定资产投资额占国内生产总值比重表示，区域发展水平用人均国内生产总值表示，对外开放程度选用进出口贸易额占国内生产总值比重表示，金融结构选用存贷款余额占国内生产总值比重表示。

---

① 刘思明、张世瑾、朱惠东：《国家创新驱动力测度及其经济高质量发展效应研究》，《数量经济技术经济研究》2019 年第 4 期。

② 胡亚茹、陈丹丹：《中国高技术产业的全要素生产率增长率分解——兼对"结构红利假说"再检验》，《中国工业经济》2019 年第 2 期。

③ 其为名义国内生产总值平减价格指数后的实际国内生产总值。

④ 由于港澳台地区和西藏自治区数据缺失较多，故本节未将其包含在内。

⑤ 参见陈诗一、陈登科（2018）的思路，本节首先整理得到 2009—2018 年 CCER 数据库的地级市第二、第三产业产值之比，然后再将其与省级数字经济交乘，最终得到反映地级市层面的数字经济数据。

三、数据来源

本节选取 282 个地级市作为研究对象,时间跨度为 2009—2018 年。本节整合了国泰安研究服务中心系列数据库(CSMAR)、中国城市统计年鉴、中国知网数据库、中国经济金融数据库等进行数据搜集与整理。表 2-1 汇报了各变量的描述性统计。

表 2-1 主要变量的描述性统计

变量	变量符号	变量含义	均值	标准差
被解释变量	QED	经济发展质量	0.9395	0.0921
核心解释变量	NE	数字经济指数	0.3340	0.0992
	DE	信息技术	0.3560	0.1261
	KE	知识能力	0.2590	0.0863
	TE	智能经济	0.4209	0.1174
	PE	平台经济	0.2496	0.1927
控制变量	Py	物理基础设施	0.8356	1.0516
	Inv	投资率	3.1423	1.5978
	Pgdp	区域发展水平	0.4664	0.2999
	Ope	对外开放程度	0.1701	0.2978
	Fin	金融结构	2.8019	3.4823

第三节 数字经济影响经济高质量发展的实证检验

一、数字经济对经济高质量发展的总体影响分析

表 2-2 报告了数字经济对经济高质量发展的基准估计结果。从表 2-2 列(2)可以看出,数字经济的估计系数在 1% 统计水平上

显著为正,支持假说一的结论,这表明数字经济对经济高质量发展的促进作用显著,也表明我国已经进入数字经济发展的重要阶段,加快数字经济发展成为推动经济高质量发展的重要途径。考虑到均值回归中被解释变量分布可能存在的中心趋势较弱的问题,表2-2还报告了在30%、60%和90%分位点下数字经济对全要素生产率增长率的估计结果,在30%的分位点下,数字经济对全要素生产率增长率的估计系数并不显著,随着分位点的上移,数字经济对全要素生产率增长率正向影响逐渐显现,数字经济水平较高时(90%分位点)对经济高质量发展的促进作用显著增加。这侧面说明数字经济对经济高质量发展的条件分布影响是存在差异的,经济发展质量较高的地区更容易获得数字经济外溢的促进作用,这可能是因为经济发展质量本身较高的地区,拥有更多高性能的新型基础设施,有利于数字经济的应用,从而提高生产效率,进而推动经济高质量发展。

表 2-2　数字经济影响经济高质量发展的基准回归结果

变量	均值回归	分位数回归		
		30%	60%	90%
NE	0.2780***	4.3340	7.9730***	8.6910***
	(0.0684)	(3.194)	(2.730)	(2.081)
Py	−0.0463***	−0.0116***	−0.0136***	−0.0168***
	(0.0106)	(0.0032)	(0.0019)	(0.0021)
Inv	0.0322***	0.0248***	0.0226***	0.0171***
	(0.0021)	(0.0030)	(0.0016)	(0.0017)
$Pgdp$	0.1780***	0.0987***	0.0803***	0.0741***
	(0.0240)	(0.0079)	(0.0097)	(0.0104)
Ope	0.0357**	−0.0046	−0.0059	−0.0038
	(0.0169)	(0.0059)	(0.0071)	(0.0085)
Fin	0.0015***	0.0011	0.0007**	0.0044**
	(0.0005)	(0.0007)	(0.0003)	(0.0020)

续表

变量	均值回归	分位数回归		
		30%	60%	90%
常数项	0.7830*** (0.0167)	0.7820*** (0.0082)	0.8360*** (0.0047)	0.9040*** (0.0086)
地区固定效应	是	是	是	是
N	2815	2815	2815	2815
R^2	0.5350	0.2306	0.2343	0.1410

注：*、**、***分别表示在10%、5%和1%的显著性水平上显著。均值回归括号内数值为稳健标准误差；分位数回归括号内为 Bootstrap 标准误差。表中结果保留 4 位小数。下同。

二、数字经济影响经济高质量发展的分维度分析

数字经济是由新一轮科技和产业革命带动，在新一代信息技术的基础上衍生形成的一种新型经济形态，其主要表现为信息技术的信息匹配效应、知识能力的知识溢出效应、智能技术的技术提升效应与平台经济的网络协同效应。表 2-3 的结果表明信息技术、知识能力、智能技术与平台经济的变动均可引起全要素生产率增长率的同向变动，当数字经济的信息技术、知识能力、智能技术与平台经济四个维度分别上升一个单位，其全要素生产率的增长率分别上升 0.3070 个、0.4860 个、0.1300 个和 0.5900 个单位，假说二的结论成立。此外，数字经济的智能技术对经济高质量发展的促进作用位于其他三个维度的末端，这表明虽然数字经济会通过信息技术的信息匹配效应、知识能力的知识溢出效应、智能技术的技术提升效应与平台经济的网络协同效应共同促进全要素生产率增长率的提升，但数字经济通过智能技术对经济高质量发展带来的正向影响要弱于信息技术、知识能力与平台经济的作用。可能的原因在于，一方面，目前中国智能技术尚未发展完善，关键技

术、智能产品与智能服务尚未完全普及,难以产生更大范围的规模效应。另一方面,智能技术的发展需要以一定的网络与技术支撑为前提,而网络与技术的有效发挥存在时滞,从而影响了智能技术对经济高质量发展技术提升效应的充分发挥。

表 2-3 数字经济影响经济高质量发展的分维度回归结果

变量	被解释变量:全要素生产率增长率			
	信息技术维度	知识能力维度	智能技术维度	平台经济维度
DE	0.3070 *** (0.0670)			
KE		0.4860 *** (0.1690)		
TE			0.1300 *** (0.0365)	
PE				0.5900 ** (0.2720)
控制变量	是	是	是	是
常数项	0.7830 *** (0.0167)	0.7820 *** (0.0167)	0.7830 *** (0.0168)	0.7830 *** (0.0166)
地区固定效应	是	是	是	是
N	2815	2815	2815	2815
R^2	0.5350	0.5350	0.5350	0.5360
F	273.6000	261.0000	261.7000	262.9000

第四节　数字经济影响经济高质量发展的拓展分析

一、数字经济影响经济高质量发展的拓展分析

考虑到不同地区禀赋优势和发展潜力对数字经济影响经济高

质量发展的作用会产生差异化影响,本节将从地区差异、经济差异与投资差异三个方面探讨数字经济推动经济高质量发展的边界条件,具体检验结果见表2-4。

就地区差异而言,为了验证数字经济对经济高质量发展的影响是否与地区差异有关,本节根据地理位置差异将我国地级市划分为沿海沿边城市与非沿海沿边城市,估计结果见表2-4列(1)、列(2)。数字经济对沿海沿边城市全要素生产率的增长有明显的促进作用,而对非沿海沿边城市的影响并不显著,可能的原因在于沿海沿边城市由于区位和政策优势,更容易实现数字经济的开放合作,该地区对数字经济影响经济高质量发展的正向作用更容易通过辐射效应显现。

就经济差异而言,数字经济对经济高质量发展的支撑作用可能会受区域发展水平的影响,因此本节将人均国内生产总值作为区域发展水平的衡量指标,以寻找数字经济发挥其促进效应在经济层面的边界条件。表2-4中列(3)、列(4)分别汇报了区域发展水平较低地区(人均国内生产总值低于均值地区)与区域发展水平较高地区(人均国内生产总值高于均值地区)的回归结果,表2-4的估计系数表明数字经济在区域发展水平较高的地区对经济高质量发展的促进效应明显,在区域发展水平较低的地区其对经济高质量发展的推动作用并不显著。这可能是因为区域发展水平较高的地区有良好的经济发展基础,其参与数字经济的经济主体更多,而数字经济本身具有网络效应,参与的经济主体越多越能为其带来更多的正反馈,因此数字经济对区域发展水平较高地区经济高质量发展的推动作用更为显著。就投资差异而言,本节依据投资率的均值将地级市划分为投资率较低的地区和投资率较高的地区,分析投资差异是否是影响数字经济对经济高质量发展的边界因素,估计结果见表2-4列(5)、列(6)。数字经济在投资率较高的地区其估计系数为0.2760,且通过1%统计水平的显著性检验。相反,在投资率较低的地区其系数并不显著,这可能是因为投资率较高的地区更有可能增加在数字经济方面的投资作为前期成本,因此数字经济对投资率较高地区经济高质量发展的推动作用更强。因此,我国应加快推进区域均衡发展,促使数字经济对经济高质量发展的正向激励作用得到充分发挥,从而推动经济高质量发展。

表2-4　数字经济影响经济高质量发展的异质性回归结果

变量	沿海沿边		经济发展水平		投资程度	
	否(1)	是(2)	低(3)	高(4)	低(5)	高(6)
NE	0.8858 (1.9180)	0.2290 *** (0.0450)	0.5995 (0.859)	0.2900 *** (0.0539)	−0.2945 (0.5853)	0.2760 *** (0.0745)
控制变量	是	是	是	是	是	是
常数项	0.7646 *** (0.0167)	0.7760 *** (0.0237)	0.7499 *** (0.020)	0.8300 *** (0.0356)	0.7434 *** (0.0212)	0.8750 *** (0.0377)
地区固定 效应	是	是	是	是	是	是
N	1147	1668	1741	1074	1599	1216
R^2	0.5360	0.5550	0.5367	0.4350	0.4807	0.2440
F	184.7600	157.8000	204.9600	72.7900	128.0000	50.5200

二、稳健性检验

考虑到数字经济对经济高质量发展的基准回归结果可能受到内生性问题的干扰,虽然固定效应模型在很大程度上缓解了个体异质性可能带来的内生性问题,但无法排除经济高质量发展引起数字经济提升的反向因果关系。因此,本节参考沈国兵和袁征宇(2020)的做法[1],选取同地区数字经济平均水平(NEE)来缓解内生性问题。[2] 表2-5汇报了数字经济对经济高质量发展影响的工具变量估计结果。本节选取同地区数字经济平均水平(NEE)作为工具变量均通过了识别不足检验以及弱工具变量检验。一阶段的估计结果显示,该工具变量与数字经济有显著的正向关系;二阶段的估计结果显示,数字经济在1%的显著性水平上为正且数字经济对高质量发展的回归系数为23.30,显著高于基准回归的结果,不仅证实了前文的观点,也侧面说明潜在内生性问题低估了数字经济对经济高质量发展的促进作用。

进一步地,为了确定数字经济对高质量发展的影响是否受变量选取以及异常值的影响,我们对上述模型进行了稳健性检验。第一,替换测算方法。本节放宽测算条件,仅通过纵横向拉开档次法对数字经济(NE')进行重新测算。第二,替换被解释变量。本节参考师博和樊思聪(2020)的思路[3],构建了经济高质量发展指数,以分析数字经济对经济高质量发展的影响[4]。第三,替换核心

---

① 沈国兵、袁征宇:《企业互联网化对中国企业创新及出口的影响》,《经济研究》2020年第1期。

② 这里指同省份不包括本城市的数字经济平均水平,具体计算为:将每一年同一地区每个城市(不包括本城市)数字经济指数进行加总再除以该地区城市总数(不包括本城市)得到。

③ 师博、樊思聪:《中国省际经济高质量发展潜力测度及分析》,《东南学术》2020年第4期。

④ 首先,选取经济增长维度、社会民生维度与生态环境维度三个构建经济高质量指数。其中,经济增长维度包括TFP增长率、通货膨胀率的倒数、1-结构偏离的泰尔指数;社会民生维度包括劳动收入份额、高校大学生比重、每万人医生数;生态环境维度包括单位产出大气污染程度、单位产出污水排放数、单位产出固体废弃物排放数。其次,用均值化方法对各项基础指标进行去量纲处理。再次,采用均等赋权法合成省级层面经济高质量发展指数。此外,由于受劳动收入份额数据可得性的限制,整个样本区间为2009—2017年。最后,将省级经济高质量发展指数与地级市第二、第三产业产值之比交乘后得到地级市经济高质量发展指数。

解释变量。本节选取人均电子商务交易额占国内生产总值比重代替数字经济指数①,对其进行回归,结果见表2-6。上述回归结果均验证了本节的基本结论,即数字经济对经济高质量发展有明显的推动作用,证实了本节实证结果的稳健性。

表2-5　工具变量法下数字经济影响经济高质量发展的回归结果

变量	第一阶段	第二阶段
NEE	0.2207*** (0.0588)	
NE		23.3000*** (6.4640)
控制变量	是	
地区固定效应	是	
N	2765	
F	240.4000	
Kleibergen-Paap rk LM 统计量	20.3300	
Cragg-Donald Wald F 统计量	11.8300	
Kleibergen-Paap rk Wald F 统计量	14.0400	

表2-6　数字经济影响经济高质量发展的稳健性检验结果

变量	稳健性检验 I	稳健性检验 II	稳健性检验III
NE'	0.2800*** (0.0692)		
NE		8.2460*** (0.2020)	
_NE			0.2880*** (0.1100)
控制变量	是	是	是

① 由于数据可得性限制,将2013—2018年省级人均电子商务交易额占国内生产总值比重与地级市第二、第三产业产值之比交乘后得到地级市人均电子商务交易额占国内生产总值比重。

续表

变量	稳健性检验 I	稳健性检验 II	稳健性检验III
常数项	0.7830*** (0.0167)	0.0070*** (0.0020)	0.9020*** (0.0308)
地区固定效应	是	是	是
N	2815	2534	1689
R^2	0.5350	0.8790	0.2370
F	264.6000	305.7000	41.5000

　　本章从信息技术、知识能力、智能技术与平台经济四个层面对数字经济影响经济高质量发展的作用机制进行理论阐释,并基于"纵横向拉开档次法—神经网络分析法"测算我国数字经济发展水平,实证检验数字经济对经济高质量发展的具体影响。主要得到以下几点结论:第一,数字经济对经济高质量发展具有显著的正向促进作用,运用工具变量法和一系列稳健性检验后该结论依旧稳健。第二,数字经济会通过信息技术的信息匹配效应、知识能力的知识溢出效应、智能技术的技术提升效应与平台经济的网络协同效应推动经济高质量发展,但智能技术维度的促进效应要弱于其他三个维度的作用。第三,数字经济对经济高质量发展的影响与该地区是否位于沿海沿边以及经济发展水平与投资水平不同而有所差异,对位于沿海沿边、经济发展水平高以及投资水平高的城市来说,数字经济对经济高质量发展的正向作用更为显著。

第三章　数字经济对产业现代化的影响研究

　　加快发展数字经济、促进数字经济和实体经济深度融合是当前建设现代化产业体系的重要任务与实践要求。习近平总书记在主持十九届中央政治局第三十四次集体学习时指出,数字经济可以成为构建现代化经济体系的重要引擎。党的二十大报告也进一步将加快发展数字经济确定为建设现代化产业体系的重要路径。产业现代化是现代化产业体系的核心与基础内容,不仅直接决定了我国产业的生存力、竞争力、发展力与持续力,在更深层次上,其作为社会生产力层面的变革发展,是事关中国经济发展长远大局的重要抓手。在此背景下,数字经济作为以新一轮信息技术革命催生出的新经济形态,凭借其高创新性、强渗透性和广覆盖性的典型特征,在产业体系中呈现出几何级的渗透扩散作用,能够成为加快推进产业现代化发展、构建现代化产业体系的核心力量。以工业产业为例,通过数字经济与实体经济融合的深入推进,2022 年全国工业企业关键工序数控化率、数字化研发设计工具普及率分别增长至 58.6% 和 77.0%,同比提升 3.3 个和 2.3 个百分点,40%以上的制造企业进入数字化网络化制造阶段[①],大幅提升了智能

---

　　①　国家互联网信息办公室:《数字中国发展报告(2022 年)》,第 9 页。

制造的应用规模和水平,推动了制造业转型升级。因此,深入考察数字经济如何影响我国产业现代化发展,有助于更有效地评估数字经济在我国产业现代化发展过程中的驱动作用,更全面细致地理解数字经济影响产业现代化的具体机理,识别关键因素,为制定建设现代化产业体系的决策参考指明方向。基于此,本章以价值视角为切入点构建"价值创造—价值倍增"的分析框架,系统阐释数字经济影响产业现代化的创新协同机制、要素整合机制以及二者间产生的共轭效应,在此基础上,综合运用中国海关数据、中国上市公司数据与地级市数据,建立综合指标体系运用纵横向拉开档次法测算中国产业现代化发展水平,并运用交错型双重差分模型等多种实证方法验证数字经济影响产业现代化的总体作用、具体机理,为数字经济和构建现代化产业体系的相关讨论提供新的经验证据。

第一节　数字经济影响产业现代化的理论分析

产业现代化是社会生产力向高水平状态持续动态演化的复杂过程(刘伟,2017)[①],结合产业经济学研究领域中组织关系、结构关系两个层面,可以被界定为以产业结构的高端化与合理化、产业组织的效益化与强链化为内在特征的复合概念。其中,产业结构高端化是指技术密集型和知识密集型产业逐步发展成为国民经济

[①]　刘伟:《现代化经济体系是发展、改革、开放的有机统一》,《经济研究》2017年第11期。

支柱(芮明杰,2018)[①],凭借其产业关联性、持续增长性、高渗透性和高附加值的特点发挥引擎作用带动产业发展;产业结构合理化是指各地区根据自身资源禀赋条件、技术水平和分工优势差异化发展优势产业,降低不同地区间产业战略布局雷同现象;产业组织的效益化是指粗放型发展模式向效率改善型发展模式转变;产业组织的强链化则是指深化产业链协同发展、提高供应链运转效率、获取价值链控制权竞争优势,推动产业体系整体素质向更高层次演进。

数字经济是以数据要素作为关键资源、以数字技术为核心驱动力的一种新兴技术—经济范式。现阶段,数字经济在产业现代化发展中的渗透扩散,主要带来了价值形态演进过程的改变,集中体现在价值创造和价值倍增两个层面。具体来说,数字经济一方面能够促进多元创新主体间的合作共享,模糊从知识积累、研究到应用的线性创新链条边界,形成技术、产品和服务的快速迭代,带来深层次的价值创造;另一方面可以重构生产要素配置,充分释放要素价值,实现全新的价值倍增,共同优化产业结构、产业组织,推进产业现代化发展。因此,本章以价值视角为切入点建立"价值创造—价值倍增"的理论分析框架,刻画数字经济影响产业现代化的创新协同机制和要素整合机制。进一步基于价值创造和价值倍增之间的协调演化状态,总结归纳创新协同机制和要素整合机制之间的共轭关系,刻画二者在数字经济影响产业现代化过程中产生的共轭效应。

---

① 芮明杰:《构建现代产业体系的战略思路、目标与路径》,《中国工业经济》2018年第9期。

一、价值创造:数字经济影响产业现代化的创新协同机制

数字经济时代的技术变革使价值创造的核心由加工价值向创新价值演进。数字经济的发展能够促进多元主体创新协同,实现知识扩散与技术溢出,提升行业技术水平带来深层次价值创造,促进产业现代化发展。创新协同是多个创新主体通过建立开放协同网络,对创新资源进行跨主体、跨边界优化配置,实现高效创新产出的过程。数字经济的发展极大提高了产业的网络信息传输能力和数据整合交换能力,使得构建规模更大、黏度更高的虚拟网络组织成为可能,这种实时交互的"平台+赋能+开发者"商业生态系统,能够满足多元创新主体进行跨时空、跨领域的创新协同(Teece,2018[①];李川川、刘刚,2022[②])。具体来说,产业创新活动可以被理解为隐性知识与编码知识之间的连续螺旋运动,而数字经济能够以数据形式将隐性知识显性化,赋予其易复制和共享性特征,为知识在不同创新主体之间的开源共享、复制重组提供可能(钞小静,2023)[③]。在此基础上,数字经济发挥物联网、工业互联网等平台分布式数据库支持多方远程虚拟协同设计的功能特点,以较低成本构建跨空间、跨主体知识转移互动模式,进一步建立不同创新主体间的信息流节点,扩充物理空间与网络空间二者间的映射关系,扩大创新要素、知识溢出的空间范围,在推进部分创新要素对接凭借信息化手段突破物理空间限制的同时,促使通用性技术等服务类创新资源顺利通过网络空间进行拓展延伸,实现多

---

① Teece D. J., "Profiting from Innovation in The Digital Economy: Enabling Technologies, Standards, and Licensing Models in The Wireless World", *Research Policy*, Vol. 47, No. 8, 2018, pp.1367-1387.

② 李川川、刘刚:《数字经济创新范式研究》,《经济学家》2022 年第 7 期。

③ 钞小静:《数字经济赋能中国式产业现代化》,《人文杂志》2023 年第 1 期。

创新资源与多元的创新主体间的快速连接与一体化运作,助推产业相关利益主体协同攻克关键核心技术(徐兰、吴超林,2022)[①]。除此之外,数字经济还可以通过人工智能、机器学习算法进行真实情境与行为规律间的智能模拟,促进创新成果考虑更多异质性需求更加柔性化,从根本上改变创新主体生态位和功能边界固化的问题,引起创新协同主体间的适应性演化。

创新协同的多样化创新模式催生出相对长期稳定的协作关系,通过技术链与知识链获取互补性、前瞻性知识提升自身技术水平。就产业结构而言,数字经济引发的创新协同能够形成大规模的"技术蓄水池"缓解核心技术和关键技术制约,推进产业结构高端化发展;就产业组织而言,创新协同主体间的交互缠绕推进了新技术、新产品以及新需求之间的循环驱动与螺旋上升,提高产业组织生产效率的同时,进一步深化了产业链、供应链和价值链等链式产业组织模式,共同推进产业现代化发展。

二、价值倍增:数字经济影响产业现代化的要素整合机制

动态比较优势理论认为,一国或地区要素禀赋配置能力的提升能够形成新的潜在优势,但是现阶段,要素失衡错配是制约我国产业现代化平稳推进的关键掣肘(唐荣、黄抒田,2021)[②]。从价值倍增层面来看,数字经济的发展使互联网平台成为集聚资源和组织协调的新方式,通过统筹整合生产要素缓解要素配置领域的空间及行业错位,充分释放要素价值带来价值倍增,促进产业现代化发

---

① 徐兰、吴超林:《数字经济赋能制造业价值链攀升:影响机理、现实因素与靶向路径》,《经济学家》2022 年第 7 期。
② 唐荣、黄抒田:《产业政策、资源配置与制造业升级:基于价值链的视角》,《经济学家》2021 年第 1 期。

展。具体而言,在资本要素方面,数字经济能够聚合多元主体形成相互通信、协同工作的典型生产模式,通过无线传输与无线控制克服传统产能调度面临的物理约束,形成灵活调整设备位置、灵活分配任务的柔性生产线(王开科、吴国兵、章贵军,2020)[1],进一步依托工业互联网、区块链等底层技术形成高流动性、扁平化的网络结构,充分利用闲置生产设备进行协作生产,形成提供分时、计件、按价值计价等灵活服务的共享车间新模式,实现产业链上下游产能、生产装备等资源的统一调度和需求匹配。在劳动力要素方面,数字经济能够打破传统经济背景下劳动力配置的时间和空间壁垒,有效促进劳动力自由流动、转移和集聚,产生劳动力池效应提高劳动力需求供求匹配程度,缓解劳动力市场化配置中存在的扭曲和失灵现象(Heo 和 Lee,2019)[2];与此同时,数字经济还能够促使就业生态系统向网络化、个性化转变,通过弹性化、U 盘式的就业模式促进劳动力柔性利用碎片化时间参与劳动供给,产生灵活就业服务新模式,解放传统组织模式下所附着的劳动力要素,重塑劳动资源配置路径。

生产要素在物理空间与虚拟空间之间的融合集成与相互映射,能够激发生产要素联结重组充分释放要素价值。就产业结构而言,数字经济带来的要素整合能够拓展区域要素禀赋外延,优化生产力空间与行业布局,推进产业空间结构合理化发展;就产业组织而言,则能够精准识别生产要素供需、调整生产要素配置流向,

---

[1] 王开科、吴国兵、章贵军:《数字经济发展改善了生产效率吗》,《经济学家》2020 年第 10 期。

[2] Heo P. S., Lee D. H., "Evolution of the Linkage Structure of ICT Industry and Its Role in the Economic System: The Case of Korea", *Information Technology for Development*, Vol. 25, No. 3, 2019, pp.424-454.

提升资源要素的生产效率(钞小静、廉园梅,2019)[1],同时能够通过促进生产要素与产业的动态协同,实现产业链、供应链、价值链等链条上的供应关系根据市场信号灵活、高效地作出反应,优化和稳定链条运行,共同推进产业现代化发展。

三、创新协同机制与要素整合机制影响产业现代化的共轭效应

共轭关系是指相互关联的主体间存在相对稳定且动态平衡的能量转换关系,而共轭效应则是具有共轭关系的主体通过相互联系的矛盾运动形成自组织机制为共轭系统提供原动力的状态,当主体间处于相互竞争状态时会带来共轭系统的内耗直至消亡,当处于相互促进状态时则会驱动共轭系统进入更高水平发展阶段(杨帆、杜云晗,2021)[2]。就数字经济在促进产业现代化过程中产生的创新协同机制与要素整合机制而言,二者的本质均是通过叠加网络空间与物理空间增加产业发展主体和要素间的关联交互程度,因此可能能够形成相互促进的共轭系统更好支撑产业现代化发展。具体来说,要素整合机制是数字经济对资本、劳动力要素的创造性优化组合过程,而协同创新机制在多元创新主体间构建的技术链网络能够提升整体技术水平,为融入协同合作的商业生态系统、拓展要素整合路径提供支撑条件,提供促进要素在更大范围内实现统筹整合的内生动力。协同创新机制是数字经济联合多元创新主体加速技术创新链式运转的过程,

---

① 钞小静、廉园梅:《劳动收入份额与中国经济增长质量》,《经济学动态》2019 年第 9 期。
② 杨帆、杜云晗:《创新与高端服务业人才集聚对经济增长影响的共轭效应研究——基于西部地区城市面板数据的分析》,《中国软科学》2021 年第 10 期。

而要素整合机制能够通过劳动力池效应和资本供给效应优化人才、资金等创新要素的配置路径,加速碎片化知识在多元创新主体间的串联互通,降低创新协同主体的获取创新要素时所支付的交易成本,产生正外部性提升协同创新的内生动力。这种共轭关系的最终结果是产业现代化水平在协同创新与要素整合的自组织驱动中不断提升。

基于以上分析,本章提出如下假说:

假说一:数字经济能够通过促进多元主体创新协同,实现知识扩散与技术溢出带来价值创造,促进产业现代化发展。

假说二:数字经济能够通过促进整合生产要素,充分释放要素价值带来价值倍增,促进产业现代化发展。

假说三:数字经济产生的创新协同机制与要素整合机制处于相互促进的共轭状态,能够产生共轭效应提供原动力持续促进产业现代化发展。

第二节　数字经济影响产业现代化的研究设计

一、模型设定

为检验数字经济对产业现代化的影响效果,结合前文理论分析,本章构建如下基准计量模型:

$$Modern_{it} = \alpha_0 + \alpha_1 Dige_{it} + \sum \beta X_{it} + \lambda_i + \mu_t + \varepsilon_{it} \qquad (3-1)$$

其中,下标 i 表示城市,t 表示年份。被解释变量 $Modern_{it}$ 表示地级市 i 第 t 年的产业现代化水平,具体为前文测算得到的中国

283 个地级市的产业现代化综合指数。核心解释变量 $Dige_{it}$ 表示地级市 i 在第 t 年的数字经济发展水平。X_{it} 表示一系列影响产业现代化的控制变量。λ_i 为个体固定效应，μ_t 为时间固定效应，ε_{it} 为稳健标准误差。α_0 是截距项；核心系数 α_1 反映数字经济对产业现代化的影响，我们预期该系数值为正，即数字经济能够促进产业现代化发展。

二、变量选取

（一）被解释变量

基于产业现代化的理论内涵，本章在充分考虑数据的获取性与可行性的基础上，从产业结构和产业组织两个方面建立产业现代化的综合评价指标体系，具体指标体系见表 3-1。其中，产业结构高端化选用高新技术企业产值规模占比进行衡量，具体来说，根据国务院公布的《高技术产业（制造业）分类（2017）》和《高技术产业（服务业）分类（2018）》筛选中国高新技术上市公司，同时剔除属于通信设备、计算机设备制造业以及信息服务业等数字经济相关高新技术行业上市公司，按照上市公司注册所在地实现地级市高新技术上市公司的产值规模汇总，并计算其与地级市工业增加值的比值；产业结构合理化具体参考韩永辉等（2017）的方法，在产业结构偏离度基础上构建产业结构合理化指标[1]；产业组织的效益化选用全要素生产率进行表征；产业组织的强链化则分别参考已有文献的做法，选择产业链关联、存货周转率和产业技术复

---

[1] 韩永辉、黄亮雄、王贤彬：《产业政策推动地方产业结构升级了吗？——基于发展型地方政府的理论解释与实证检验》，《经济研究》2017 年第 8 期。

杂度进行刻画(张虎、高子桓、韩爱华,2023[1];赵玲、黄昊,2022[2];周茂等,2018[3]),其中产业链关联在综合考虑行业数据和企业微观数据的基础上,采用投入产出法计算各行业的生产分割长度、采用修正的价值增值法度量企业专业化分工程度,并以两个指标的乘积衡量产业链关联;产业技术复杂度则基于城市内部生产结构的变化,用地级市的生产结构而非出口结构构建权重指数,并结合中国海关数据计算得到的行业技术复杂度进行衡量。

表3-1 产业现代化指标体系构建

一级指标	二级指标		三级指标	单位	属性
产业现代化	产业结构	高端化	中国各地级市高新技术产业营业收入占总产值比重	/	+
		合理化	产业结构合理化指数	%	+
	产业组织	效益化	全要素生产率	/	+
		强链化	产业链关联	%	+
			存货周转率	%	+
			产业技术复杂度	/	+

指标合成方法选择方面,已有研究主要运用层次分析法、主成分分析法和熵权法等方法确定评价指标体系中细分指标的权重,但是考虑到层次分析法存在主观赋权偏误,主成分分析法和熵权法虽然消除了人为赋权的主观性、体现了细分指标间的相对重要

① 张虎、高子桓、韩爱华:《企业数字化转型赋能产业链关联:理论与经验证据》,《数量经济技术经济研究》2023年第5期。
② 赵玲、黄昊:《企业数字化转型、供应链协同与成本粘性》,《当代财经》2022年第5期。
③ 周茂、陆毅、杜艳、姚星:《开发区设立与地区制造业升级》,《中国工业经济》2018年第3期。

性,但其作为静态评价方法在指标合成测算过程中会产生较多的信息损耗,无法反映产业现代化的动态发展趋势。因此,为了充分考虑样本数据在截面和时间上的双重差异,并通过差异最大化有效减少指标合成的信息损耗,本章选择进行纵横向拉开档次法对2013—2020 年中国 282 个地级市的产业现代化水平进行测算。其基本原理的数学表现形式为:

$$\max\sigma^2 = \sum_{t=1}^{T} \sum_{i=1}^{282} \left(X_i(t) - \bar{X} \right)^2 \tag{3-2}$$

其中,$X_i(t)$ 表示 i 城市在 t 时间的具体指标值,$\bar{X}$ 为 $X_i(t)$ 的平均值。

(二)核心解释变量

数字经济($Dige$)。已有文献主要采用数字产业增加值测算法和指数编制法表征数字经济发展水平,但是考虑到增加值测算法无法规避数字经济生产边界模糊、现行统计分类不完善等难点问题在核算我国数字经济发展规模中产生的不利影响,因此本章参考钞小静等(2023)的做法[1],从信息经济、平台经济、共享经济和智能经济 4 个层面构建包含 27 个具体指标的综合指标体系,采用纵横向拉开档次法确定具体指标权重计算数字经济综合指数,对2013—2020 年我国 30 个省(自治区、直辖市)的数字经济发展水平进行测度。进一步结合各地级市互联网渗透率与数字经济发展存在高度相关性的特点,采用 2013—2020 年地级市互联网渗透率近似刻画同一省份不同地级市间数字经济发展的异质性,以此进一步

---

① 钞小静、沈路、薛志欣:《基于形态属性的中国省域数字经济发展水平再测算》,《经济问题》2023 年第 2 期。

将该指标分解到地级市层面以衡量地级市的数字经济发展水平。其中,互联网渗透率用互联网接入用户数与总人口的比重表示。

(三)控制变量

为客观评估数字经济对产业现代化的影响,在吸纳已有产业发展相关研究的基础上选取以下控制变量:(1)人力资本(*Labor*),用各地级市普通高等学校在校学生数衡量;(2)金融发展水平(*Finance*),用各地级市金融机构存贷款余额与国内生产总值的比值衡量;(3)固定资产(*Assets*),用各地市固定资产形成额衡量;(4)科技水平(*Science*),用各地级市研究与试验发展(R&D)人员数量与城镇单位从业人员期末人数的比值表示;(5)城市化(*Urban*),用各地级市城镇化率表示;(6)开放程度(*Fdi*),用各地级市当年实际使用外资金额衡量;(7)经济发展水平(*Gdp*),用各地级市人均国内生产总值表示。表3-2为相关变量的描述性统计。

表3-2 数字经济影响产业现代化的主要变量描述性统计

变量	符号	观测值	平均值	标准差	最小值	最大值
产业现代化	*Modern*	2256	0.570	0.041	0.127	0.760
数字经济	*Dige*	2256	0.063	0.073	0.002	0.750
人力资本	*Labor*	2256	1.004	1.752	0.000	13.071
金融发展水平	*Finance*	2256	1.606	6.983	0.000	312.997
固定资产	*Assets*	2256	0.020	0.020	0.000	0.211
科技水平	*Science*	2256	0.019	0.025	0.000	0.255
城市化	*Urban*	2256	0.047	0.025	0.000	0.100
开放程度	*Fdi*	2256	0.010	0.023	0.000	0.308
经济发展水平	*Gdp*	2256	5.686	3.521	0.841	46.775

第三节 数字经济影响产业现代化的实证检验

一、基准回归结果

在基准回归部分,本章首先采用固定效应模型检验了数字经济对产业现代化的影响,具体拟合结果见表3-3。其中,列(1)至列(4)是固定效应模型的拟合结果,列(1)仅控制了地级市层面的个体特性,列(2)则进一步控制了时间固定效应,在两列估计结果中数字经济的拟合系数均显著为正,初步判断数字经济对产业现代化具有正向影响。考虑到产业现代化包括产业结构和产业组织两个层面的内容,列(3)和列(4)分别报告了数字经济影响产业结构和产业组织的拟合结果,结果显示数字经济对产业现代化的两个层面均具有显著的促进作用。综合上述基准回归结果,我们发现在新一代信息技术的驱动下,数字经济作为新一代信息技术应用场景逐渐丰富、应用层次不断深化形成的多元经济形态,其新业态、新模式的发展崛起正在促进我国工业生产力向信息生产力转变,是促进我国产业结构与产业组织现代化发展的强劲动力。

表3-3 数字经济影响产业现代化的基准回归结果

变量	产业现代化		产业组织	产业结构
	（1）	（2）	（3）	（4）
Dige	0.058 ***	0.066 ***	0.080 ***	0.630 *
	(0.016)	(0.023)	(0.024)	(0.359)
Labor	0.013 ***	0.014 ***	0.012 ***	−0.156
	(0.003)	(0.003)	(0.004)	(0.115)

续表

变量	产业现代化		产业组织	产业结构
	（1）	（2）	（3）	（4）
Finance	-0.000	-0.000	-0.000	0.001
	（0.000）	（0.000）	（0.000）	（0.002）
Assets	-0.378**	-0.406**	-0.257	4.827
	（0.159）	（0.159）	（0.174）	（3.594）
Science	0.001	0.001	0.002	0.001
	（0.001）	（0.001）	（0.001）	（0.0150）
Urban	0.004	0.004	0.002	-0.125
	（0.001）	（0.001）	（0.001）	（0.125）
Fdi	0.277**	0.284**	0.223*	-0.880
	（0.118）	（0.118）	（0.125）	（0.788）
Gdp	0.001	0.001	0.003	-0.004
	（0.001）	（0.001）	（0.001）	（0.003）
常数项	0.551***	0.549***	0.644***	-0.208
	（0.009）	（0.009）	（0.009）	（0.418）
时间固定效应	否	是	是	是
城市固定效应	是	是	是	是
N	2256	2256	2256	2253
R^2	0.625	0.627	0.519	0.205

注：*、**、*** 分别表示在10%、5%和1%的显著性水平上显著，下同。

二、稳健性检验

（一）内生性处理

虽然本章尝试对时间效应、个体效应和外部环境因素进行多方面控制，尽可能排除同时影响数字经济发展和产业现代化因素的干扰，但是实证结果仍有可能受到一些不可预测因素的影响而导致内生性问题。因此为了确保本章核心结论的真实可靠，我们通过使用工具变量法两阶段回归模型进行解决。对于工具变量的选择,首先本章借鉴已有文献的做法,通过将1994年各地级市每万人微型电子计算机生产数量乘以2012—2019年各地级市互联网上网人数,给历史数据赋予时间趋势作为本章数字经济的工具变量。首先,该工具变量满足相关性要求,数字经济是依托于信息技术发展产生的新型经济形态,1994年中国各地级市微型电子计算机的生产数量是对当时该地区信息网络技术水平的准确刻画,而1990—2000年信息通信业的高速持续增长为现阶段数字经济的崛起提供了强大的技术支撑,因此选取1994年微型电子计算机生产数量作为数字经济的工具变量符合相关性的要求。其次,该工具变量满足外生性要求。微型电子计算机生产数量的历史数据难以对该地区现阶段的产业现代化状况产生直接影响,与随机误差项或其他解释变量不相关。具体检验结果见表3-4列(1)、列(2),从第一阶段回归结果中可以看出,该工具变量的拟合系数均显著为正,且通过了不可识别检验与弱工具变量检验,表明该工具变量是一个合意的工具变量。第二阶段的估计结果表明,数字经济对产业现代化仍存在显著的正向作用,与基准回归估计结果一致。

进一步地,本章参考戴翔和杨双至(2022)的做法[1],计算2005—2012年印度制造业投入数字化水平作为本章的第二个工具变量。在相关性方面,中国与印度同为亚洲发展中国家,人口众多且经济增长迅速,有较为相似的经济发展模式,因此在数字化转型以及数字经济发展方面具有一定相似性。而在外生性方面,印

---

① 戴翔、杨双至:《数字赋能、数字投入来源与制造业绿色化转型》,《中国工业经济》2022年第9期。

度 2005—2012 年间制造业投入数字化水平的历史数据难以对中国各地级市现阶段的产业现代化状况产生直接影响。具体检验结果见表 3-4 列（3）、列（4），第一阶段的估计及检验结果证实 2005—2012 年印度制造业投入数字化水平满足与数字经济的相关性条件，且通过了不可识别检验与弱工具变量检验，第二阶段的估计结果则同样证明数字经济对产业现代化的正向作用在排除内生性影响后仍然稳健。

在此基础上，考虑到 1994 年各地级市每万人微型电子计算机生产数量与 2012—2019 年各地级市互联网上网人数的交互项、2005—2012 年印度制造业投入数字化水平均为数字经济的有效工具变量，且相互之间不存在相关关系，因此本章进一步将二者作为联合工具变量进行估计，结果表明两个工具变量同时与核心解释变量数字经济存在相关关系，且在用此联合工具变量排除内生性影响后，数字经济对产业现代化的促进作用依然稳健。

表 3-4 数字经济影响产业现代化的内生性检验

变量	微型电子计算机		印度数字经济		联合工具变量		交错型双重差分模型
	第一阶段（1）	第二阶段（2）	第一阶段（3）	第二阶段（4）	第一阶段（5）	第二阶段（6）	宽带中国（7）
$IV1$	0.122*** (0.020)				0.048** (0.024)		
$IV2$			0.003*** (0.000)		0.002*** (0.001)		
$Dige$		0.225** (0.104)		0.213** (0.083)		0.217** (0.086)	
DID							0.085* (0.049)

续表

变量	微型电子计算机		印度数字经济		联合工具变量		交错型双重差分模型
	第一阶段（1）	第二阶段（2）	第一阶段（3）	第二阶段（4）	第一阶段（5）	第二阶段（6）	宽带中国（7）
Kleibergen-Paap rk LM 统计量	80.176		73.853		85.841		
Cragg-Donald Wald F 统计量	142.590		167.110		87.896		
Kleibergen-Paap rk Wald F 统计量	36.170		49.137		22.008		
控制变量	是	是	是	是	是	是	是
时间固定效应	是	是	是	是	是	是	是
城市固定效应	是	是	是	是	是	是	是
N	2256	2256	2256	2256	2256	2256	2256
R^2		0.882		0.073		0.080	0.248

（二）交错型双重差分模型的再检验

考虑到"宽带中国"政策具有推进区域宽带网络协调发展、加快宽带网络优化升级、提高宽带网络应用水平的重要作用,而数字经济快速演进的基本条件也是互联网等新型基础设施的广泛渗透,因此"宽带中国"政策的执行在一定程度上能够说明该地区拥有较高的数字经济发展水平。本章构建交错型双重差分模型对两者之间的关系作进一步的识别检验,具体计量模型见式(3-3)。

$$Modern_{it} = \alpha_0 + \alpha_1 T_t \times D_i + \sum \beta \left(X_{it} \times f(t) \right)' + \varphi\, T_t \times$$

$$t + \lambda_i + \mu_t + \varepsilon_{it} \tag{3-3}$$

其中，$T_t \times D_i$ 是表示城市 i 在第 t 年是否入选"宽带中国"试点城市的 0—1 变量，$f(t)$ 为时间趋势 t 的三次多项式，将其与控制变量交乘可以排除可观测变量变动趋势的影响，$T_t \times t$ 表示处理组与时间趋势的交互项。相应的估计结果见表 3-3 列（7），核心解释变量的拟合系数显著为正，表明"宽带中国"政策的执行在一定程度上能够推动产业现代化，侧面印证了数字经济发展对产业现代化的促进作用。

（三）控制前期趋势后的再检验

由于基准回归的估计结果可能受到各地级市产业现代化初始趋势差异的影响产生偏差，因此本章进一步在基准回归模型，即式（3-1）中加入 2013 年各地级市产业现代化增速与年份虚拟变量的交互项，用于在刻画数字经济对产业现代化影响时剥离初始年份增长趋势差异造成的影响，使数字经济拟合系数更加贴合真实效用。具体估计结果见表 3-5 列（1），在排除地级市前期趋势影响后，数字经济对产业现代化的促进作用依然显著。进一步地，考虑到地级市的产业现代化水平在很大程度上取决于该地区的经济发展基础，同样为了避免经济发展水平初始差异衍生出的混杂估计结果，本章使用 2013 年的美国国防气象卫星计划（DMSP）夜间灯光数据作为该地区当年经济发展水平的代理变量，将其与年份虚拟变量做交互项加入基准回归模型式（3-1）中，用以控制地级市经济发展水平初始特征差异的线性趋势。具体回归结果见表

3-5 列(2)。从中可以看出,数字经济的拟合系数依然显著为正,说明在控制经济发展水平影响产业现代化的前期趋势后,数字经济对产业现代化的推动作用仍然显著。

(四)替换被解释变量测度方法后的再检验

本章在基准回归部分使用纵横向拉开档次法计算产业现代化综合指数,为了排除测度方法带来的估计偏误,本章进一步采用加权逼近理想解排序法和主成分分析法确定产业现代化基础指标权重,测算中国各地级市产业现代化综合水平,并以此替换被解释变量进行数字经济与产业现代化二者间关系的再检验。具体估计结果见表3-5列(3)和列(4),进一步佐证了数字经济对产业现代化的促进作用。

(五)剔除部分样本后的再检验

一方面,考虑到城市行政建制对地级市产业现代化的差异性影响,本章删除了北京市、上海市、天津市和重庆市四个直辖市的样本,再次检验了数字经济对产业现代化的作用效果,具体结果见表3-5列(5),数字经济的拟合系数依然显著为正,说明剥离直辖市样本的影响,数字经济对产业现代化的提升作用在一般性地级市样本中依然存在。另一方面,为避免极端值影响,本章在对产业现代化进行上下1%的缩尾处理后进行了再检验,具体拟合结果见表3-5列(6)。上述稳健性检验结果表明本章的核心结论具有高度的稳健性。

表 3-5　数字经济影响产业现代化的稳健性检验

变量	前期趋势		逼近理想解排序法	主成分	剔除样本	缩尾处理
	（1）	（2）	（3）	（4）	（5）	（6）
$Dige$	0.066*** (0.023)	0.052* (0.027)	0.441** (0.208)	0.690*** (0.214)	0.052** (0.0216)	0.053*** (0.0186)
$SModern \times Year$	0.003* (0.002)					
$Trend$		0.000 (0.000)				
常数项	0.363*** (0.112)	-0.272 (0.897)	-3.296*** (0.111)	-0.2532** (0.128)	0.5524*** (0.009)	0.5530*** (0.008)
控制变量	是	是	是	是	是	是
时间固定效应	是	是	是	是	是	是
城市固定效应	是	是	是	是	是	是
N	2256	2256	2256	2256	2224	2256
R^2	0.628	0.628	0.911	0.762	0.634	0.696

第四节　数字经济影响产业现代化的拓展分析

一、作用机制检验

理论分析表明,数字经济能够产生创新协同机制、要素整合机制促进产业现代化发展。为验证上述作用机制是否成立,本章参考马述忠等(2017)的检验策略[1],首先验证核心解释变量是否能够作用于机制变量,其次在证实核心解释变量可以引起机制变量

---

[1]　马述忠、张洪胜:《集群商业信用与企业出口——对中国出口扩张奇迹的一种解释》,《经济研究》2017年第1期。

产生变化的基础上,将其与机制变量的交互项引入基准模型,共同刻画核心解释变量影响被解释变量的理论机理。具体计量模型见式(3-4)、式(3-5)。

$$med_{it} = b_0 + b_1 DIGE_{it} + \sum \beta X_{it} + \lambda_i + \mu_t + \varepsilon_{it} \tag{3-4}$$

$$Modern_{it} = c_0 + c_1 Dige_{it} \times med_{it} + c_2 med_{it} + \sum \beta X_{it} + \lambda_i + \mu_t + \varepsilon_{it} \tag{3-5}$$

其中,med_{it} 表示机制变量,具体包括地级市 i 第 t 年的创新协同和要素整合,$Dige_{it} \times med_{it}$ 为数字经济与机制变量的交互项,为本章关注的核心变量。

(一)数字经济影响产业现代化的创新协同机制

为验证数字经济影响产业现代化的创新协同机制,本章借鉴白俊红和蒋伏心(2015)的做法[1],利用创新主体之间的资金往来表征创新协同规模。具体来说,创新主体之间的资金往来行为主要体现在两个方面:一是直接创新协同数据,即产业和高校、产业和科研机构以及产业与产业之间关于创新资金的往来情况,本章根据国泰安数据库公布的上市公司财务报表附注,分别筛选管理费用、研发费用、财务费用等会计科目的具体"说明"中包含引进技术,与高校、科研机构合作等内容,并将其按照上市公司注册所在地进行汇总,得到直接主体之间的创新协同数据。二是间接创新协同数据,即间接主体对产业的研发资助,主要包括政府机构的研发资助和金融机构的研发资助两部分。鉴于相关数据的可得性和获取性,本章主要采用政府机构对产业的研发资助对此部分进

---

[1]　白俊红、蒋伏心:《协同创新、空间关联与区域创新绩效》,《经济研究》2015 年第 7 期。

行衡量,具体做法是根据中国研究数据服务平台(CNRDS)的上市公司财务报表附注,筛选政府补助会计科目具体"说明"中关于创新方面的数据,并将其按照上市公司注册所在地进行汇总,得到政府机构对地级市产业的创新补助,即间接创新协同数据。具体检验结果见表3-6,其中,表3-6列(1)、列(2)为直接创新协同效应的检验结果,列(3)、列(4)为间接创新协同效应的检验结果。根据表3-6列(1)和列(3)的拟合结果可知,数字经济的拟合系数均显著为正,说明数字经济显著提高了本地区的直接创新协同和间接创新协同规模。在此基础上,本章依据式(3-5)检验了数字经济通过创新协同促进产业现代化的具体机制,具体估计结果见表3-6列(2)和列(4)。结果表明,数字经济与创新协同交互项的拟合系数显著为正,即创新协同合作模式能够进一步推动数字经济对产业现代化产生积极作用。结合式(3-4)与式(3-5)的估计结果,我们可以得到这样的结论:通过创新协同模式在城市区域范围内的有效推进,数字经济建设发展能够帮助产业主体补充前沿性知识,激发创新能力促进产业现代化。

表3-6　数字经济影响产业现代化的机制检验:创新协同机制

变量	直接创新协同效应		间接创新协同效应	
	(1)	(2)	(3)	(4)
Dige	0.362*** (0.092)		12.276*** (1.427)	
Cooperation		0.001 (0.000)		
Dige×Cooperation		0.001** (0.000)		
Government				0.037*** (0.010)

续表

变量	直接创新协同效应		间接创新协同效应	
	（1）	（2）	（3）	（4）
$Dige \times Government$				0.064 ***
				（0.022）
常数项	-0.035	0.554 ***	-5.084 ***	-2.279 ***
	（0.034）	（0.009）	（1.203）	（0.076）
控制变量	是	是	是	是
时间固定效应	是	是	是	是
城市固定效应	是	是	是	是
N	2256	2256	2256	2256
R^2	0.866	0.627	0.750	0.969

（二）数字经济影响产业现代化的要素整合机制

要素整合指不断消除要素流动壁垒和障碍,加快生产要素流动,并在此基础上逐步优化要素配置效率的动态整合过程。由于要素整合机制难以直接度量,因此本章综合采用要素流动和要素配置效率两个指标刻画数字经济影响产业现代化的要素整合机制。具体来说,在要素流动方面,本章参考白俊红等(2017)的引力模型对劳动要素和资本要素在区际间的流动情况予以度量①。具体而言,经典引力模型的表现形式为:

$$R_{ij} = KL_i^{\alpha^i} M_i^{\alpha^j} D_{ij}^{-b} \tag{3-6}$$

其中,R_{ij} 为地级市 i 对地级市 j 的吸引力,L_i、M_i 为劳动、资本等生产要素的具体测度,K 为地级市 i 与地级市 j 的引力系数,

① 白俊红、王钺、蒋伏心、李婧:《研发要素流动、空间知识溢出与经济增长》,《经济研究》2017年第7期。

α^i、α^j 为引力参数，D_{ij} 为两城市的最短距离，b 为距离衰减指数。其中，引力系数一般取值为 1，距离衰减指数一般取值为 2。已有研究大都采用引入吸引力变量的产出约束双对数引力模型刻画要素流动情况，因此本章参考已有文献做法，在经典引力模型的基础上进一步考虑引入劳动资本流动的吸引变量地区平均工资水平与住宅销售价格水平，引入资本要素的吸引变量银行信贷发展水平，形成如下引力模型：

$$flow_{ij} = \ln L_i \times \ln(wage_j - wage_i) \times \ln(price_j - price_i) \times \ln M_i \times$$
$$\ln(fin_j - fin_i) \times D_{ij}^{-2} \qquad (3-7)$$

其中，L_i、M_i 分别为某一统计年度内地级市 i 的劳动力投入与资本投入，$wage_i$、$price_i$ 和 fin_i 分别为某一统计年度内地级市 i 的平均工资水平、平均房价水平和银行信贷水平，D_{ij} 为手工搜集的地级市间的最短距离。具体估计结果见表 3-7，其中表 3-7 列（1）、列（2）为劳动力要素流动机制的检验结果，表 3-7 列（3）、列（4）为资本要素流动机制的检验结果。综合表 3-7 列（1）、列（3）的检验结果可知，数字经济的发展有助于推进劳动力要素、资本要素有序流动。在此基础上，本章依据式（3-5）检验了数字经济通过加速要素流动促进产业现代化的具体机制，具体估计结果见表 3-7 列（2）、列（4），结果表明，数字经济与要素流动交互项的拟合系数显著为正，即要素的有序流动能够进一步推动数字经济对产业现代化产生积极作用。结合式（3-4）与式（3-5）的估计结果，我们可以得到这样的结论：通过生产要素在城市体系内的有序流动，数字经济建设发展能够整合统筹生产要素，形成与产业发展相适应的匹配关系，缓解各类城市先天禀赋制约，促进产业现代化发展。

在要素配置效率方面,本章选用要素扭曲程度的倒数进行表征。具体来说,本章首先尝试借鉴戴魁早等(2016)的做法[1],运用标杆法测算要素扭曲程度,计算公式如下所示:

$$DIS_{it} = [\max(pm_{it}) - pm_{it}]/\max(pm_{it}) \qquad (3-8)$$

其中,DIS_{it} 表示市场要素扭曲程度,pm_{it} 表示要素市场发育程度指数,要素市场发育程度指数来自樊纲等(2011)的《中国市场化进程指数报告》。同时,本章进一步参考施炳展等(2012)的做法[2],采用 C—D 生产函数方法估计生产要素的边际产出价值,在此基础上以要素边际产出价值与要素实际报酬之间的偏离程度表示要素配置扭曲,具体检验结果见表 3-7,其中表 3-7 列(5)、列(6)为采用标杆法测算的要素配置扭曲的检验结果,表 3-7 列(7)、列(8)为采用 C—D 生产函数法度量的要素配置扭曲检验结果。从表 3-7 列(5)、列(6)的回归结果可以得知数字经济的拟合系数均显著为负,说明数字经济有效改善了产业的要素配置扭曲。在此基础上,本章依据式(3-5)检验了数字经济通过加速要素流动促进产业现代化的具体机制,具体估计结果见表 3-7 列(6)、列(8),结果表明,数字经济与要素扭曲程度的交互项显著为正,即要素配置效率的有效提升能够进一步推动数字经济对产业现代化的提升作用。结合式(3-4)与式(3-5)的估计结果,我们可以得到这样的结论:数字经济的流动性和高渗透性特征能够通过促进数据要素与劳动、资本传统要素融合联动,增强要素流通过程中的透明化和协同化,改善生产要素配置效率,促进产业现代化。

---

[1]　戴魁早、刘友金:《要素市场扭曲与创新效率——对中国高技术产业发展的经验分析》,《经济研究》2016 年第 7 期。

[2]　施炳展、冼国明:《要素价格扭曲与中国工业企业出口行为》,《中国工业经济》2012 年第 2 期。

表 3-7　数字经济影响产业现代化的机制检验:要素整合机制

变量	劳动力要素流动		资本要素流动		标杆法		C—D 生产函数法	
	（1）	（2）	（3）	（4）	（5）	（6）	（7）	（8）
$Dige$	0.318*** (0.102)		0.214** (0.091)		0.860*** (0.198)		0.764*** (0.171)	
$L \times Dige$		0.005*** (0.001)						
L		0.028*** (0.010)						
$K \times Dige$				0.099*** (0.023)				
K				0.044 (0.032)				
$R_1 \times Dige$						0.084** (0.035)		
R_1						-0.003 (0.008)		
$R_2 \times Dige$								0.009*** (0.003)
R_2								-0.003** (0.001)
常数项	-0.130*** (0.031)	-2.288*** (0.075)	-0.041 (0.035)	-1.691*** (0.092)	0.959*** (0.066)	-0.603*** (0.023)	7.097*** (0.079)	0.567*** (0.012)
控制变量	是	是	是	是	是	是	是	是
时间固定效应	是	是	是	是	是	是	是	是
城市固定效应	是	是	是	是	是	是	是	是
N	2256	2256	2256	2256	2256	2256	2256	2256
R^2	0.426	0.969	0.256	0.968	0.538	0.525	0.135	0.627

（三）数字经济创新协同机制与要素整合机制的共轭效应

为了验证要素整合机制与创新协同机制之间是否存在相对稳定且动态平衡的共轭效应促进产业现代化,本章将要素整合与创新协同规模的交互项作为机制变量引入中介效应检验模型,即式(3-5),具体估计结果见表3-8。其中表3-8列(1)至列(4)分别是劳动力要素整合、资本要素整合、要素配置效率与直接创新协同的共轭效应检验,表3-8列(5)至列(8)分别是劳动力要素整合、资本要素整合、要素配置效率与间接创新协同的共轭效应检验。结果表明,数字经济对6组交互项的拟合系数均显著为正,说明要素整合机制与创新协同机制之间可以通过形成相互联系的矛盾运动自组织机制为共轭系统提供原动力,进一步强化数字经济对产业现代化的促进作用。

表3-8　数字经济要素整合机制与创新协同机制产生的共轭效应

变量	要素整合—直接创新协同				要素整合—间接创新协同			
	劳动力 (1)	资本 (2)	标杆法 (3)	柯布道格拉斯生产函数 (4)	劳动力 (5)	资本 (6)	标杆法 (7)	柯布道格拉斯生产函数 (8)
$Dige$	0.399* (0.227)	0.010* (0.057)	2.599* (1.449)	4.367** (1.966)	5.842*** (1.691)	1.621** (0.749)	17.632*** (4.697)	2.738** (1.067)
常数项	−0.053 (0.060)	−0.025** (0.012)	−0.254 (0.170)	−0.285 (0.609)	−2.362*** (0.499)	−0.638 (0.494)	7.653*** (1.800)	2.944*** (0.543)
控制变量	是	是	是	是	是	是	是	是
时间固定效应	是	是	是	是	是	是	是	是
城市固定效应	是	是	是	是	是	是	是	是
N	2256	2256	2256	2256	2256	2256	2256	2256
R^2	0.695	0.489	0.540	0.836	0.458	0.264	0.725	0.694

二、异质性检验

(一)积累效应:前沿技术差距异质性

新一代信息技术在产业主体内的应用一般存在较高的技术门

槛,而前期的技术积累是降低数字经济渗透融合技术壁垒的关键因素,因此与技术积累较差的产业相比,数字经济在技术积累较好产业的介入能够带来更大的边际效应。例如其能够更加快速便捷地借助移动互联网、物联网等新一代信息技术,加深产业生产主体与上下游企业之间的协作互助,通过构建信息交流平台获取知识溢出,进一步利用数字技术计算分析技术创新方案,以智能化装备和数字技术加持,提高技术创新效率,在追赶国际前沿技术的同时实现产业现代化。因此,本章推测技术的前期积累会造成数字经济促进产业现代化的作用效果产生异质性影响。据此,本章参考王勇等(2022)①的做法计算细分产业距离国际前沿的技术差距,以此刻画产业的前期技术积累水平,并将其与数字经济的交互项引入基准模型式(3-1)进行验证,具体结果见表3-9列(1)。结果表明距离国际前沿技术差距与数字经济的拟合系数显著为负,表明在技术积累良好的产业,数字经济对产业现代化会产生更为强烈的促进作用。

(二)产业特征:是否属于国家产业转型升级示范区

国家产业转型升级示范区是典型的老工业城市和资源型城市,大都拥有较好的资源禀赋和较为雄厚的工业基础,但是在优化产业结构、促进传统产业转型升级方面面临严峻的改造提升困境,而数字经济支撑现代化经济体系建设的关键在于促进数字经济与实体经济融合,这也就意味着数字经济在国家产业转型升级示范区的渗透应用,不仅能够通过数字技术建立支撑产业转型升级的

---

① 王勇、樊仲琛、李欣泽:《禀赋结构、研发创新和产业升级》,《中国工业经济》2022年第9期。

内生动力,还能够依托现有产业基础,更快整合具有不同数据后台的设备以及工业环境实现数据兼容与联动,推动产业纵深发展。因此,本章推测地级市主导产业差异会造成数字经济促进产业现代化的作用效果产生异质性影响。据此通过在基准模型式(3-1)中引入地级市是否为国家产业转型升级示范区与数字经济的交互项对此进行验证,具体结果见表3-9列(2)。结果表明,国家产业转型升级示范区与数字经济交互项的拟合系数在显著为正,表明数字经济对国家产业转型升级示范区地级市的产业现代化会产生更为强烈的促进作用。

(三)政策支持:是否设立大数据试验区

设立国家级大数据综合试验区是加强新型数字基础设施、构筑数字经济发展重要载体的有效制度安排。国家大数据综合试验区的设立其本身能够有效打破数据资源壁垒,充分发掘数据资源价值,形成集大数据流通、开发、使用于一体的完整产业链,通过构建良好的数据开放共享系统为数字经济推动产业现代化的发展提供基础铺垫;在此基础上,通过推动传统产业与大数据的融合发展,培育智能制造、电子商务等新兴产业和新兴业态,推动现代化产业发展。因此,本章推测地级市是否设立国家级大数据综合试验区会使数字经济对产业现代化的促进作用产生异质性影响。据此,本章依据是否设置国家级大数据综合试验区的0—1变量,将其与数字经济的交互项引入基准模型对此进行验证,具体估计结果见表3-9列(3)。结果表明,是否设立国家级大数据综合试验区与数字经济交互项的拟合系数显著为正,表明与未设立国家级大数据综合试验区的城市相比,数字经济对设立国家级大数据综合试验区城市产业现代化的促进作用更为强烈。

表3-9　数字经济影响产业现代化的异质性检验

变量	积累效应（1）	工业属性（2）	政策支持（3）
Dige	1.955*** (0.176)	0.012 (0.018)	0.036* (0.021)
Tech	0.373*** (0.009)		
Tech×Dige	−2.333*** (0.200)		
Edu		0.005 (0.004)	
Industrial×Dige		0.075* (0.040)	
Data			−0.001 (0.030)
Data×Dige			0.107** (0.044)
常数项	−1.635*** (0.082)	−2.768*** (0.730)	0.540*** (0.012)
控制变量	是	是	是
时间固定效应	是	是	是
城市固定效应	是	是	是
N	2256	2256	2256
R^2	0.987	0.135	0.629

本章结合产业经济学研究领域中组织关系、结构关系两个层面,将产业现代化界定为以产业结构的高端化与合理化、产业组织的效益化与强链化为内在特征的复合概念。进而以价值视角为切入点构建"价值创造—价值倍增"的理论分析框架,阐释数字经济通过促进创新协同、要素整合影响产业现代化的理论逻辑。在此基础上,从产业结构和产业组织两个维度建立产业现代化指标体

系,利用纵横向拉开档次法计算产业现代化综合指数,进一步对数字经济与产业现代化的因果效应和影响机制进行验证,同时考虑创新协同机制和要素整合机制之间存在的共轭效应,讨论其在数字经济促进产业现代化进程中发挥的叠加效应。得到如下主要结论:第一,数字经济对产业现代化具有显著的促进作用,并且通过构建工具变量、更换估计方法、排除前期趋势干扰等一系列稳健性检验后,这一核心结论仍然稳健。第二,数字经济对产业现代化的促进作用主要是通过价值创造层面的创新协同机制、价值倍增层面的要素整合机制产生的。第三,创新协同机制和要素整合机制间存在相对稳定且动态平衡的共轭关系,可以有效强化数字经济对产业现代化的促进作用。第四,数字经济对产业现代化的促进作用存在显著的异质性表现。具体来说,数字经济对产业现代化的促进作用在距离前沿技术差距较小、国家产业转型升级示范区以及设立大数据试验区的城市更加显著。

第 二 篇

数字经济的核心构成

第四章　数据要素对制造业高质量发展的影响研究

随着物联网、云计算及人工智能等新一代信息技术的快速发展,数字化的信息与知识已经成为关键的生产要素。2017年,习近平总书记在主持十九届中央政治局第二次集体学习时强调,"大数据是信息化发展的新阶段",要"加快建设数字中国","构建以数据为关键要素的数字经济","推动实体经济和数字经济融合发展"。2020年3月,中共中央、国务院印发的《关于构建更加完善的要素市场化配置体制机制的意见》中也明确将数据作为新生产要素。我国数据资源规模庞大,且拥有超大规模市场优势和完备产业体系优势,这使得数据要素可以深入渗透到生产、分配、交换和消费的各个环节,在推动制造业高质量发展过程中发挥着重要作用(李海舰、赵丽,2021)①。当前,我国规模以上工业企业关键工序数控化率和数字化研发设计工具普及率分别达到55.3%、

---

① 李海舰、赵丽:《数据成为生产要素:特征、机制与价值形态演进》,《上海经济研究》2021年第8期。

74.7%,具备行业、区域影响力的工业互联网平台超过 150 家[①]。特别是在逆全球化叠加疫情冲击的双重影响下,数据要素正在加速向制造业融合渗透。基于此,本章从数据要素的典型特征与制造业全链路出发研究数据要素对制造业高质量发展的影响机制,并进一步使用 2011—2020 年我国制造业上市公司与 283 个地级市的匹配数据对数据要素影响制造业高质量发展进行实证检验,为数字经济时代下制造业高质量发展影响因素的研究补充了微观视角的经验证据,也为进一步推动制造业优化升级、增强制造业竞争优势提供了新思路。

第一节　数据要素影响制造业高质量发展的理论分析

每一次经济形态的重大变化均催生出了新的生产要素并进一步以此为主要驱动力,农业经济时代主要以劳动力和土地为生产要素,工业经济时代更多地依赖于资本和技术,步入数字经济时代,数据要素则成为新的关键生产要素。作为新一轮科技革命和产业革命进程中的基础性资源与战略性资源,数据要素具有易复制性、非排他性、非竞争性等典型特征。具体而言,以比特形式存在的数据,在收集完成之后传播所需的成本极小,这使得数据要素收集与生产的边际成本基本为零,由此形成了数据要素低成本易

---

① 钞小静:《以数字经济与实体经济深度融合赋能新形势下经济高质量发展》,《财贸经济》2022 年第 12 期。

复制的特点;由于数据要素在生成过程中涉及多个主体,如产品的供需双方、网络运营商、中间平台等,极大增加了数据要素的扩散与传播范围,形成了数据要素在使用中的非排他性;同时,数据要素不仅可以同时被不同的主体所使用,更可以在使用过程中保持其自身价值不被削减甚至升值,并在使用过程中产生新的数据,数据要素的这一特性使其具有明显的非竞争性。制造业高质量发展是其研发创新、生产制造、市场匹配三个环节整体联动实现更高效率发展的一种高级状态(钞小静、廉园梅、罗鎏锴,2021)[1]。制造业的研发创新、生产制造、市场匹配各环节均能够为数据要素提供丰富的应用场景,而数据要素所具有的上述特征也有助于其全面渗透到制造业整个链条的全过程(焦勇,2020)[2]。因此,本章主要从研发创新、生产制造和市场匹配三个环节来梳理数据要素影响制造业高质量发展的理论逻辑。

一、研发创新效应

数据要素所表现出的低成本复制性、非排他性、非竞争性等特点,有利于数据信息在制造业的不同主体与不同环节之间便捷传递,由此带来核心技术突破与知识创新。从数据要素促进企业核心技术突破的层面看,日益成熟丰富的数据分析技术与数据挖掘技术能从海量原始数据之中识别出不易发现的复杂关系,通过将非结构化数据与各个分析模型结合,根据数据之间的强关联、弱关联、潜在关联,从浅层反馈数据信息中挖掘可能蕴含的深层逻辑,

---

[1]　钞小静、廉园梅、罗鎏锴:《新型数字基础设施对制造业高质量发展的影响》,《财贸研究》2021 年第 10 期。

[2]　焦勇:《数字经济赋能制造业转型:从价值重塑到价值创造》,《经济学家》2020 年第 6 期。

帮助制造业企业对各类生产要素进行重新整合,这种数据驱动有利于促进企业核心技术突破,帮助企业在技术上实现颠覆性创新(钞小静、薛志欣,2022)[1];从数据要素推动知识创新与溢出的层面看,数据要素的开放、流动与共享推动了企业内部与企业之间大规模的协作与跨界融合,有利于制造业中各个企业扩展自身生产组织边界,推动企业开放性研发创新。数据与知识作为开放性创新的核心要素,在数字化时代呈现出指数型增长的态势。借助数据分析与挖掘,制造业企业可以产生更多知识与信息,极大程度上降低了知识的学习成本。通过利用人工智能、机器学习等技术迅速将新知识吸收并转化为企业生产力、促进生产效率提升,形成知识创新与生产效率之间的正向循环反馈路径。不仅如此,知识创新所形成的网络效应有利于加快知识流通速度,进一步推动数据在不同企业之间的传递共享(李涛、高良谋,2016)[2],这一创新模式能有效促进位于产业链不同环节的企业协同使用半结构化、碎片化的数据进行创新,加速实现隐性知识与显性知识的串联互通,实现制造业产业链整体升级(郭凯明、潘珊、颜色,2020)[3]。核心技术突破与知识创新网络的形成有利于帮助制造业企业优化资源配置,提升自主创新能力与创新水平进而实现生产技术不断升级,由此带来全要素生产率的提升,实现制造业高质量发展。综上所述,数据要素应用有助于各类资源的重新整合、优化资源配置,降低知识学习成本,形成新的创新网络模式,由此推动制造业技术创

---

① 钞小静、薛志欣:《新型信息基础设施对中国企业升级的影响》,《当代财经》2022 年第1 期。

② 李涛、高良谋:《"大数据"时代下开放式创新发展趋势》,《科研管理》2016 年第7 期。

③ 郭凯明、潘珊、颜色:《新型基础设施投资与产业结构转型升级》,《中国工业经济》2020年第3 期。

新与知识创新,推动制造业高质量发展。

二、生产协同效应

数据要素应用能有效赋能智能化终端,在使各类生产设备变得更加智能且可控的同时作用于各个生产环节,实现协同化生产。首先,在数据赋能的现实背景下,通过挖掘数据、萃取知识与凝练智慧可以有效提高人工智能、工业互联网等终端的运算能力与效率,进一步在各类智能终端的协同运作中,降低数据在不同终端之间的传递时间,为制造业企业实现柔性制造与大规模智能化定制提供技术支撑;进一步地,数据要素通过作用于制造业不同生产环节,有利于实现数据在不同生产设备上实时、高效地流动与共享,推动制造业企业内部生产的网络化与智能化,提升各个生产环节之间的协同性。具体来看,制造业企业借助"云计算+算力+数据"的模式,将先进的计算机算法广泛应用于生产过程中,通过建立多维大数据分析模型与挖掘模型,在改善生产工艺的同时制订合理科学的生产计划,进而实现各个环节的智能化生产(Acemoglu 和 Restrepo,2018[1];许宪春、王洋,2021[2])。同时,运用决策树、神经网络等大数据算法,充分发挥数据要素传播的实时性,可以实时控制设备运行与维护情况,不仅可以远程操控生产设备,监控生产过程,还可以灵活调整设备运行时间与位置,建立柔性生产车间,动态调整生产计划,提高设备运行与生产效率,实现对制造业生产线

---

[1] Acemoglu D., Restrepo P., "The Race Between Man and Machine: Implications of Technology for Growth, Factors Shares, and Employment", *American Economic Review*, Vol. 108, No.6,2018,pp,1488-1542.

[2] 许宪春、王洋:《大数据在企业生产经营中的应用》,《改革》2021 年第 1 期。

的智能化管理(王谦、付晓东,2021)①。在此基础上,生产环节的智能化实现了数据要素与其他传统要素的深入融合,两类要素整合实现的规模收益递增有利于促进全要素生产率的提升,以此推动制造业高质量发展。综上所述,数据要素应用有助于制造业企业制定合理生产规划、优化生产流程、改善生产模式、实现智能化和协同化生产,进而推动制造业高质量发展的实现。

三、市场匹配效应

数据要素应用可以帮助制造业企业降低市场信息搜寻成本与匹配成本,在构建新型企业与消费者之间无障碍沟通平台的同时,推动形成联通产业链上下游企业间的"激励联盟",提升整体产业链的市场匹配效率。一方面,制造业企业使用新一代数据管理技术与系统设施来跨地区、跨部门地管理分析海量非结构化数据,使数据的获取、分析与使用与企业自身运营相结合,帮助企业丰富决策信息来源以降低决策不确定性,有利于企业更深入了解各类消费者的需求,在生产满足大众化需求的头部产品的同时兼顾部分消费者的个性化需求,以满足长尾市场、长尾用户的小众化需求,利用通用型数据与模块化数据之间的拼接实现大众化"红海区域"与小众化"蓝海区域"共同发展,实现更精准的供需匹配(杨学成、涂科,2017)②。同时,数据要素的应用能扩大市场匹配的范围,通过数据要素在不同设备终端的高速、海量传递,可以实现对不同市场、不同需求端的有机整合分析,在降低供需双方信息不对称的同

---

① 王谦、付晓东:《数据要素赋能经济增长机制探究》,《上海经济研究》2021 年第 4 期。
② 杨学成、涂科:《出行共享中的用户价值共创机理——基于优步的案例研究》,《管理世界》2017 年第 8 期。

时,形成应对机会主义的数字化市场甄别机制与声誉机制,推动市场需求的倍增与市场匹配范围的扩大(何大安,2020)[①]。另一方面,数据要素应用有利于促进制造业产业链上下游企业间的信息共享,实时传递终端客户最新需求,加深产业链上不同企业对终端市场的理解,提高对终端需求的响应速度,帮助同一产业链上的制造业企业实现联合库存与共同决策,提升产业链与市场之间的匹配效率(王举颖、赵全超,2014)[②]。制造业企业与产业链市场匹配效率的提升意味着信息匹配成本的降低和产业链内企业间群策能力的增强,有利于制造业企业理性制定生产决策,提高企业生产与管理效率,进而推动制造业高质量发展。综上所述,数据要素应用既可以提升制造业市场匹配精度、扩大市场匹配范围,又可以促进制造业整体产业链之间的信息共享提升市场匹配效率。基于以上分析,本章提出如下假说:

假说一:数据要素应用有助于制造业企业核心技术的突破与知识创新,通过研发创新效应推动制造业高质量发展。

假说二:数据要素应用有助于制造业企业在提升工业物联网等终端运算能力与效率的基础上实现协同化生产,通过生产协同效应推动制造业高质量发展。

假说三:数据要素应用有助于在构建企业与消费者之间新型沟通平台的同时形成企业间的"激励联盟",通过市场匹配效应推动制造业高质量发展。

---

① 何大安:《大数据、人工智能与厂商竞争路径》,《商业经济与管理》2020 年第 7 期。

② 王举颖、赵全超:《大数据环境下商业生态系统协同演化研究》,《山东大学学报(哲学社会科学版)》2014 年第 5 期。

第二节　数据要素影响制造业高质量
发展的研究设计

一、模型设定

为验证数据要素对制造业高质量发展的影响,基于上述分析,本章构建基本计量模型如下:

$$Hdm_{iwjt} = \alpha_0 + \alpha_1 Ade_{jt} + \lambda X_{iwjt} + V_w + V_j + V_t + \varepsilon_{iwjt} \quad (4-1)$$

在式(4-1)中,被解释变量 Hdm_{iwjt} 表示制造业细分行业 w 中上市公司 i 在 j 地区 t 时期的高质量发展水平,核心解释变量 Ade_{jt} 表示 t 时期 j 地区的数据要素应用水平; λX_{iwjt} 表示影响制造业高质量发展的企业以及地区层面的控制变量集合; V_w、V_j、V_t 分别表示行业、地区与时间虚拟变量,用于反映行业固定效应、地区固定效应与时间固定效应; ε_{iwjt} 表示随机扰动项。

需要指出的是,基于最小二乘法的传统面板固定效应模型采用的是条件均值回归,容易受到极端值的影响。而固定效应面板分位数回归模型则可以在减少极端值影响的同时,准确刻画条件分布的全面统计特征。因此,本章进一步构建如下分位数回归模型:

$$Hdm_{iwjt}(\tau) = \beta_0(\tau) + \beta_1(\tau) Ade_{jt} + \delta(\tau) X_{iwjt} + V_t + \varepsilon_{iwjt} \quad (4-2)$$

本章所使用的分位数回归模型考察了在被解释变量的不同分位数点下,解释变量对被解释变量的影响。其中, τ($0 < \tau < 1$)表示不同分位点,本章选择 0.1、0.25、0.5、0.75、0.9 为分位数回归的分位点; β_1 表示数据要素应用对制造业高质量发展在不同分

位点的边际影响。

二、变量选取

(一)被解释变量

制造业高质量发展(Hdm)是经济高质量发展在制造业层面的集中体现。已有文献主要采用综合评价法和指标替代法度量制造业高质量发展,考虑到前者具有明显的主观色彩,因此本章选择单采用指标替代法进行刻画。进一步借鉴已有文献的通用做法,使用制造业全要素生产率这一效率指标测度制造业高质量发展情况。在具体方法选择方面,对比奥利—帕克斯(Olley-Pakes)法、莱文森—佩特林(Levinsohn-Petrin)法等方法在计算微观企业全要素生产率过程中,因为中间投入与劳动、资本以及生产率密不可分导致的不可识别与内生性问题,本章选用阿克伯格—凯夫斯—弗雷泽法通过放宽奥利—帕克斯法与莱文森—佩特林法的假设条件提高估计方法的准确性。

(二)核心解释变量

本章的核心解释变量是制造业企业数据要素的应用程度(Ade)。由于有关制造业中数据使用总量的相关数据难以获得,且数据要素应用程度这一概念本身难以量化,无法通过某个具体指标进行度量。因此,为尽可能准确衡量制造业中数据要素的应用程度,本章在胡必亮等(2018)[①]做法的基础上,使用新的方法对

---

① 胡必亮、唐幸、殷琳、刘倩:《新兴市场国家的综合测度与发展前景》,《中国社会科学》2018 年第 10 期。

数据要素应用程度进行度量,即基于制造业企业上市公司披露的年报,通过数据爬取程序抓取年报中与数据要素有关的关键词,根据这些关键词在年报中出现的总次数,构建数据要素应用的变量,即当数据要素有关关键词出现次数大于等于 100 时赋值 6,出现次数在 80—100 之间(包含 80)赋值 5,出现次数在 60—80 之间(包含 60)赋值 4,出现次数在 40—60 之间(包含 40)赋值 3,出现次数在 20—40 之间(包含 20)赋值 2,出现次数低于 20 赋值 1,若没有出现则赋值 0。

本章参考《2021 中国大数据发展白皮书》以及相关文献(Farboodi 等,2019)[1],将"大数据""海量数据""算力""分布式文件""数据预处理""数据分析""数据挖掘""数据化""机器学习""可视化""流式计算""集中元式数据""加密设备"作为数据要素的关键词进行检索。

(三)控制变量

本章分别控制了企业层面与地区层面影响制造业高质量发展的因素。其中企业层面包括:企业市值(Q),使用托宾 Q 衡量;资产负债率(Zi),使用公司期末负债总额占资产总额的比重衡量;企业盈利能力(Pro),使用公司资产收益率衡量;企业股权集中度(Sha),使用公司前三大股东股权占比衡量;地区层面包括:地区经济发展水平(Gdp),使用地级市人均国内生产总值衡量;地区金融发展水平(Fin),使用地区金融机构存贷款余额占国内生产总值的比重衡量;地区对外开放水平($Open$),使用地区进出口贸易

---

① Fardoodi M., Mihet R., Philippon T., Veldkamp L., "Big Data and firm Dynamics", *AEA Papers and Proceedings*, Vol.109, No.1, 2019, pp.38—42.

额占国内生产总值的比重衡量;地区产业结构水平($Stru$),使用地区第二产业增加值与第三产业增加值的比值衡量。

三、数据来源与说明

本章使用的数据为2011—2020年我国制造业上市公司的相关数据,并将上市公司数据与我国283个地级市根据公司注册所在地进行了匹配。上述数据来自《中国城市统计年鉴》《中国统计年鉴》与国泰安数据服务中心。本章删除了注册地为西藏自治区的上市公司数据,并剔除了*ST类公司数据,对所有连续变量进行1%的双边缩尾处理。其中数据要素应用程度均值为2.416,表明目前我国制造业上市公司的数据要素应用程度不高;制造业高质量发展水平均值为14.287,标准差为1.106,表明我国制造业上市公司之间生产效率差距较大。其他变量的描述性统计见表4-1。

表4-1　数据要素影响制造业高质量发展的主要变量描述性统计

变量	平均值	标准差	最小值	最大值	样本量
Ade	2.416	1.517	0.000	6.000	15577
Hdm	14.287	1.106	12.245	18.274	15577
Q	2.069	1.424	0.879	9.614	15577
Zi	0.437	0.221	0.048	0.962	15577
Pro	0.325	0.786	−49.281	108.245	15577
Sha	57.284	15.273	1.382	104.272	15577
Gdp	6.646	3.601	1.816	27.291	2830
Fin	1.629	0.882	0.426	12.762	2830
$Open$	81.478	401.278	0.000	9763.366	2830
$Stru$	0.965	0.528	0.094	5.350	2830

第三节　数据要素影响制造业高质量
发展的实证检验

一、基准回归结果

表 4-2 显示了数据要素发展对我国制造业高质量发展的基准回归结果，为避免由于可能存在的异方差对回归结果产生的误差，本章均使用稳健标准误差进行回归。从表 4-2 可以看出，在控制了时间效应、地区效应、个体效应的基础上，数据要素应用的参数拟合值为 0.0871，通过了 1% 的统计显著性检验，表明数据要素应用对制造业高质量发展具有显著的推动作用。而将回归方法更换为固定效应模型之后可以看出数据要素应用的拟合系数依然显著为正，表明数据要素应用可以显著推动制造业高质量发展。

上述模型刻画了数据要素在均值区间对制造业高质量发展的影响作用，而忽略了其在极值区域的尾部特征。事实上，数据要素对制造业高质量发展的影响作用可能存在非线性的特征。因此，为了准确刻画数据要素对制造业高质量发展的非对称性影响，有效捕捉数据要素与制造业高质量发展的尾部特征，深入挖掘数据要素对制造业高质量发展影响更为丰富的信息，本章进一步使用分位数回归，分别在 0.1、0.25、0.5、0.75 与 0.9 五个分位点上进行检验。回归结果见表 4-2 的列（2）至列（6），在不同分位点上数据要素对制造业高质量发展的参数拟合值均显著为正，表明数据要素对制造业高质量发展的各分位点都具有显著的正向影响,且随着分位点增大,数据要素的参数拟合值呈现上升趋势,表明推动数据要素应用对制造业发展程度更高地区制造业实现高质量发展具有更强的促进作用,这也说明数据要素一定程度上会产生"累积循环效应",即制造业发展水平较高的地区往往会优先进行技术、设备更新,在生产中率先对数据要素进行应用,而数据要素应用又可以进一步推动当地制造业高质量发展水平的提升。

表 4-2　数据要素影响制造业高质量发展的基准回归结果

变量	*Hdm* （1）	Q10 （2）	Q25 （3）	Q50 （4）	Q75 （5）	Q90 （6）
Ade	0.0871 *** （0.0161）	0.0523 *** （0.0079）	0.0631 *** （0.0131）	0.0751 *** （0.0152）	0.0874 *** （0.0229）	0.0972 *** （0.0299）
常数项	−0.7382 *** （0.0217）	−0.2627 *** （0.0248）	−0.2692 *** （0.0144）	−0.4199 *** （0.0241）	−0.6378 *** （0.0297）	−0.8184 *** （0.0319）
控制变量	是	是	是	是	是	是
时间固定效应	是	是	是	是	是	是
城市固定效应	是	是	是	是	是	是
企业固定效应	是	是	是	是	是	是
R^2	0.462	0.492	0.372	0.484	0.521	0.465
N	15577	15577	15577	15577	15577	15577

注:括号中的值为聚类在地级市层面的稳健标准误差,*、**、*** 分别表示在 10%、5% 和 1% 的显著性水平上显著,下同。

二、内生性讨论

根据基准回归结果,数据要素应用显著推动了制造业高质量发展,为了解决内生性问题,本章主要采用两阶段最小二乘法来缓解数据要素应用与制造业高质量发展之间可能存在的内生性问题。参考黄群慧、余泳泽、张松林(2019)[1]与钞小静、薛志欣、孙艺鸣(2020)[2]的构建依据并结合被解释变量的特征,本章选用1990年每百万人微型电子计算机生产数量(Di)与1984年每百万人固定电话数量(Ft)作为数据要素应用的工具变量。一方面,由于数据要素的载体为电子计算机或信息通信设备,选取1990年每百万人微型电子计算机数量与1984年每百万人固定电话数量符合工具变量相关性要求;另一方面,历史上微电子计算机与固定电话的数量并不会对现阶段制造业高质量发展产生直接影响,符合工具变量的外生性要求。进一步,本章通过乘以信息通信技术行业固定资产投资额为截面数据赋予时间趋势。表4-3的回归结果显示,回归结果拒绝了工具变量识别不足的假设,且弱工具变量识别检验在1%显著性水平上的临界值,表明拒绝弱工具变量的假设,这也就意味着本章选取的工具变量均通过弱工具变量检验和过度识别检验,即本章选取的上述工具变量有效。而其二阶段回归结果显示数据要素应用的系数均在1%的置信度下显著为正,即数据要素应用对制造业高质量发展具有正向促进作用,与基准回归得到的结果基本一致,证实了本章的核心结论仍然成立。

表4-3　数据要素影响制造业高质量发展的内生性检验结果

变量	第一阶段	第二阶段
Ade		0.271 *** (0.0251)

① 黄群慧、余泳泽、张松林:《互联网发展与制造业生产率提升:内在机制与中国经验》,《中国工业经济》2019年第8期。
② 钞小静、薛志欣、孙艺鸣:《新型数字基础设施如何影响对外贸易升级:来自中国地级及以上城市的经验证据》,《经济科学》2020年第3期。

续表

变量	第一阶段	第二阶段
常数项	0.0921** (0.0438)	−0.1219*** (0.0117)
Kleibergen-Paap rk LM statistic	511.74*** (0.0000)	
Cragg-Donald Wald F statistic	293.82	
Kleibergen-Paap Wald rk F statistic	141.94	
控制变量	是	是
时间固定效应	是	是
城市固定效应	是	是
企业固定效应	是	是
N	15577	15577
R^2	0.512	0.399

三、稳健性检验

为了保证文章结论的可靠性,本章进行了一系列稳健性检验,具体如下:一是替换被解释变量。本章在基准回归中使用阿克伯格—凯夫斯—弗雷泽法测算出的制造业企业全要素生产率来表征制造业高质量发展水平,而在此将阿克伯格—凯夫斯—弗雷泽法替换为奥利—帕克斯法与莱文森—佩特林法后对制造业企业全要素生产率进行重新测算,并分别对数据要素应用水平做回归;二是考虑到东部地区制造业发展水平较高,且数据要素应用程度较高,可能会存在反向因果的问题,由此,本章在剔除了东部地区的样本后对数据要素影响制造业高质量发展的效应进行重新检验;三是将本章所使用的 2011—2020 年的非平衡面板删减为平衡面板后重新进行检验。

表4-4为本章的稳健性检验结果。通过表4-4可以看出,在进行了被解释变量替换、样本剔除等操作后,数据要素应用程度的参数拟合值均显著为正,表明在进行了稳健性处理后数据要素对制造业高质量发展依然存在显著的促进作用。由此可以看出,本章的核心结论是稳健的。

表4-4　数据要素影响制造业高质量发展的稳健性检验结果

变量	替换被解释变量（1）	替换被解释变量（2）	剔除部分样本（3）	改为平衡面板（4）
Ade	0.0544 *** (0.0113)	0.0617 *** (0.0104)	0.1855 *** (0.0253)	0.0519 *** (0.0153)
常数项	−0.7716 *** (0.0415)	−0.9016 *** (0.1152)	0.1516 *** (0.0192)	−0.6293 *** (0.2101)
控制变量	是	是	是	是
时间固定效应	是	是	是	是
城市固定效应	是	是	是	是
企业固定效应	是	是	是	是
N	15577	15577	6267	5183
R^2	0.516	0.471	0.552	0.439

第四节　数据要素影响制造业高质量发展的拓展分析

基于上述分析,本章进一步对数据要素影响制造业高质量发展的作用机制与异质性展开讨论。

一、作用机制检验

根据前文分析,本章参考李斌、黄少卿(2021)[①]的机制检验策略,进一步对数据要素影响制造业高质量发展的研发创新效应、生产协同效应与市场匹配效应进行检验。

首先,数据要素可以帮助企业对生产要素进行重新整合,在为企业提供关键性数据支持的同时,创造新知识与新洞见,形成"资源整合—知识创造—生产力提升"的创新路径,推动制造业高质量发展的实现。本章使用制造业上市公司专利申请量(Npa)来表征研发创新效应,一般而言,公司专利申请量越大,表明该公司往往会投入更多资源进行研发创新;其次,数据要素通过借助在不同智能终端之间的实时高速流动,有利于实现协同化生产,帮助制造业企业改善生产流程,优化生产模式,实现制造业高质量发展。考虑到数据要素的应用需要以新型电子计算机等终端为载体,而制造业企业的固定资产收益率可以有效刻画企业新型电子计算机等固定资产的收益率,因此本章使用上市公司固定资产收益率(Rfa)来表征生产协同效应;最后,借助数据要素,制造业企业可以形成与消费者以及上下游企业之间高效信息沟通平台,提升企业自身与整体产业链的市场匹配效率,进而推动制造业高质量发展。考虑到数据要素发挥的市场匹配效应可以优化企业与市场之间的供需关系,降低企业库存周转率,因此,本章使用制造业上市公司库存周转率(Itr)来表征市场匹配效应。本章的作用机制检验结果见表4-5。

---

① 李斌、黄少卿:《网络市场渗透与企业市场影响力——来自中国制造业企业的微观证据》,《经济研究》2021年第11期。

表 4-5　数据要素影响制造业高质量发展的作用机制检验结果

变量	研发创新效应 （1）	生产协同效应 （2）	市场匹配效应 （3）
Ade	0.4918** (0.2138)	0.3164*** (0.0153)	−1.4368 (0.9264)
常数项	0.0141*** (0.0022)	0.4572*** (0.0119)	0.8841*** (0.1461)
控制变量	是	是	是
时间固定效应	是	是	是
城市固定效应	是	是	是
企业固定效应	是	是	是
N	15577	15577	15577
R^2	0.513	0.426	0.494

　　表 4-5 的列(1)为研发创新效应的作用机制检验结果。在列(1)中,数据要素应用对企业专利申请量的参数拟合值显著为正,表明数据要素应用有利于促进制造业企业研发创新,推动制造业企业技术进步与知识外溢,由此,假说一得以验证;表 4-5 的列(2)为生产协同效应的作用机制检验结果。在列(2)中,数据要素对制造业企业固定资产收益率的拟合系数显著为正,表明数据要素应用有利于帮助制造业企业改善生产工艺,优化生产流程,实现生产制造各个流程的协同化,由此,假说二得以验证;表 4-5 的列(3)为市场匹配效应的作用机制检验结果。从列(3)可以看出,数据要素对制造业企业库存周转率的参数拟合值并不显著,表明数据要素应用对制造业企业加速产品流转、实现更精准的供需匹配效果尚未完全体现出来。这可能是因为:一方面,当前市场信息不对称程度仍然较高,部分企业对数据要素应用程度有待加强,尚未建立完善的数字化市场甄别机制;另一方面,同一产业链上下游企

业之间仍存在交流壁垒,尚未形成有效的"激励联盟"。

二、异质性检验

不同类型的企业由于数据要素应用程度不同、数据要素成本存在差异等原因,导致对制造业的推动作用会存在差异。本章从企业所有制异质性、行业异质性以及地区异质性三个角度对数据要素应用对制造业高质量发展的异质性影响进行分析,异质性分析结果见表4-6、表4-7。

(一)所有制异质性

当企业所有制不同时,数据要素应用对制造业高质量发展的影响作用可能会出现差异。一方面,相较于非国有企业,国有企业经营目标上更注重政治性与社会性目标,其追求技术创新,利用数据要素不断挖掘信息、提升生产效率、推动制造业升级的动力相比非国有企业更弱;另一方面,国有企业往往具有更优越的经营环境,获得政府补贴与银行贷款的能力相较于非国有企业更强,缺少主动利用数据要素进行创新的动力。因此,本章推测相较于非国有企业,国有企业利用数据要素发挥其对制造业高质量发展的影响作用更低。由表4-6的列(1)、列(2)可以看出非国有企业数据要素应用对制造业高质量发展的影响作用显著而国有企业并不显著,表明数据要素的应用在一定程度上会加大国有企业与非国有企业之间生产效率与制造业升级之间的差距。

(二)行业异质性

制造业不同细分行业之间,对数据要素的应用程度不同,其对制造业高质量发展所造成的影响也可能会有差别。相较于高技术制造业行业,低技术制造业行业多为劳动密集型行业,对先进技术与设备的需求较低,而数据要素的使用需要以电子计算机、互联网等平台作为载体,因此对于低技术制造业行业而言,利用数据要素进行创新、实现生产效率提升的动力较弱,可能会导致数据要素对制造业高质量发展的促进作用被弱化。因此,本章推测,相较于低技术制造业行业,数据要素对高技术制造业的高质量发展推动作用更明显。为验证这一猜想,本章参考朱金生(2019)的做法[①],将制造业大类中的 29 个细分行业划分为高技术制造业行业与低技术制造业行业,并进行分组检验。由表 4-6 列(3)、列(4)可以看出,在高技术制造业行业组,数据要素应用对制造业高质量发展的影响作用显著为正,而在低技术制造业行业组则不显著。

表 4-6　数据要素影响制造业高质量发展的异质性检验 I

变量	国有 (1)	非国有 (2)	低技术行业 (3)	高技术行业 (4)
Ade	0.0924	0.3301 ***	0.0197	0.1726 ***
	(1.2173)	(0.0274)	(0.1051)	(0.0013)
常数项	0.4671	−0.5526 *	0.3946 *	−0.6214 ***
	(0.3947)	(0.3104)	(0.2132)	(0.2013)
控制变量	是	是	是	是
时间固定效应	是	是	是	是
城市固定效应	是	是	是	是
企业固定效应	是	是	是	是
N	4926	10651	10920	4657
R^2	0.295	0.422	0.354	0.281

---

① 朱金生、李蝶:《技术创新是实现环境保护与就业增长"双重红利"的有效途径吗?——基于中国 34 个工业细分行业中介效应模型的实证检验》,《中国软科学》2019 年第 8 期。

（三）地区异质性

由于我国东中西部地区的资源禀赋与工业水平具有较大差异，在制造业中对于数据要素的使用程度也会存在区别。与中部、西部省市相比，我国东部地区经济发展的数字化、智能化程度较高，技术水平较为先进，在资源配置与制度改革中具有更大优势，这无疑更有利于数据要素在促进制造业高质量发展中发挥作用。因此，本章推测，数据要素对制造业高质量发展的影响作用在我国不同区域存在异质性。由表4-7列（1）、列（2）、列（3）可以看出，在西部地区，数据要素应用对制造业高质量发展具有负向作用，而在中部地区与东部地区，数据要素应用会显著促进制造业高质量发展，东部地区相比中部地区其促进作用更加明显。

表4-7　数据要素影响制造业高质量发展的异质性检验Ⅱ

变量	西部 （1）	中部 （2）	东部 （3）
Ade	−0.3926 （0.7023）	0.6973* （0.3825）	1.2371*** （0.0125）
常数项	0.1142 （0.2741）	−0.4163*** （0.1124）	0.6836*** （0.1047）
控制变量	是	是	是
时间固定效应	是	是	是
城市固定效应	是	是	是
企业固定效应	是	是	是
N	2518	4784	8275
R^2	0.441	0.294	0.381

本章立足于数据要素的典型特征，从研发创新效应、生产协同效应与市场匹配效应三个层面阐释数据要素影响我国制造业高质

量发展的理论逻辑,并利用 2011—2020 年我国 283 个地级市数据与 A 股制造业上市公司爬虫数据进行了实证检验,得到以下结论:一是数据要素应用对制造业高质量发展具有显著的促进作用,这一结果在进行了稳健性与内生性讨论后依旧成立,为加快推动数字要素应用,促进数字经济与实体经济融合提供实证依据。二是当前数据要素应用主要通过研发创新效应与生产协同两个效应影响制造业高质量发展,而市场匹配效应对制造业高质量发展的影响尚未完全体现出来,这可能是由于市场信息不对称与上下游企业间存在交流壁垒。三是数据要素应用对制造业高质量发展的促进作用具有显著的异质性特征。具体来看,在企业所有制层面,数据要素对非国有制制造业企业高质量发展的促进作用更强;在行业特征层面,数据要素对高技术制造业高质量发展的促进作用更强;在地区特征层面,数据要素对东部地区制造业高质量发展的促进作用更强。

第五章　人工智能技术对企业
绿色创新的影响研究

　　近百年来,随着人类社会飞速发展,全球资源环境问题日益突出。习近平总书记多次强调,要牢固树立绿水青山就是金山银山的理念,作出 2030 年前实现碳达峰、2060 年前实现碳中和的重大战略决策,为解决资源环境约束突出问题指明了方向。新一轮科技革命与产业变革为我国工业企业数字化、智能化、绿色化融合发展创造了新的历史机遇。其中,人工智能技术以其渗透性、协同性等典型特征促进了研发要素重组并提升了要素间的契合程度,成为新时期驱动工业企业绿色转型、实现"双碳"目标和经济高质量发展的新动能。那么,人工智能技术发展能否促进企业绿色科技研发与绿色成果转化水平提升? 其潜在的提升路径如何? 这一问题值得深入研究。因此,本章拟在研发人才集聚、研发资金集聚、信息集聚的多元研发要素集聚框架下,梳理人工智能技术影响工业企业绿色创新绩效的潜在机制,并重点考察人工智能技术对工业企业科技研发与成果转化两阶段绿色创新绩效的直接效应与空间溢出效应,进而从创新价值链和空间溢出视角丰富"双碳"目标约束下企业创新质量提升路径研究。

第一节　人工智能技术影响企业绿色创新的理论分析

根据创新网络理论,创新资源之间的共联、共享可以通过协同合作、空间知识与技术溢出、系统优化等方式提升企业创新绩效(Moodysson 和 Zukauskaite,2014[①];池仁勇,2005[②])。在数字技术驱动和"双碳"目标约束的新时期,具有渗透融合性特征的人工智能与传统产业融合发展,为研发人才、研发资本等要素的空间集聚降低了信息搜寻成本,拓宽了创新资源流动边界,最终实现人才、资本、知识信息等创新资源的高效集聚、功能互补与优化整合,提升企业绿色创新绩效。因此,本章拟从研发人才集聚效应、研发资本集聚效应、信息集聚效应三个维度阐释数字经济时代下人工智能技术研发对工业企业两阶段绿色创新绩效的影响。

一、人工智能技术影响企业绿色创新的研发人才集聚机制

随着人工智能技术作为一种资本品进入生产函数,其协同性特征要求企业不断引进科技研发人才、持续优化内部劳动力结构,从而满足研发、生产、营销等各部门要素之间的契合程度(蔡跃

---

① Moodysson J., Zukauskaite E., "Institutional Conditions and Innovation Systems: on the Impact of Regional Policy on Firms in Different Sectors", *Regional Studies*, Vol.48, No.1, 2014, pp.127-138.

② 池仁勇:《区域中小企业创新网络形成、结构属性与功能提升:浙江省实证考察》,《管理世界》2005 年第 10 期。

洲、张钧南,2015)①。具体来看,人工智能技术研发促进人才集聚的路径为:一方面,人工智能与各行各业的融合发展会提升企业智能研究开发、智能产品设计与服务的任务占比(Acemoglu 和 Restrepo,2018)②,进而促使企业招募更多与任务岗位相匹配的研发设计型人才以解决非结构性问题;另一方面,人工智能技术存在明显的技能偏向性特征(Agrawal 等,2019)③,企业需补充更多诸如智能设备维修人员、人工智能工程师等技术型人才与生产岗位形成互补,即形成高技术岗位创造效应。

此外,"逐利性"是科技研发人才在某一地区或行业集聚的又一重要因素。从科研人才自身发展的角度来看,其追求优厚的薪资待遇、浓郁的科研氛围、舒适的生活与生态环境(白俊红等,2017)④。而在数字经济发展水平较高的地区,地方政府往往会凭借经济与财政能力在子女教育、税收、人才落户等方面给予科研人员一定的政策倾斜,进而吸引其在本地区形成集聚效应。研发人才的地理集中一方面有利于形成区域研发网络,进而促进默会知识、清洁生产与末端治理技术的传播与扩散,实现规模化的企业绿色技术创新。另一方面高素质的研发人才本身具有良好的环境保护意识,从而在形成科技产出的同时降低了生态环境压力。

---

① 蔡跃洲、张钧南:《信息通信技术对中国经济增长的替代效应与渗透效应》,《经济研究》2015 年第 12 期。

② Acemoglu D., Restrepo P., "Low-Skill and High-Skill Automation", *Journal of Human Capital*, Vol.12, No.2, 2018, pp.204-232.

③ Agrawal A., Gans J. S., Goldfarb A., "Artificial Intelligence: the Ambiguous Labor Market Impact of Automating Prediction", *Journal of Economic Perspectives*, Vol.33, No.2, 2019, pp.31-50.

④ 白俊红、王钺、蒋伏心、李婧:《研发要素流动、空间知识溢出与经济增长》,《经济研究》2017 年第 7 期。

二、人工智能技术影响企业绿色创新的研发资本集聚机制

"利润最大化"是影响研发资本在某一地区或行业集聚的重要因素。人工智能技术研发及其与各行各业的渗透融合显著提升了市场透明度,缓解了市场信息不对称的问题(韦庄禹,2022)[①]。这会促使研发资本快速、精确、高效地捕捉市场信息,并在生产率更高、资源利用效率更高、边际收益更高的地区集聚,进而扩大研发资本规模,形成研发资本集聚效应。此外,人工智能技术研发具有周期长、风险高、创新难度大等特征。因此,开展人工智能技术研发活动本身需要大量研发资本投入,而在人工智能技术研发水平高的地区,企业利润率高、战略性新兴产业密集、金融环境良好,这些内外部环境因素均会吸引研发资本在该地区集聚。

研发资本集聚影响工业企业绿色创新的机制包括以下两个方面:一方面,流入的研发资本会自发地与本地闲散资源进行再优化整合,进而提升创新资源的配置效率。此外,研发资本的空间集聚会在一定程度上加剧本地企业的创新竞争,倒逼企业加强绿色科技研发活动。另一方面,研发资本集聚在为企业绿色创新活动提供资金支持的同时,会在市场机制的影响下持续吸引优质的研发要素向该地区流动,进而形成"循环累积效应"和"马太效应",促进本地企业绿色创新绩效的螺旋式增长。然而,这也在一定程度上抑制了邻地工业企业的绿色转型。

三、人工智能技术影响企业绿色创新的信息集聚机制

工业经济时代,信息由于无法快速传递和实时共享而阻滞了

---

① 韦庄禹:《数字经济发展对制造业企业资源配置效率的影响研究》,《数量经济技术经济研究》2022 年第 3 期。

企业创新能力、创新速度和创新效率提升（戚聿东、肖旭，2020）[①]。大数据作为人工智能的基石，其具备信息交换、信息存储、信息处理三个重要功能。随着人工智能技术不断进步，基于大数据的人工智能系统可以充分挖掘有价值的信息、规律与知识，而这些海量、优质的信息在人工智能算法的组织与管理下往往倾向于在更有信息理解和信息处理能力的地区和企业集聚，进而形成高效的信息集聚效应。

人工智能等新一代信息技术的深入研发促使企业间逐步搭建起信息共联共享的研发创新网络，并形成以信息流、数据流带动人才流、资金流、技术流的新型要素流转机制，强化创新要素的高效配置和综合集成，促进组织内部以及组织间的研发协作。高水平的信息集聚与整合开发一方面突破了时空约束，加速了企业间关于环境优化、资源节约的知识传播、技术合作或转让，提高了企业绿色科技研发绩效（宋德勇、朱文博、丁海，2022[②]；Biondi 等，2002[③]）。信息集聚提升企业绿色成果转化绩效的路径则包括以下三点：一是信息作为一种新型生产要素，其本身可以部分替代能源消耗，从而更高质量地作用于企业生产；二是信息集聚能缓解工业经济时期信息不完全、信息不对称所引致的盲目生产与资源浪费问题；三是信息集聚使得企业能够针对市场需求变化和消费者偏好转移，以低成本提供创新性产品和个性化定制服务，进而提升

---

①　戚聿东、肖旭：《数字经济时代的企业管理变革》，《管理世界》2020 年第 6 期。

②　宋德勇、朱文博、丁海：《企业数字化能否促进绿色技术创新？——基于重污染行业上市公司的考察》，《财经研究》2022 年第 4 期。

③　Biondi V., Iraldo F., Meredith S., "Achieving Sustainability Through Environmental Innovation: the Role of SMEs", *International Journal of Technology Management*, Vol.24, No.5-6, 2002, pp.612-626.

企业经营绩效。基于以上分析,本章提出如下假说:

假说一:人工智能技术通过研发人才集聚效应对提升工业企业绿色创新绩效产生正向影响。

假说二:人工智能技术通过研发资本集聚效应对提升工业企业绿色创新绩效产生正向影响。

假说三:人工智能技术通过信息集聚效应对提升工业企业绿色创新绩效产生正向影响。

第二节 人工智能技术影响企业
绿色创新的研究设计

为实证检验本章的人工智能技术影响企业两阶段绿色创新的理论分析和研究假设,本节首先构建了基准回归模型;其次详尽交代了被解释变量、解释变量以及控制变量的选取依据;最后说明数据来源并进一步分析了数据的特征及在考察期内的变化趋势。

一、模型设定

为检验人工智能技术对工业企业两阶段绿色创新绩效的影响,本节设定计量模型如下:

$$GTP_{it} = \alpha_0 + \alpha_1 AI_{it} + \alpha_2 X_{it} + \mu_i + \mu_t + \varepsilon_{it} \tag{5-1}$$

$$GAP_{it} = \beta_0 + \beta_1 AI_{it} + \beta_2 X_{it} + \mu_i + \mu_t + \varepsilon_{it} \tag{5-2}$$

在式(5-1)与式(5-2)中,下标 i 和 t 分别表示省份和年份。GTP 和 GAP 分别表示工业企业绿色科技研发绩效和绿色成果转化绩效,AI 表示人工智能技术水平,X 代表一系列控制变量。α_1、β_1

为重点关注的核心解释变量的系数，μ_i、μ_t、ε_{it} 依次表示个体固定效应、时间固定效应与随机干扰项。

二、变量选取

（一）被解释变量

已有文献主要从创新产出、创新效率或创新规模等单一维度评价企业创新绩效（宋德勇、朱文博、丁海，2022[①]；张国胜、杜鹏飞、陈明明，2021[②]），这可能难以真实、全面地反映企业创新发展情况。因此，本章以绿色创新效率衡量企业绿色创新质量、以绿色创新势力衡量企业绿色创新规模，以二者均值反映企业绿色创新综合绩效，并以此为被解释变量，绿色创新效率采用两阶段网络数据包络分析（Data Envelopment Analysis，DEA）模型进行测算。绿色创新初始投入包括研发人员全时当量、研发经费内部支出存量、新产品开发经费存量。中间产出包括绿色发明专利申请数、有效发明专利数和新产品开发项目数。其中，绿色发明专利申请数是按照世界知识产权组织发布的国际专利分类绿色清单手动搜索获得，这些绿色发明专利涵盖了回收机械能、风能、轨道车辆等方面。绿色创新最终产出包括高技术产业主营业务收入、新产品销售收入和环境综合指数。其中，环境综合指数是利用熵值法对单位工业国内生产总值的工业二氧化硫排放量、工业烟粉尘排放量、工业废水排放量、一般工业固体废弃物产生量 4 种非合意产出做负向

---

① 宋德勇、朱文博、丁海：《企业数字化能否促进绿色技术创新？——基于重污染行业上市公司的考察》，《财经研究》2022 年第 4 期。

② 张国胜、杜鹏飞、陈明明：《数字赋能与企业技术创新——来自中国制造业的经验证据》，《当代经济科学》2021 年第 6 期。

标准化处理及确定权重后测算得到。此外,本章以 2006 年为基期,采用工业品出厂价格指数和研发价格指数分别对经济产出类指标和经费类指标进行平减。绿色创新势力方面,以 6 个绿色科技研发阶段的投入产出和 6 个绿色成果转化阶段的投入产出分别作为各阶段绿色创新势力的评价子指标,并采用熵值法确定指标权重,最终测得两阶段绿色创新势力水平。

(二)核心解释变量

相较于实用新型和外观设计专利,发明专利能更加真实、准确地反映人工智能技术的研发质量。因此,本章参考钞小静、周文慧(2021)的做法[①],以"人工智能"为关键词,手动搜集 2006—2020 年中国 30 个省份人工智能发明专利申请数,并以此表征人工智能技术水平。此外,利用人工智能发明、实用新型、外观设计专利申请数之和作为人工智能技术研发规模的代理指标,并进行稳健性检验。

(三)控制变量

绿色科技研发阶段的控制变量包括:(1)知识产权保护水平(Ipp),以技术市场成交额占国内生产总值比重表征(胡凯、吴清、胡毓敏,2012)[②];(2)技术引进消化吸收(Ida),以取对数后的规模以上工业企业技术引进消化吸收费用表征;(3)产学研合作水平(Iur),以工业企业研发经费外部支出中对研究院所和高校投入之

---

① 钞小静、周文慧:《人工智能对劳动收入份额的影响研究——基于技能偏向性视角的理论阐释与实证检验》,《经济与管理研究》2021 年第 2 期。
② 胡凯、吴清、胡毓敏:《知识产权保护的技术创新效应——基于技术交易市场视角和省级面板数据的实证分析》,《财经研究》2012 年第 8 期。

和占工业国内生产总值比重表征;(4)人力资本水平(Hum),以取对数后的每十万人口中受高等教育的在校生数表征;(5)政府创新支持(Gov),以政府科学技术支出占财政总支出的比重表征。绿色成果转化阶段的控制变量包括:(1)贸易开放度(Open),以货物进出口总额占国内生产总值比重表征;(2)基础设施建设(Inf),以交通运输、仓储和邮政业增加值表征;(3)产业结构升级(Isu),以第三产业与第二产业产值之比表征;(4)金融环境支持(Fin),以金融机构贷款余额占国内生产总值比重表征;(5)环境治理水平(Env),以工业污染治理投资完成额占工业国内生产总值比重表征。

三、数据来源与说明

本章以2006—2020年中国30个省份工业企业为研究对象(西藏自治区由于数据缺失较多,未纳入考察范围),以上所有数据源自全球专利数据库、国泰安数据库和历年《中国统计年鉴》《中国科技统计年鉴》《中国环境统计年鉴》《中国能源统计年鉴》《中国高技术产业统计年鉴》等,主要变量的描述性统计见表5-1。

表5-1　主要变量的描述性统计

变量	观测值	均值	标准差	最小值	最大值
GTP	450	0.3987	0.1178	0.1849	1.0000
GAP	450	0.3224	0.1193	0.1336	0.7082
AI	450	0.6063	2.7625	0.0000	40.1700
Ipp	450	0.0127	0.0251	0.0002	0.1750
lnIda	450	15.6062	1.0973	12.0833	17.4645
Iur	450	0.0024	0.0024	0.0002	0.0165
lnHum	450	7.7620	0.3499	6.8068	8.8388
Gov	450	0.0198	0.0141	0.0030	0.0720
Open	450	0.2940	0.3498	0.0077	1.7215

续表

变量	观测值	均值	标准差	最小值	最大值
Inf	450	0.0957	0.0765	0.0035	0.3636
Isu	450	1.1045	0.6396	0.4996	5.2968
Fin	450	1.2600	0.5601	0.0128	7.3961
Env	450	0.0036	0.0032	0.0001	0.0280

为初步分析人工智能技术与工业企业两阶段绿色创新绩效的关系,本节绘制了2006—2020年人工智能发明专利申请量与工业企业两阶段绿色创新绩效的变化趋势。由图5-1可知,2006—2020年人工智能发明专利申请量呈现显著上升的动态趋势,人工智能发明专利申请量由2006年的0.733件上升至2020年的402.233件,年均增长率高达56.91%,2016年后上升趋势尤为明显。工业企业绿色科技研发绩效在2006—2020年发展速度相对平缓,在考察期内总体呈上升趋势,与人工智能技术水平呈正向变动关系。绿色成果转化绩效总体呈现出先上升后下降的态势,由

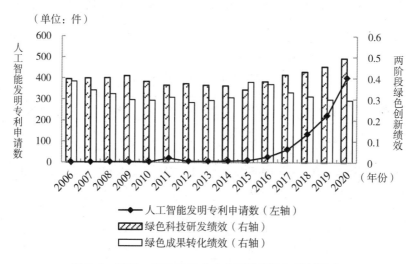

图5-1 2006—2020年工业企业两阶段绿色创新活动

此可推测,人工智能技术可能促进了工业企业绿色科技研发绩效提升,而对绿色成果转化绩效的影响有待进一步检验。

第三节　人工智能技术影响企业
绿色创新的实证检验

一、基准回归结果

表5-2呈现了人工智能技术对我国工业企业两阶段绿色创新绩效影响的基准回归结果。列(1)和列(4)为最小二乘估计果,其余列为固定效应模型的回归结果。列(3)和列(6)列的回归结果显示,在控制了个体效应和时间效应后,核心解释变量人工智能技术对工业企业绿色科技研发绩效和绿色成果转化绩效均具有显著的正向影响,表明人工智能技术研发推动了工业企业向绿色化发展方向转型。控制变量方面,政府创新支持和贸易开放度分别对工业企业绿色科技研发和绿色成果转化绩效提升产生显著的促进作用;而知识产权保护和环境治理投资则分别对绿色科技研发和绿色成果转化绩效提升产生显著的阻滞效应。可能的解释是:高强度的知识产权保护提升了后进地区工业企业技术引进和技术模仿的成本,不利于其快速获取绿色科技研发成果。越多的环境治理投入,在一定程度上也意味着企业可能存在越多的环境污染问题(张可、汪东芳、周海燕,2016)[1],这可能会抑制绿色成果转化绩效提升。

---

[1]　张可、汪东芳、周海燕:《地区间环保投入与污染排放的内生策略互动》,《中国工业经济》2016年第2期。

表5-2　人工智能技术影响企业绿色创新的基准回归结果

变量	绿色科技研发绩效			变量	绿色成果转化绩效		
	（1）	（2）	（3）		（4）	（5）	（6）
AI	0.0094*** (5.08)	0.0062** (2.54)	0.0056** (2.34)	AI	0.0091*** (4.55)	0.0062*** (3.74)	0.0053** (3.11)
Ipp	−0.2521 (−1.02)	−1.0771 (−1.47)	−1.7928** (−2.05)	Open	0.1500*** (9.68)	0.0670* (1.91)	0.0274 (0.46)
lnIda	−0.0037 (−0.74)	0.0225 (1.07)	0.0687 (1.54)	Inf	0.1401* (1.95)	0.5448*** (3.00)	0.5627*** (2.80)
Iur	0.1787*** (4.61)	0.0997 (1.23)	0.0827 (1.08)	Isu	−0.0306*** (−3.06)	−0.0073 (−0.27)	−0.0218 (−0.52)
lnHum	−0.0294* (−1.69)	−0.0272 (−0.63)	−0.0698 (−1.20)	Fin	−0.0027 (−0.25)	−0.0125 (−1.00)	−0.0155 (−1.16)
Gov	3.9671*** (9.21)	3.3165*** (3.95)	3.1927*** (3.70)	Env	−3.7732** (−2.35)	−4.1215** (−2.52)	−3.8630** (−2.37)
地区固定效应	否	否	是	地区固定效应	否	否	是
时间固定效应	否	是	是	时间固定效应	否	是	是
N	450	450	450	N	450	450	450
R^2	0.4316	0.4930	0.5076	R^2	0.2842	0.3320	0.3353

注：*、**、*** 分别表示在10%、5%和1%的显著性水平上显著，小括号内为t统计量，下同。

二、稳健性检验

为了确保研究结论的可靠性，本节通过更换指标、剔除样本、考虑滞后效应、增加控制变量四种方法进一步验证人工智能技术对工业企业两阶段绿色创新绩效的影响。（1）更换指标。考虑到规模化专利组合与专利池的形成有利于企业进行技术转移和提升创新绩效（Horner，2014）[1]，因此，本节利用人工智能发明、实用新

---

[1] Horner R.，"The Impact of Patents on Innovation，Technology Transfer and Health：A Preand Post-Trips Analysis of India's Pharmaceutical Industry"，*New Political Economy*，Vol.19，No.3，2014，pp.384-406.

型和外观设计三种专利申请数之和替代人工智能发明专利申请数,并重新进行回归。(2)剔除样本。考虑到直辖市的经济发展起步较早,人工智能技术研发和企业绿色创新水平均较高,故其更可能存在反向因果的问题。因此,本节将北京市、天津市、上海市、重庆市4个直辖市剔除后进行再检验。(3)考虑滞后效应。由于人工智能技术研发对工业企业绿色创新的影响可能存在滞后效应,因此,本节在对人工智能技术做滞后一期处理后进行再检验。(4)增加控制变量。除基准回归模型中已控制的变量外,贸易开放度和金融环境支持可能会影响工业企业绿色科技研发绩效。一方面,工业企业可以在对外贸易中学习、模仿前沿的绿色生产和末端治理技术;另一方面,金融机构提供的存贷款服务也对企业绿色研发起到辅助性作用。此外,市场化程度和城镇化水平等区域特征变量可能会影响工业企业绿色成果转化绩效。因此,本节将这些变量进一步纳入原有模型中进行回归。从表5-3的结果可以看出,在进行更换指标、剔除样本、考虑滞后效应、增加控制变量等一系列稳健性检验后,人工智能技术对工业企业两阶段绿色创新绩效的影响依然与上文保持一致。

表5-3　人工智能技术影响企业绿色创新的稳健性检验结果

变量	绿色科技研发绩效				绿色成果转化绩效			
	更换指标 (1)	剔除样本 (2)	滞后一期 (3)	增加控制变量 (4)	更换指标 (5)	剔除样本 (6)	滞后一期 (7)	增加控制变量 (8)
AI	0.0050** (2.66)	0.0084** (2.44)	0.0095** (2.13)	0.0041* (2.00)	0.0044*** (3.24)	0.0041*** (2.91)	0.0088*** (2.95)	0.0052*** (2.97)
控制变量	是	是	是	是	是	是	是	是

续表

变量	绿色科技研发绩效				绿色成果转化绩效			
	更换指标（1）	剔除样本（2）	滞后一期（3）	增加控制变量（4）	更换指标（5）	剔除样本（6）	滞后一期（7）	增加控制变量（8）
地区固定效应	是	是	是	是	是	是	是	是
时间固定效应	是	是	是	是	是	是	是	是
N	450	390	420	450	450	390	420	450
R^2	0.5105	0.6031	0.5277	0.5490	0.3333	0.3255	0.3160	0.3371

三、内生性检验

考虑到人工智能技术与工业企业两阶段绿色创新绩效之间可能存在反向因果关系，且影响工业企业两阶段绿色创新绩效的因素较多又难以逐一枚举，因此，本节参考黄群慧、余泳泽、张松林（2019）的研究思路[1]，以 1997 年自然科学技术领域研究与开发机构数作为工具变量，并利用 2006—2020 年各省份的专利申请数为截面数据赋予时间变化趋势，进而以两阶段最小二乘法来缓解内生性问题。工具变量的选取依据如下：（1）自然科学技术领域的研发机构为人工智能技术研发提供重要的创新平台。因此，历史上自然科学技术领域研究与开发机构数量越多的地区，往往更加具备人工智能技术研发的基础性条件，即选取其作为人工智能技术的工具变量以满足相关性要求。（2）在新一代信息技术快速发展的新时期，历史上的自然科学技术领域研究与开发机构数量难以对工业企业两阶段绿色创新绩效产生直接且深刻的影响，即选

---

[1] 黄群慧、余泳泽、张松林：《互联网发展与制造业生产率提升：内在机制与中国经验》，《中国工业经济》2019 年第 8 期。

取自然科学技术领域研究与开发机构数作为人工智能技术的工具变量可以满足外生性要求。

表5-4　人工智能技术影响企业绿色创新的内生性检验结果

变量	绿色科技研发绩效		绿色成果转化绩效	
	2SLS（第一阶段）	2SLS（第二阶段）	2SLS（第一阶段）	2SLS（第二阶段）
IV	7.60e-08***（4.12）	—	1.17e-07***（3.71）	—
AI	—	0.0273***（4.06）	—	0.0070***（3.02）
控制变量	是	是	是	是
地区固定效应	是	是	是	是
时间固定效应	是	是	是	是
N	450	450	450	450
R^2	—	0.9739	—	0.9747
Kleibergen-Paap rk LM 统计量	10.90（0.0010）		5.20（0.0225）	
Cragg-Donald Wald F 统计量	182.60		314.32	
Kleibergen-Paap Wald rk F 统计量	16.98		13.74	

注：中括号内为 p 值。

表5-4为人工智能技术影响工业企业绿色创新绩效的两阶段最小二乘回归结果。第一阶段回归结果显示,工具变量与人工智能技术呈显著正相关,且F统计量均表明强烈拒绝了弱工具变量的原假设,满足了相关性的要求;绿色科技研发与绿色成果转化阶段的拉格朗日乘数统计量分别在1%和5%的水平上显著,强烈拒绝不可识别的原假设,满足了外生性的要求。第二阶段回归结果

显示,在选取有效的工具变量后,人工智能技术对提升工业企业两阶段绿色创新绩效依然产生了显著的正向影响,这证实了研究结论的稳健性。

四、异质性检验

(一)创新质量异质性

基准回归结果表明,人工智能技术对工业企业两阶段绿色创新综合绩效均具有显著的正向影响。然而,人工智能技术发展是提升工业企业绿色创新效率绩效还是规模绩效仍有待进一步探究。由表5-5阶段1的列(1)和列(2)可知,不论在科技研发还是成果转化阶段,人工智能技术均对工业企业绿色创新势力产生显著的正向影响,但对绿色创新效率的提升作用并不显著。这与张国胜、杜鹏飞、陈明明(2021)[①]的研究结论较为一致,数字经济发展主要促进了企业科技产出和经济产出的规模性增长。但随着企业数字化水平不断提升,企业价值创造的复杂程度亦会增强,这可能会导致企业创新资源、创新能力难以与之匹配,从而降低企业创新效率(Gebauer 等,2020)[②]。

(二)数字创新累积程度和产学研合作异质性

不同工业企业的内、外部环境因素可能存在较大差异。在绿色科技研发阶段,数字创新累积程度和产学研合作水平对人工智

---

① 张国胜、杜鹏飞、陈明明:《数字赋能与企业技术创新——来自中国制造业的经验证据》,《当代经济科学》2021 年第 6 期。

② Gebauer H., Fleisch E., Lamprecht C., et al., "Growth Paths for Overcoming the Digitalization Paradox", *Business Horizons*, Vol.63, No.3, 2020, pp.313-323.

能技术赋能工业企业绿色创新具有重要影响。数字创新累积程度和产学研合作水平越高的企业，人工智能技术可能越易于产生绿色创新效应。专利申请常被视为潜在的科技产出，因为即使专利未获审批也会对企业科技研发工作产生创新累积效应，从而服务于后期的科技成果转化；而与之相反的是，专利授权的审批周期较长，且存在非技术因素的干扰，难以体现科技创新的累积效应。因此，以人工智能发明专利申请数和人工智能发明专利授权数来区分工业企业数字创新累积程度的异质性。此外，本章还根据产学研合作水平将样本分为高产学研合作和低产学研合作组。由表5-5阶段1的列（3）至列（6）可知，在数字创新累积程度高的企业样本中，人工智能技术对其绿色科技研发绩效的提升作用显著；在产学研合作水平低的企业样本中，人工智能技术显著阻滞了其绿色科技研发绩效提升。

（三）能源消耗和环境保护异质性

在绿色成果转化阶段，工业企业的节能与环保意识对人工智能技术的绿色创新效应发挥具有重要影响。对于缺乏节能与环保意识的高耗能、高污染企业而言，人工智能技术水平提升可能会促使其谋求更多的经济产出而非环境效益。本节根据能源消耗总量和上文测算的环境综合指数将样本分为高能耗组和低能耗组、高污染组和低污染组。由表5-5阶段2的列（3）至列（6）可知，相较于高能耗、高污染的工业企业，人工智能技术更为显著地提升了低能耗、低污染工业企业的绿色成果转化绩效。这表明，工业企业的节能与环保意识越强，人工智能技术水平提升越有利于促成其绿色成果转化。

表 5-5　人工智能技术影响企业绿色创新的异质性检验结果

阶段 1	绿色科技研发阶段					
变量	效率(1)	势力(2)	申请(3)	授权(4)	高产学研合作(5)	低产学研合作(6)
AI	0.0005 (0.20)	0.0106*** (3.82)	0.0056** (2.34)	0.0363 (1.55)	0.0031 (1.63)	−0.0085* (−1.78)
控制变量	是	是	是	是	是	是
地区固定效应	是	是	是	是	是	是
时间固定效应	是	是	是	是	是	是
N	450	450	450	450	225	225
R^2	0.4369	0.6651	0.5317	0.5157	0.5808	0.5076
阶段 2	绿色成果转化阶段					
变量	效率(1)	势力(2)	高能耗(3)	低能耗(4)	高污染(5)	低污染(6)
AI	0.0011 (0.25)	0.0096*** (6.36)	0.0028** (2.44)	0.0115*** (3.51)	0.0292 (0.71)	0.0061*** (3.10)
控制变量	是	是	是	是	是	是
地区固定效应	是	是	是	是	是	是
时间固定效应	是	是	是	是	是	是
N	450	450	225	225	225	225
R^2	0.3666	0.7965	0.4541	0.4480	0.2993	0.5727

第四节　人工智能技术影响企业绿色创新的拓展分析

一、作用机制分析

为进一步验证上文的理论机制分析,本节借鉴李斌、黄少卿

（2021）的机制检验策略[1]，从研发人才集聚、研发资本集聚和信息集聚三个方面探究人工智能技术对工业企业两阶段绿色创新综合绩效的影响。在作用机制检验部分，本节以各地区研发人员全时当量占全国比重表征研发人才集聚程度，以各地区研发经费内部支出存量占全国比重表征研发资本集聚程度（刘和东、刘繁繁，2021）[2]。互联网普及推动了信息孤岛的互通互联进而形成信息集聚（戚聿东、肖旭，2020）[3]，故本节以各地区互联网宽带接入端口数占全国比重表征信息集聚程度。作用机制检验结果见表5-6，其中，列（1）和列（2）依次为研发人才集聚和研发资本集聚效应的检验结果，列（3）和列（4）为信息集聚效应的检验结果。

由列（1）和列（2）的检验结果可知，人工智能技术对研发人才集聚和研发资本集聚均具有显著的正向影响，表明人工智能技术研发吸引了大量研发人才和研发资本在本地区集聚，从而充分发挥其知识、技术溢出效应和创新资源优化配置效应。由此，研究假设一和研究假设二得到验证。列（3）的检验结果表明，人工智能技术对信息要素集聚具有显著的阻滞作用。进一步考察非线性效应发现，信息集聚效应与人工智能技术研发呈现出显著的先下降后上升的 U 形曲线关系，该 U 形曲线的对称轴为 $x = -b/2a = 0.00113/(2\times0.00002) = 28.25$。对比原始数据发现，只有广东省在考察期末的人工智能技术水平位于对称轴右侧，北京市、上海市、江苏省则与对称轴位置接近，这表明广东省人工智能技术研发

---

① 李斌、黄少卿：《网络市场渗透与企业市场影响力——来自中国制造业企业的微观证据》，《经济研究》2021 年第 11 期。

② 刘和东、刘繁繁：《要素集聚提升高新技术产业绩效的黑箱解构——基于经济高质量发展的门槛效应分析》，《科学学研究》2021 年第 11 期。

③ 戚聿东、肖旭：《数字经济时代的企业管理变革》，《管理世界》2020 年第 6 期。

形成了显著的信息集聚效应。可能的原因在于：科技创新集群对激发区域创新生态系统的活力具有关键性作用，"深圳—香港—广州"组成的世界级科技创新集群是引领我国参与国际竞争合作的科技创新高地，因此，该地区新一代信息技术产业较为发达。此外，其他地区的人工智能技术水平仍有大幅提升空间，人工智能技术研发引致的信息集聚效应尚未完全显现。由此，研究假说三未能得到证明。

表5-6　人工智能技术影响企业绿色创新的作用机制检验结果

变量	（1）	（2）	（3）	（4）
AI	0.0006*** （3.43）	0.0005*** （3.44）	−0.0005** （−2.06）	−0.0011*** （−3.70）
AI^2	—	—	—	0.0000*** （3.75）
控制变量	是	是	是	是
地区固定效应	是	是	是	是
时间固定效应	是	是	是	是
N	450	450	450	450
R^2	0.3677	0.3702	0.2909	0.3009

二、空间溢出效应分析

作为数字经济时代下的一种引领型技术，人工智能除了发挥"新基建"的本地效应外，还可能对工业企业绿色转型产生溢出带动性很强的"头雁效应"（郭凯明，2019）[1]。因此，本节有必要进一步采用空间计量经济模型探究人工智能技术对工业企业两阶段绿

---

[1]　郭凯明：《人工智能发展、产业结构转型升级与劳动收入份额变动》，《管理世界》2019年第7期。

色创新绩效的空间溢出效应。借鉴已有研究的检验思路(Elhorst,
2014)①,利用 LM 检验和 LR 检验发现空间杜宾模型为最优选择,
具体模型构建见式(5-3)和式(5-4),模型中所使用的变量与数
据与前文基准回归中的保持一致。其中,ρ 为空间自回归系数,W
为空间权重矩阵,α_1、β_1 和 φ_1、λ_1 为核心解释变量及其空间交互项
的系数。

$$GTP_{it} = \alpha_0 + \rho WGTP_{it} + \alpha_1 AI_{it} + \varphi_1 WAI_{it} + \alpha_2 X_{it} +$$
$$\varphi_2 WX_{it} + \mu_i + \mu_t + \varepsilon_{it} \qquad (5-3)$$

$$GAP_{it} = \beta_0 + \rho WGAP_{it} + \beta_1 AI_{it} + \lambda_1 WAI_{it} + \beta_2 X_{it} +$$
$$\lambda_2 WX_{it} + \mu_i + \mu_t + \varepsilon_{it} \qquad (5-4)$$

鉴于空间杜宾模型中含有内生变量的空间交乘项,为避免估
计偏误,本节利用偏微分方程将总效应分解为直接与间接效应
(Lesag 和 Pace,2008)②。此外,经豪斯曼检验,下列所有模型均采
用固定效应,具体回归结果见表 5-7。从整体来看,人工智能技术
显著提升了本地工业企业两阶段绿色创新绩效,这表明在更换计
量模型和更换空间权重矩阵后研究的核心结论依然稳健。此外,
在空间邻接矩阵(W1)、地理距离矩阵(W2)和经济距离矩阵
(W3)下,工业企业绿色科技研发绩效与绿色成果转化绩效的空
间自回归系数均显著为正,这表明工业企业两阶段绿色创新绩效
存在显著为正的空间联系。

---

① Elhorst J.P.,"Matlab Software for Spatial Panels",*International Regional Science Review*,
Vol.68, No.2, 2014, pp.401-420.

② Lesage J. P., Pace R. K.,"Spatial Econometric Modeling of Origin-Destination Flows",
Journal of Regional Science, Vol.45, No.8, 2008, pp.941-967.

表 5-7　人工智能技术影响企业绿色创新的空间回归结果

变量	绿色科技研发绩效			绿色成果转化绩效		
	W1 (1)	W2 (2)	W3 (3)	W1 (4)	W2 (5)	W3 (6)
ρ	0.3258*** (5.75)	0.1827** (2.55)	0.4357*** (7.85)	0.3234*** (5.86)	0.3741*** (6.13)	0.3381*** (6.13)
AI	0.0081*** (6.23)	0.0078*** (6.10)	0.0069*** (4.95)	0.0039*** (2.87)	0.0050*** (3.84)	0.0045*** (3.08)
$W{\times}AI$	0.0040 (1.60)	0.0099*** (3.60)	0.0028 (0.80)	-0.0095*** (-4.04)	-0.0125*** (-4.41)	-0.0076** (-2.10)
控制变量	是	是	是	是	是	是
AI（直接效应）	0.0086*** (6.27)	0.0082*** (6.25)	0.0077*** (5.57)	0.0032** (2.31)	0.0043*** (3.12)	0.0040*** (2.80)
AI（间接效应）	0.0088*** (2.70)	0.0133*** (4.39)	0.0093* (1.73)	-0.0110*** (-3.44)	-0.0162*** (-3.64)	-0.0087* (-1.75)
AI（总效应）	0.0175*** (4.42)	0.0215*** (6.27)	0.0169*** (3.06)	-0.0078** (-2.08)	-0.0119** (-2.38)	-0.0047 (-0.94)
N	450	450	450	450	450	450
R^2	0.4047	0.4350	0.4036	0.1689	0.2228	0.2166
Log-L	694.2764	693.3569	706.5409	634.0519	646.8705	646.3476

（一）绿色科技研发绩效

根据空间效应分解结果,人工智能技术的直接效应和间接效应均显著为正,表明邻地人工智能技术水平提升及其产生的溢出效应均有助于提升本地工业企业绿色科技研发绩效,这与宋德勇、朱文博、丁海(2022)的研究发现类似[1],只不过其考察的是数字化水平对重污染行业企业绿色技术创新的影响。直接效应与间接效应对比可知,三种空间权重矩阵下人工智能技术对工业企业绿色

---

① 宋德勇、朱文博、丁海:《企业数字化能否促进绿色技术创新?——基于重污染行业上市公司的考察》,《财经研究》2022 年第 4 期。

科技研发绩效的间接效应均略高于直接影响,这表明人工智能技术在绿色科技研发方面发挥了强有力的溢出带动性作用。

(二)绿色成果转化绩效

空间效应分解发现,人工智能技术发展分别对本地与邻地工业企业绿色成果转化绩效提升产生了显著的促进与阻滞作用。究其原因,这可能源于人工智能技术发展引致的"极化效应"。具体而言,人工智能技术水平提升会带动本地高新技术产业蓬勃发展,并迫使高耗能、高污染行业企业在激烈的市场竞争中向低智能化水平的邻近地区迁址,从而形成"三废"排放等大量环境负产出的区域转移。此外,值得一提的是,人工智能技术对工业企业绿色成果转化绩效的总效应同样显著为负,这表明人工智能技术发展抑制了区域整体的工业企业绿色成果转化,经济发展与生态保护的协调关系仍有待破解。

根据空间效应分解结果,人工智能技术的直接效应、空间溢出效应和总效应均显著为正,且在三种空间权重矩阵下人工智能技术对工业企业两阶段绿色创新绩效的空间溢出效应均高于直接影响,表明邻近地区人工智能技术水平提升而产生的溢出效应能够辐射带动本地工业企业绿色创新绩效协同增长。值得一提的是,不同空间权重矩阵下人工智能技术直接效应的系数几近相等,而技术溢出效应则在地理距离矩阵下更为显著。可见,地理距离是影响人工智能技术溢出的关键因素。根据地理学第一定律,两事物之间的关联程度会随着距离的扩大而衰减。为进一步探知人工智能技术对工业企业两阶段绿色创新绩效的溢出效应随地理距离衰减的变化趋势,本节根据省际间的地理距离将初始阈值设定

1000 千米,且每隔 1000 千米进行一次空间回归,从而获取不同地理距离范围内人工智能技术对工业企业两阶段绿色创新绩效的空间溢出效应。由表 5-8 可知,人工智能技术对工业企业绿色科技研发绩效的空间溢出效应在 2000 千米以内均显著为正。但当距离阈值达到 3000 千米及以上时,空间溢出系数 ρ 值下滑明显且不再显著,溢出效应在 2000 千米—3000 千米的范围内逐渐减弱,在 3000 千米及以上的范围内完全消失。人工智能技术对工业企业绿色成果转化绩效的空间溢出效应在 3000 千米的范围内均显著为正。这可能是因为成果转化与经济发展水平密切相关,可能受到经济因素的制约作用更强。

表 5-8　不同地理距离范围内的空间回归结果

变量	绿色科技研发绩效			绿色成果转化绩效		
	D = 1000（1）	D = 2000（2）	D = 3000（3）	D = 1000（4）	D = 2000（5）	D = 3000（6）
ρ	0.1731**(2.41)	0.2425**(2.09)	0.1566(1.06)	0.3740***(6.12)	0.3509***(4.19)	0.4681***(5.11)
AI	0.0084***(6.53)	0.0070***(5.63)	0.0061***(4.93)	0.0044***(3.35)	0.0054***(4.22)	0.0050***(3.87)
W×AI	0.0063**(2.40)	0.0150***(3.06)	0.0075(0.98)	−0.0115***(−5.18)	−0.0246***(−5.39)	−0.0231***(−3.89)
控制变量	是	是	是	是	是	是
AI(直接效应)	0.0086***(6.58)	0.0073***(5.75)	0.0062***(4.85)	0.0038***(2.74)	0.0049***(3.73)	0.0044***(3.28)
AI(空间溢出效应)	0.0086***(3.12)	0.0215***(3.95)	0.0091(1.11)	−0.0145***(−4.23)	−0.0342***(−5.07)	−0.0380***(−3.71)
AI(总效应)	0.0172***(5.37)	0.0288***(5.07)	0.0152*(1.81)	−0.0107***(−2.63)	−0.0293***(−4.17)	−0.0336***(−3.17)
N	450	450	450	450	450	450
R^2	0.4370	0.4717	0.4878	0.2148	0.2829	0.2608
Log-L	694.0929	708.3337	715.4276	644.5817	661.0379	656.9156

　　人工智能发展引致的研发要素集聚效应和技术溢出效应对推动我国工业企业向数字化、智能化、绿色化发展方向转型具有重要的现实意义。本章从研发人才集聚、研发资本集聚、信息集聚三个层面揭示了人工智能技术对工业企业绿色创新绩效的影响机理，并基于2006—2020年中国省级面板数据进行实证检验，研究结论如下：第一，人工智能技术显著促进了工业企业两阶段绿色创新绩效提升，且对绿色创新规模绩效的提升作用更为显著。第二，人工智能技术主要通过研发人才集聚效应和研发资本集聚效应提升工业企业两阶段绿色创新绩效，而信息集聚则与人工智能技术呈显著的U形曲线关系。第三，人工智能技术对数字创新累积程度高的工业企业绿色科技研发绩效提升具有显著正效应，并且显著抑制了产学研合作水平低的工业企业绿色科技研发绩效提升。在低污染和低能耗地区，人工智能技术对工业企业绿色成果转化绩效的正效应更加明显。第四，空间效应分解发现，人工智能技术对邻地工业企业绿色科技研发绩效和绿色成果转化绩效提升分别产生了显著的促进和阻滞作用。人工智能技术对工业企业绿色科技研发绩效的空间溢出效应在2000千米的范围内均显著为正，在2000千米—3000千米的范围内逐渐减弱，在3000千米及以上的范围内完全消失。

第六章　工业互联网对企业高质量
发展的影响研究

　　在新一轮科技革命与产业变革加速推进以及实体经济发展日渐式微的复杂背景下,工业互联网(Industrial Internet)平台的搭建成为传统制造业企业转变发展方式,推动实体经济高质量发展的重要途径。基于此,本章继续从微观层面探究工业互联网对企业高质量发展的机制研究。具体研究思路如下:首先,本章根据工业互联网的网络属性,分别从网络扩张效应、网络关联效应和网络整合效应详细阐释工业互联网影响企业高质量发展的影响机制。其次,本章基于已有研究数据,实证检验了工业互联网对企业高质量发展的作用关系、影响机制,并进行多种稳健性检验保证结果的合理性。最后,本章从不同的微观视角论证工业互联网影响企业高质量发展的异质性作用,进而为发挥工业互联网平台的网络倍增效应,助力制造业企业高质量发展提供实践支撑。

第一节 工业互联网影响企业高质量
发展的理论分析

工业互联网是新一代信息通信技术与工业经济深度融合的新型基础设施,也是数字经济与实体经济深度融合的应用模式。其中,网络基础设施为工业互联网发展的载体,工业互联网具有实现设备、产品、人员等互联互通的多种异构网络的集中组网,是网络的网络(黄群慧、余泳泽、张松林,2019)[1]。因此,基于工业互联网强大的网络属性,本章将其归纳为网络扩张、网络关联和网络整合三种属性,网络扩张以零边际成本的方式提高了信息获取的数量、质量和速度,在此基础上依托互联网、大数据、云计算、人工智能等新一代信息通信技术,通过网络关联将信息产品与其他生产要素进行融合应用与创新突破,最终实现网络整合动态共享内外部资源形成价值共创的生产模式,能够多渠道汇集资源,并针对性地筛选、分类与沉淀资源(杜勇、曹磊、谭畅,2022)[2],使得要素的价值创造潜能够得到极大开发,从而实现制造业企业网络化协同生产、促进企业资源共享,推动企业高质量发展。因此,接下来本章将基于网络效应的视角分别从"网络扩张效应""网络关联效应""网络整合效应"三个渠道来具体阐释工业互联网促进制造业企业高质量发展的倍增机制。

---

① 黄群慧、余泳泽、张松林:《互联网发展与制造业生产率提升:内在机制与中国经验》,《中国工业经济》2019 年第 8 期。
② 杜勇、曹磊、谭畅:《平台化如何助力制造企业跨越转型升级的数字鸿沟——基于宗申集团的探索性案例研究》,《管理世界》2022 年第 6 期。

一、网络扩张效应:信息交易成本降低

网络扩张效应,是指网络价值以用户数量的平方的速度增长。随着数字经济的持续发展,根据"梅特卡夫法则",网络用户与节点数量成正比,在这一过程中,网络的动态扩张效应提供了自动化信息处理方式,改善了网络用户的专业化分工协作模式。因此,在工业互联网中,网络扩张效应能够通过扩大网络节点,增扩上中下游企业、客户之间的联系,同时提高制造业企业间的分工协作能力,从而对企业高质量发展形成推动合力。具体来讲,一方面,工业互联网旨在不断提高生产力,降低全产业链成本。工业互联网平台的网络扩张效应通过产生庞大的网络节点,能够提高信息传播速度,促进信息高效畅通,进而降低信息不对称程度、缩减信息成本和搜索成本,大大提高了分工协作能力和技术知识溢出(单宇等,2021[①];Vial,2019[②];Fischer 等,2020[③]),从而加速赋能制造业降低交易成本、提高交易效率(李燕,2019)[④]。另一方面,工业互联网的网络扩张效应通过用户的积累使得边际成本趋近于零,极大降低了信息交易成本。在工业互联网网络平台搭建初期,所需固定成本可能很高,通过网络扩张效应的发挥,网络节点和用户积累会越来越多,而边际成本会随着交易次数的增加逐渐减低,最

---

① 单宇、许晖、周连喜、周琪:《数智赋能:危机情境下组织韧性如何形成?——基于林清轩转危为机的探索性案例研究》,《管理世界》2021 年第 8 期。

② Vial G.,"Understanding Digital Transformation:A Review and A Research Agenda",*The Journal of Strategic Information Systems*,Vol.28,No.2,2019,pp.118-144.

③ Fischer M.,Imgrund F.,Janiesch C.,Winkelmann A.,"Strategy Archetypes for Digital Transformation:Defining Meta Objectives Ssing Business Process Management",*Information & Management*,Vol.57,No.5,2020,pp.103-262.

④ 李燕:《工业互联网平台发展的制约因素与推进策略》,《改革》2019 年第 10 期。

终产品几乎可以实现零边际成本复制(荆文君、孙宝文,2019)[1]。在零边际成本条件下,生产者能够获取的数据信息和高技能人才越多,越容易对产品进行迭代创新(Goldfarb 和 Tucker,2019)[2],提高创新研发边际产出,从而有效推动企业高质量发展(赵宸宇、王文春、李雪松,2021)[3]。

二、网络关联效应:网络信息互联互通

网络关联效应是指信息产品一旦被生产出来,便能够及时关联至其他相似使用主体,并促使那些依据特定逻辑联系在一起的信息动态链网式组织实现倍增。工业互联网的联通体现在行业上游与下游、生产者与消费者以及新老用户之间的互动,基于工业互联网的网络空间的关联,形成不依赖于地理空间的虚拟集聚(王如玉、梁琦、李广乾,2018)[4],从而可以传输和利用的信息规模成倍增加,信息产品通过提高要素配置效率所创造的效益在网络关联效应的作用下被不断派生与放大,从而推动制造业企业高质量发展。具体来讲,一方面,工业互联网的网络关联作用将生产制造中的机器、设备、网络和人员通过互联网的方式建立起关联(李廉水、石喜爱、刘军,2019)[5],实现各个生产环节的信息交互和协同,

---

①　荆文君、孙宝文:《数字经济促进经济高质量发展:一个理论分析框架》,《经济学家》2019 年第 2 期。

②　Goldfarb A., Tucker C.," Digital Economics", *Journal of Economic Literature*, Vol. 57, No.2, 2019, pp.3-43.

③　赵宸宇、王文春、李雪松:《数字化转型如何影响企业全要素生产率》,《财贸经济》2021 年第 7 期。

④　王如玉、梁琦、李广乾:《虚拟集聚:新一代信息技术与实体经济深度融合的空间组织新形态》,《管理世界》2018 年第 2 期。

⑤　李廉水、石喜爱、刘军:《中国制造业 40 年:智能化进程与展望》,《中国软科学》2019 年第 1 期。

并以工业互联网作为制造业企业内部协同发展的纽带,通过与其他生产要素协同作用进一步增加连接的密度和强度,形成"良性循环"生产模式,因此,工业互联网的网络关联效应有效促进了企业高质量发展。另一方面,工业互联网将工业自动化设备与企业信息化管理系统联动起来,通过大数据采集、云端分析,实现企业内部数字化管理和内外部的企业联动(盛磊、杨白冰,2020)[①]。随着网络信息的互联互通,信息产品的收集、储存、处理、分析等成本大幅降低,应用规模不断扩大、关联主体与网络关联节点不断倍增,空间上的网络关联也逐渐深化(裴长洪、倪江飞、李越,2018[②];Goldfarb 和 Tucker,2019[③])。而工业互联网具有"联结""联动"和"联体"的驱动力模式(马永开、李仕明、潘景铭,2020)[④],并利用其承载的海量信息促进生产要素的全局部署和纵横联动,最终实现制造业企业高质量发展。

三、网络整合效应:信息资源整合重组

网络整合效应,主要是指网络市场进入壁垒的克服、风险的降低或消除,从而将零散资源整合在一起所产生的效应(刘川、范力勇、李飞,2017)[⑤]。工业互联网通过网络整合效应能够把零散资源通过网络连接的方式而彼此衔接,从而实现信息系统的资源共享和协同工作,其要义在于将零散的要素组合在一起,通过资源调

---

① 盛磊、杨白冰:《新型基础设施建设的投融资模式与路径探索》,《改革》2020 年第 5 期。

② 裴长洪、倪江飞、李越:《数字经济的政治经济学分析》,《财贸经济》2018 年第 9 期。

③ Goldfarb A., Tucker, C., "Digital Economics", *Journal of Economic Literature*, Vol.57, No.2, 2019, pp.3-43.

④ 马永开、李仕明、潘景铭:《工业互联网之价值共创模式》,《管理世界》2020 年第 8 期。

⑤ 刘川、范力勇、李飞:《网络效应》,新华出版社 2017 年版,第 117—132 页。

整来达到理想配置状态,并最终形成协调统一的有机整体(李海舰、田跃新、李文杰,2014)[1],推动企业高质量发展。工业互联网的网络整合效应不仅增加了现有资源的获取途径,同时也改变了要素资源的整合方式。一方面,工业互联网的网络整合效应使得知识和信息资源在生产活动中更易获取、更迅速地转换、整合和应用,有效实现各类资源的集聚与协同,实现供需对接(阳镇、陈劲、李纪珍,2022)[2],突破产业生态中供应链、价值链和创新链之间的"数据孤岛"和"流通屏障",激励要素资源的共享交流学习,促进制造业资源优化配置。另一方面,工业互联网的网络整合效应通过将资源进行重组配置,实现生产要素的合理调配和精准匹配,产生的共创价值远远超过各个零散资源创造价值的总和,通过加强资源的协同合作,形成具有柔性化、共享化和精准化的价值共创生产模式,有助于促进企业高质量发展。数字经济时代,工业互联网的网络整合效应取代了传统供需对接渠道,促进要素的集聚与整合,并且通过网络应用连接的方式实现传统生产流程的协同整合运作,优化资源配置和使用方式,创造出新的经济增长和价值增值空间,实现制造业企业高质量发展。

假说一:工业互联网通过网络扩张效应能够通过扩大网络节点和用户规模,提高信息传播速度,降低信息交易成本,从而推动企业高质量发展。

假说二:工业互联网能够通过网络关联效应促进网络信息互联互通,提高企业内外部要素互联互通,从而推动制造业企业高质

---

① 李海舰、田跃新、李文杰:《互联网思维与传统企业再造》,《中国工业经济》2014年第10期。

② 阳镇、陈劲、李纪珍:《数字经济时代下的全球价值链:趋势、风险与应对》,《经济学家》2022年第2期。

量发展。

假说三:工业互联网的网络整合效应能够整合重构零散资源,形成价值共创的生产模式,从而推动企业高质量发展。

第二节　工业互联网影响企业高质量发展的研究设计

一、模型设定

本章检验了工业互联网对制造业企业高质量发展的影响,样本时间为 2013—2021 年。首先,本章将以工业互联网试点作为一项准自然实验,其中,工业互联网企业为实验组,其他制造业企业作为对照组。其次,由于工业互联网试点政策并非一次性完成的,第一批工业互联网试点企业 2017 年设立,而后每一年均又设立工业互联网企业,可以发现,工业互联网试点政策并不是一次性完成的,而是多时点、阶段性推进的,因此,本章欲采用渐进双重差分方法,此模型可以描述个体的处理时间点不完全一致的情况。最后,本章直接将处理组虚拟变量和处理时间虚拟变量的交乘项($Treat \times Post$,本章以 Ind_Int 替代)纳入回归模型。其中,交乘项系数 β 的大小和显著性是本章关注的重点。该系数反映了工业互联网试点企业设立后对企业高质量发展的影响,具体回归模型如下:

$$TFP_{ijt} = \beta_0 + \beta_1 Ind\_Int_{ijt} + \gamma Z + \varphi_i + \theta_t + \mu_j + \varepsilon_{ijt} \qquad (6-1)$$

其中,Ind_Int_{ijt} 为核心解释变量,表示位于城市 j 的企业 i 在第 t 期接受处理的虚拟变量等价,工业互联网企业设立之前为 0,

工业互联网企业设立之后为 1。TFP_{ijt} 为被解释变量,表示位于城市 j 的企业 i 在第 t 期的全要素生产率,Z 为控制变量的集合,选取的控制变量包括两方面内容:一是企业层面控制变量,主要有企业规模($Size$)、企业年龄(Age)、总资产净利润率(ROA)、净资产收益率(ROE)、企业资产负债率(Lev)、赫芬达尔指数(HHI);二是城市层面控制变量,主要有人均国内生产总值($Pgdp$)、产业结构水平($Indu$)和人口密度(Pop),φ_i 为企业固定效应,θ_t 为时间固定效应,μ_j 为城市固定效应,ε_{ijt} 为随机误差项。

二、变量选取

(一)被解释变量

已有研究认为提高全要素生产率是促进高质量发展的主要标志[1],因此,在微观企业层面,本章采用企业全要素生产率作为企业高质量发展的衡量指标。关于衡量企业全要素生产率的方法主要数据包络分析法(Data Envelopment Analysis)、奥利—佩克斯法、莱文森—佩特林法和阿克伯格—凯夫斯—弗雷泽法,由于数据包络分析法主要用于宏观层面的全要素生产率测算,不适用于微观企业层面的全要素生产率测算。其中,莱文森—佩特林法是采用中间投入品作为生产率的代理变量,中间投入品变化较小,可以较为准确地反映企业生产率的变化(陈中飞、江康奇,2021)[2],因此,本章主要采用莱文森—佩特林法测度企业全要素生产率,而奥

---

① 余泳泽、杨晓章、张少辉:《中国经济由高速增长向高质量发展的时空转换特征研究》,《数量经济技术经济研究》2019 年第 6 期。

② 陈中飞、江康奇:《数字金融发展与企业全要素生产率》,《经济学动态》2021 年第 10 期。

利—佩克斯法和阿克伯格—凯夫斯—弗雷泽法作为后续稳健性检验所采用的方法。

(二)解释变量

围绕网络化改造集成创新应用、标识解析集成创新应用、"5G+工业互联网"内网改造、"5G+工业互联网"集成创新应用、平台集成创新应用、安全集成创新应用等方向,自 2017 年起工信部先后公布了 5 批工业互联网试点示范项目,累计遴选出了中国电信天翼云 3.0—工业企业云应用平台、阿里 1688 工业采销平台、海尔"卡奥斯天眼"数字孪生平台等 480 个试点示范项目,本章整理了 2017—2021 年工信部发布的工业互联网试点示范项目名单,并通过搜索各项目申报单位所在地等信息对工业互联网试点示范项目名单与制造业上市公司数据进行匹配,最终得到了 67 家工业互联网试点企业数据。其中,本章将工业互联网试点企业设为虚拟变量,选择 2013—2021 年为样本考察期,而在此期间,以工业互联网企业设立时间点为基准,某一企业作为工业互联网企业试点之前取值为 0,作为工业互联网企业试点之后取值为 1。

(三)控制变量

本章借鉴赵宸宇、王文春、李雪松(2021)[①]、陈中飞、江康奇(2021)[②]的相关研究,企业层面的控制变量分别为:企业规模

[①] 赵宸宇、王文春、李雪松:《数字化转型如何影响企业全要素生产率》,《财贸经济》2021年第 7 期。

[②] 陈中飞、江康奇:《数字金融发展与企业全要素生产率》,《经济学动态》2021 年第 10 期。

（Size），以企业总资产取对数来衡量；企业年龄（Age），以当年年份减企业成立年份加 1 取对数来衡量；总资产净利润率（ROA）以企业净利润除以企业总资产来衡量；净资产收益率（ROE）以净利润除以净资产来衡量；企业资产负债率（Lev）以企业总负债除以企业总资产来衡量；竞争程度（HHI）以赫芬达尔指数来衡量。城市层面控制变量，主要有：经济发展水平（Pgdp），以人均国内生产总值来衡量；产业结构水平（Indu），以城市第三产业生产总值除以第二产业生产总值来衡量；人口密度（Pop），使用年末户籍人口数与地级市建成区面积的比值来衡量。

三、数据来源与说明

经企业自主申报、地方推荐、专家评审、现场核查、网上公示等环节，2017—2021 年工信部先后公布了 5 批工业互联网试点示范项目，累计遴选了 480 个试点示范项目，促进工业互联网延伸至 40 个国民经济大类，广泛带动了传统产业数字化转型和新模式新业态培育壮大。本章整理了 2017—2021 年工信部发布的工业互联网试点示范项目名单，并通过搜索各项目申报单位所在地等信息对工业互联网试点示范项目名单与上市公司数据进行了匹配。其中控制变量企业层面的数据主要来源于国泰安数据库，城市层面的数据主要来源于经济预测系统（Economy Prediction System，EPS）数据库和《中国统计年鉴》《中国劳动统计年鉴》《中国科技统计年鉴》以及《中国城市统计年鉴》。此外，对于少量缺失值，利用多项式拟合法进行插值填补。本章的主要变量的描述性统计见表 6-1。

表6-1　工业互联网影响企业高质量发展的主要变量描述性统计

变量	变量名称	观测值	均值	标准差	最小值	最大值
TFP	企业高质量发展	21844	7.2139	2.5091	0.0193	23.4723
Ind_Int	工业互联网试点企业	21844	0.0057	0.0751	0.0000	1.0000
Size	企业规模	21844	22.4407	1.5523	14.9416	31.1913
Age	企业年龄	21844	2.9675	0.3116	1.5748	4.0194
ROA	总资产净利润率	21844	0.0339	0.1454	−1.8720	10.0322
ROE	净资产收益率	21711	0.0218	1.5733	−174.8950	24.2647
Lev	企业资产负债率	21844	0.4596	0.2831	−0.1947	11.3862
HHI	竞争程度	21683	0.0931	0.1110	0.0000	0.7994
Pgdp	经济发展水平	21836	10.4168	4.0267	0.9699	25.9277
Indu	产业结构水平	21836	1.7554	1.1556	0.1476	5.3498
Pop	人口密度	21836	0.7648	0.1492	0.1097	0.9981

第三节　工业互联网影响企业高质量
发展的实证检验

一、基准回归结果

表6-2汇报了工业互联网试点政策对企业高质量发展的影响效应。其中,列(1)仅加入了核心解释变量,列(2)在列(1)的基础上控制了企业固定效应和时间固定效应,列(3)和列(4)分别加入了企业层面控制变量和城市层面控制变量,同时列(4)回归结果加入了城市层面固定效应,以期控制不同城市间的差异。根据列(4)回归结果显示,工业互联网试点政策对企业高质量发展的影响系数为0.5960,且在5%的显著性水平上显著,说明工业互联网的施行能够有效促进企业高质量发展。

表 6-2　工业互联网影响企业高质量发展的基准回归结果

变量	TFP（1）	TFP（2）	TFP（3）	TFP（4）
Ind_Int	2.3728 ***	0.9136 ***	0.6042 **	0.5960 **
	(0.2254)	(0.2590)	(0.2485)	(0.2463)
Size			0.9509 ***	0.9535 ***
			(0.0556)	(0.0555)
Age			0.6698	0.6755
			(0.5063)	(0.5060)
ROA			5.5975 ***	5.5745 ***
			(0.3424)	(0.3418)
ROE			−0.0252 **	−0.0250 **
			(0.0105)	(0.0105)
Lev			−1.0788 ***	−1.0798 ***
			(0.1916)	(0.1914)
HHI			−0.8577 ***	−0.8581 ***
			(0.2514)	(0.2512)
Pgdp				−0.0331
				(0.0219)
Indu				−0.1259
				(0.1006)
Pop				0.5494
				(0.9730)
常数项	7.2005 ***	7.2089 ***	−15.7420 ***	−15.6717 ***
	(0.0170)	(0.0015)	(1.8520)	(2.0072)
时间固定效应	—	是	是	是
企业固定效应	—	是	是	是
城市固定效应	—	—	—	是
N	21844	21843	21548	21539
R^2	0.0050	0.6289	0.6889	0.6891

注:括号内数值为企业层面聚类的稳健标准误差,*、**、*** 分别表示在 10%、5% 和 1% 的显著性水平
　　上显著,下同。

二、稳健性检验

为了增加基准回归结果的可信度,采用渐进双重差分模型时,需满足平行趋势假设和安慰剂检验,同时,本章还采用了其他稳健

性方法,例如,双重差分倾向得分匹配法、替换核心解释变量、控制相关遗漏变量、排除其他数字技术的影响、控制高维固定效应、更换聚类方式以及排除其他干扰政策的影响等多种稳健性检验方法。

(一)平行趋势检验

使用渐进双重差分法的一个重要前提是设立工业互联网企业(实验组)与非工业互联网企业(控制组)在政策实施之前的企业高质量发展必须遵循大体一致的发展趋势,否则将无法识别外生政策产生的实际效果。因此,本章采用下式进行平行趋势检验:

$$TFP_{ijt} = \beta_0 + \sum_{k=-4,k\neq-1}^{4} \beta_k Ind\_Int_{i,t+k} + \gamma Z + \varphi_i + \theta_t + \mu_j + \varepsilon_{ijt}$$

(6-2)

其中,$Ind\_Int_{i,t+k}$ 为哑变量,若年份 t 与入选工业互联网企业的年份之差为 k 时,则 $Ind\_Int_{i,t+k}$ 赋值为 1,否则取 0。k 的取值在 -4—4 之间,本章以 $k=-1$ 为基准组。其余各项含义均与式(6-1)相同。

从图6—1中也可以看出,在试点政策发生之前工业互联网对企业高质量发展的回归系数均在零值附近波动,而试点政策实施之后,工业互联网对企业高质量发展的回归系数开始显著,且回归系数呈显著上升趋势,这说明本章模型设定满足平行趋势假设。

(二)利用双重差分倾向得分匹配法修正样本选择性偏误

由于工业互联网试点企业与非工业互联网试点企业可能存在本质区别,从而产生选择性偏误问题,由此,本章利用倾向得分匹配的方法,按照1∶1近邻匹配有放回抽样的方法,对处理组进行

全要素生产率

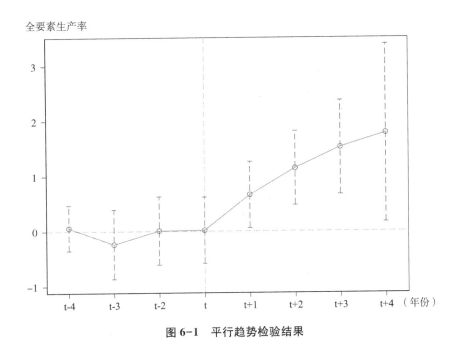

图 6-1　平行趋势检验结果

逐年匹配,从非工业互联网试点企业样本中筛选出各方面与工业互联网企业相似的企业进行匹配,进而解决这一选择性偏误问题,匹配变量包括企业规模、企业年龄、总资产净利润率、净资产收益率、企业资产负债率、赫芬达尔指数、人均国内生产总值、产业结构水平和人口密度。在开始回归之前,本章首先进行核密度匹配,将匹配后的控制组作为处理组的反事实结果进行因果推断。在上述匹配样本基础上,本章以工业互联网试点企业作为处理组,以匹配上的非工业互联网企业作为对照组,并进一步构建双重差分倾向得分匹配模型对政策效应进行再估计,回归结果见表 6-3 的列(1)和列(2),基于倾向得分匹配方法匹配后新样本的回归结果显示,核心解释变量(Ind_Int)的系数仍在 1% 的统计水平上仍是显著为正的,意味着工业互联网试点企业能够显著促进制造业企业高质量发展,这与基准检验结果依然保持一致。

（三）替换核心解释变量

本章在基准回归中主要采用莱文森—佩特林法测算全要素生产率，为了保证基准回归的稳健性，本章同时采用了阿克伯格—凯夫斯—弗雷泽法和奥利—佩克斯法同时测算了企业全要素生产率，回归结果见表6-3的列（3）和列（4），可以发现，核心解释变量的系数仍显著为正。

表6-3　工业互联网影响企业高质量发展的稳健性检验 I

变量	*TFP*（1）	*TFP*（2）	*TFP_ACF*（3）	*TFP_OP*（4）
Ind_Int	0.6244 ***（0.1591）	0.5158 **（0.2381）	0.5447 **（0.2305）	0.4298 *（0.2573）
控制变量	是	是	是	是
时间固定效应	—	是	是	是
企业固定效应	—	是	是	是
城市固定效应	—	是	是	是
N	19112	19061	21539	21539
R^2	0.4959	0.7048	0.6724	0.6692

（四）排除其他干扰政策的影响

本章的样本时间为2013—2021年，在此期间，中国同时出台了其他试点政策，具有促进经济增长和生产效率提升的作用。例如，"宽带中国"试点政策能够通过促进技术创新和产业结构升级等渠道促进城市全要素生产率的增长（刘传明、马青山，2020）[1]、

---

[1]　刘传明、马青山：《网络基础设施建设对全要素生产率增长的影响研究——基于"宽带中国"试点政策的准自然实验》，《中国人口科学》2020年第3期。

智慧型城市试点建设通过降低企业交易成本提高企业全要素生产率(石大千、李格、刘建江,2020)[①]以及创新型城市建设可以通过技术效应、集聚效应和倒逼效应驱动绿色全要素生产率的提升(聂长飞等,2021)[②]。因此。企业全要素生产率的提升还往往受到其他国家层面的政策影响,为了保证结果的稳健性,需要排除其他政策的影响,进而证明工业互联网企业试点政策实施的唯一性。因此,本章在基准回归模型的基础上,依次加入"宽带中国"试点政策(BIC)、智慧型城市试点政策(SC)和创新型城市试点政策(INNO)实施年份的虚拟变量,以尽量控制其对估计结果的影响,结果见表6-4,从估计结果可以看出,在控制了其他政策影响之后,工业互联网试点政策的估计系数仍然显著为正,这在一定程度上说明工业互联网政策可以有效推动企业高质量发展,结果依然保持稳健。

表6-4　工业互联网影响企业高质量发展的稳健性检验Ⅱ

变量	*TFP*（1）	*TFP*（2）	*TFP*（3）
Ind_Int	0.5956** (0.2474)	0.5972** (0.2475)	0.5903** (0.2490)
BIC	−0.0562 (0.0573)		
SC		−0.0405 (0.0926)	
INNO			0.1397 (0.1433)

① 石大千、李格、刘建江:《信息化冲击、交易成本与企业 TFP——基于国家智慧城市建设的自然实验》,《财贸经济》2020 年第 3 期。
② 聂长飞、卢建新、冯苑、胡兆廉:《创新型城市建设对绿色全要素生产率的影响》,《中国人口·资源与环境》2021 年第 3 期。

续表

变量	TFP (1)	TFP (2)	TFP (3)
控制变量	是	是	是
时间固定效应	是	是	是
企业固定效应	是	是	是
城市固定效应	是	是	是
N	21539	21539	21539
R^2	0.6891	0.6891	0.6891

第四节　工业互联网影响企业高质量发展的拓展分析

一、作用机制检验

以上内容通过基准回归估计和丰富的稳健性检验,证明了工业互联网促进了企业高质量发展。根据前文理论分析可知,工业互联网能够通过网络扩张效应、网络关联效应和网络整合效应促进企业高质量发展,本部分则在此基础上,考察工业互联网影响企业高质量发展的倍增机制。具体机制检验模型设定如下:

$$M_{it} = \beta_0 + \beta_1 Ind\_Int_{it} + \gamma Z + \varphi_i + \theta_t + \mu_j + \varepsilon_{ijt} \tag{6-3}$$

其中,M_{it} 为检验变量,主要包括信息交易成本(*Manage* 和 *Financial*)、信息关联程度(*Connection*)和要素整合程度(*Integration*)。其余变量的说明与前文保持一致。

（一）网络扩张效应

理论分析表明，工业互联网能够通过网络扩张效应提高信息传播速度，促进信息高效畅通，通过降低信息不对称程度、缩减交易成本和搜索成本，从而实现企业高质量发展。为了检验此作用机制，本章拟采用交易成本（*Manage* 和 *Financial*）作为机制变量进行回归。根据已有研究，从微观层面利用企业的管理费用、财务费用等指标刻画企业在契约履行、资金融通等过程中产生的交易成本（黄群慧、余泳泽、张松林，2019）[①]。因此，本章采用管理费用占总资产的比重（*Manage*）和财务费用占总资产的比重（*Financial*）来衡量企业交易成本。具体回归结果见表6-5，通过列（1）和列（2）回归结果可以发现，工业互联网（*Ind_Int*）的回归系数显著为负，这表明工业互联网的网络扩张效应能够降低企业交易成本从而促进企业高质量发展，假说一得以验证。

（二）网络关联效应

依据前文理论分析，工业互联网能够极大地增加传输和利用的信息规模，信息产品创造的效益在网络关联作用下被不断派生与放大，从而推动企业高质量发展。考虑到百度指数的实时搜索量能有效反映地区间的信息关联程度，因此，本章利用百度指数中的数据信息，以省份名为关键词，搜索了考察期内各年份两两地区之间"PC+移动客户端"的日均搜索量，获取各个地区之间的信息网络关联程度，将其进行加总后，得到不同年份不同地区的

---

① 黄群慧、余泳泽、张松林：《互联网发展与制造业生产率提升：内在机制与中国经验》，《中国工业经济》2019 年第 8 期。

信息关联程度总量(*Connection*),为了反映到城市固定效应,本章将信息关联程度与地级市互联网用户数进行交乘得到地级市层面的信息关联程度。具体回归结果见表6-5列(3)。根据回归结果可以发现,工业互联网(*Ind_Int*)的回归系数在5%的统计水平上显著为正,说明工业互联网的发展能够提高区域间的信息关联程度,促进网络信息互联互通从而促进企业高质量发展,假说二得以验证。

(三)网络整合效应

正如前文所述,工业互联网能够通过网络整合效应对现有资源和新资源进行整合重构,从而动态共享内外部资源来推动形成价值共创的生产模式,实现企业高质量发展。为了更好衡量资源整合效应,本章借鉴董保宝、葛宝山、王侃等(2011)①的做法,将资源整合分为资源识取和资源配置两部分,并利用上市公司数据构建资源整合的指标体系,以当年对外投资总额、并购事件的交易金额表示资源识取过程,以上市公司当年关联交易金额、与其他企业合作的金额表示资源配置过程,通过采用纵横向拉开档次法进行测算得到资源整合程度(*Integration*),具体回归结果见表6-5列(4)。可以发现,工业互联网(*Ind_Int*)的回归系数在5%的显著性水平上显著为正,这表明工业互联网的网络整合效应能够对现有资源和新资源进行整合重构,提高要素资源的整合程度,优化资源配置和使用方式,实现企业高质量发展,假说三得以验证。

---

① 董保宝、葛宝山、王侃:《资源整合过程、动态能力与竞争优势:机理与路径》,《管理世界》2011年第3期。

表 6-5　工业互联网影响企业高质量发展的作用机制检验

变量	*Manage*（1）	*Financial*（2）	*Connection*（3）	*Integration*（4）
Ind_Int	−0.0210* (0.0126)	−0.0068* (0.0035)	0.3765** (0.1796)	0.0040** (0.0019)
控制变量	是	是	是	是
时间固定效应	是	是	是	是
企业固定效应	是	是	是	是
城市固定效应	是	是	是	是
N	21357	21097	21469	21460
R^2	0.6321	0.4979	0.9079	0.2960

二、异质性检验

（一）企业规模异质性分析

相较而言,大型企业拥有更高的资源禀赋、经济财力和技术研发实力,更容易形成规模效应,从而工业互联网更能有效促进企业高质量发展。本章根据企业总资产规模均值将企业进行分类,低于均值的为小型企业,高于均值的为大型企业,由此进行分样本检验,回归结果见表 6-6 列(1)和列(2),可以发现,对于小型企业来说,工业互联网虽然对企业高质量发展的影响为正,但尚不显著。而对于大型企业来说,工业互联网(*Ind_Int*)的估计系数在 10% 的显著性水平上显著,且明显高于基准回归结果中的系数,这表明相比于小型企业而言,大型企业更能借助于工业互联网技术整合要素资源,推动企业高质量发展。同时,这样间接说明,工业互联网技术会形成"强者愈强、弱者愈弱"的规模效应,企业高质量发展也往往由大型企业所主导。

(二)行业竞争程度异质性分析

从行业竞争角度来看,在不同行业竞争程度下,工业互联网对企业的影响程度也有所不同。一方面,竞争越激烈的行业中的企业拥有更多市场环境信息,更易开拓新的商业模式、决策流程等,从而实现创新能力和生产力的提高;另一方面,处于竞争环境下的企业,由于行业技术壁垒较低,同行业内竞争对手越多,获取竞争优势的难度越大,为了企业更好地生存,处于行业竞争激烈的企业更有动力利用工业互联网技术促进企业高质量发展。因此,本章利用赫芬达尔指数(HHI)的均值对全样本进行分类,低于行业均值(HHI 值较小)的属于竞争程度较弱的行业,高于行业均值(HHI 值较大)的属于竞争程度激烈的行业。具体回归结果见表6-6列(3)和列(4),可以发现,回归结果与预期推论一致,在竞争程度激烈的行业中,工业互联网(Ind_Int)的回归系数显著为正,这说明工业互联网对企业高质量发展的促进作用在竞争行业中更为明显。

(三)企业所有制性质异质性分析

本章从企业的所有制性质角度探讨工业互联网对企业高质量发展的异质性表现,回归结果见表6-6列(5)和列(6)。实证结果表明,非国有制造业企业的工业互联网能够显著促进企业高质量发展,而国有制造业企业的工业互联网对企业高质量发展的推动作用并不显著。可能的原因在于国有企业的组织架构相对冗余,激励机制较为落后,面临的市场竞争压力较小进而导致整体生产效率较低。相比之下,非国有企业更有动力利用工业互联网的技术优势促进企业高质量发展,最大化企业利益。这也进一步说明,国有企业拥有资金、规模和科研等方面的优势,更应该充分发挥自身优势充分发挥工业互联网的优势,进而推动企业高质量发展。

表6-6　工业互联网影响制造业高质量发展的异质性检验结果

变量	小型企业(1)	大型企业(2)	行业竞争程度较弱(3)	行业竞争程度激烈(4)	国有企业(5)	非国有企业(6)
Ind_Int	−0.0210*	−0.0068*	0.3765**	0.0040**	−0.0210*	−0.0068*
	(0.0126)	(0.0035)	(0.1796)	(0.0019)	(0.0126)	(0.0035)
控制变量	是	是	是	是	是	是
时间固定效应	是	是	是	是	是	是
企业固定效应	是	是	是	是	是	是
城市固定效应	是	是	是	是	是	是
N	12108	9210	13657	7603	7192	14347
R^2	0.6441	0.6158	0.6749	0.7678	0.7051	0.6761

数字经济时代,通过工业互联网赋能实体经济,不仅是推动数字经济与实体经济深度融合的重要抓手,也是推动传统产业转型升级的必然选择。本章以工业互联网试点企业为研究对象,基于工业互联网的网络倍增效应分析了工业互联网影响企业高质量发展的倍增机制,并通过结合中国制造业上市公司2013—2021年数据,运用面板固定效应模型和中介效应模型检验了工业互联网对企业高质量发展的影响及其内在机制,进一步通过采用多种稳健性检验方法增加了结论的可靠性。主要研究结论如下:第一,工业互联网建设显著地促进了企业高质量发展;进一步在通过平行趋势假设、双重差分倾向得分匹配方法、替换核心解释变量、更换聚类方式以及排除其他干扰政策的影响等多种稳健性检验方法之后,上述结论仍然成立。第二,机制分析的结果发现,工业互联网

能够通过网络扩张效应降低信息交易成本、通过网络关联效应促进网络信息互联互通以及通过网络整合效应整合重构零散资源，从而促进企业高质量发展。第三，异质性分析表明，在大型企业、行业竞争程度更为激烈以及非国有企业中，工业互联网对企业高质量发展具有更加明显的促进作用。

第 三 篇

数字经济的关键支撑

第七章　新型数字基础设施对经济
高质量发展的影响研究

　　新型数字基础设施是不断做强做优做大我国数字经济的重要构成,优化我国新型数字基础设施布局有助于扎实推进经济高质量发展。党的二十大报告指出,"高质量发展是全面建设社会主义现代化国家的首要任务"。在新一轮科技革命与产业变革加速推进的背景下,新型数字基础设施建设能够为未来我国经济高质量发展提供支撑。基于此,本章从新型数字基础设施与经济高质量发展的典型特征入手研究新型数字基础设施对经济高质量发展的影响机制。具体研究思路如下:首先,本章在对已有文献进行梳理的基础上分析了新型数字基础设施影响经济高质量发展的作用机制。其次,本章进行一系列实证分析,从技术创新、市场整合及生产率提升三个层面实证验证了新型数字基础设施对经济高质量发展的影响机制。最后,本章进一步对新型数字基础设施影响经济高质量发展的异质性进行分析,梳理出新型数字基础设施在不同作用情境下的赋能机制及其效果,为优化布局新型数字基础设施建设,带动经济高质量发展提供政策依据。

第一节　新型数字基础设施影响经济
高质量发展的理论分析

　　我国经济已经由高速增长阶段转变为高质量发展阶段,现有研究认为经济高质量发展是以满足人民美好生活需求为导向、立足新发展理念的经济发展质量高水平状态(洪银兴,2019[①];高培勇等,2019[②])。从长期来看,经济高质量发展需要打破传统经济增长观念与单一绩效评价的束缚,追求量的有效提升与质的合理增长。这就要求经济高质量发展的条件、过程、结果的整体性推进,新型数字基础设施承载着更具颠覆性的技术创新,有利于从根本上打破条件维度的技术制约。这一技术优势随着新型数字基础设施的规模布局进一步显现在过程维度中,通过打通要素流动的空间阻碍提高市场整合度,最终实现以高效率要素利用水平推进经济高质量发展结果。因此本节构建了发展条件、发展过程与发展结果协同联动的分析框架,并分别聚焦到技术创新效应、市场整合效应以及生产率提升效应三个层面来阐释新型数字基础设施建设影响经济高质量发展的理论机制。

　　[①]　洪银兴:《改革开放以来发展理念和相应的经济发展理论的演进——兼论高质量发展的理论渊源》,《经济学动态》2019 年第 8 期。
　　[②]　高培勇、杜创、刘霞辉、袁富华、汤铎铎:《高质量发展背景下的现代化经济体系建设:一个逻辑框架》,《经济研究》2019 年第 4 期。

一、发展条件维度:新型数字基础设施影响经济高质量发展的技术创新效应

推动经济发展模式从要素驱动转向技术创新驱动、从粗放型经济增长转为效率型经济增长是当前我国经济高质量发展的内核所在。内生增长理论将研发与创新内生化,并将其作为经济增长与技术进步的核心驱动要素。当信息通信技术资本积累与前期基础设施投资达到一定阈值,技术创新带来的增长就会在信息通信技术生产部门中逐步凸显出来(郭美晨、杜传忠,2019)[①]。因此,新型数字基础设施及相关数字平台的搭建不仅能够有效扩张生产可能性边界,也能为技术创新带来更多的可能性,并助推其边界不断向外延伸。相较于传统工业领域,新型数字基础设施中所涵盖的包括大数据储存、人工智能及工业互联网等领域技术更迭速度更快、技术创新更具颠覆性(钞小静、廉园梅、罗鎏锴,2021)[②],这为我国的技术创新活动搭建了基础平台,能够有效促进生产效率的提升。一方面,新型数字基础设施建设能够有效改善地区技术创新的基础条件,为新型数字基础设施建设落后地区承接技术转移提供消化的空间。另一方面,新型数字基础设施能够极大缓解我国对发达国家高技术密集型产品的依赖,进一步激发地区的研发与创新活动。

二、发展过程维度:新型数字基础设施影响经济高质量发展的市场整合效应

市场整合度是规模效应发挥的关键要素,通过打破市场分割

[①] 郭美晨、杜传忠:《ICT 提升中国经济增长质量的机理与效应分析》,《统计研究》2019年第 3 期。

[②] 钞小静、廉园梅、罗鎏锴:《新型数字基础设施对制造业高质量发展的影响》,《财贸研究》2021 年第 10 期。

实现市场整合是促进经济高质量发展的路径之一(卞元超、白俊红,2021)①。随着新型数字基础设施建设的不断推进,与其相关的建筑、设备及其他工程投资为地区间的经济往来及合作交流提供了便利。在这一基础上市场规模被进一步拓宽,形成了市场整合效应,促进了经济高质量发展。一方面,新型数字基础设施建设凭借大数据、人工智能、工业互联网等技术优势,从根本上突破了要素流动的空间阻碍(郭凯明、潘珊、颜色,2020)②。在市场整合机制的作用下,新一代信息通信技术的应用进一步提升了市场整合过程中要素的流动与整合效率,生产要素向边际要素报酬高地区流动,从而提高地区整体的经济高质量发展水平(王鹏、岑聪,2022)③。另一方面,市场整合度与要素流动是相互促进的关系,新型数字基础设施建设能够打破资本、劳动和信息等核心要素的流动藩篱,有利于缓解要素错配,进而有利于市场整合度的提升。

三、发展结果维度:新型数字基础设施影响经济高质量发展的生产率提升效应

新型数字基础设施的建设促进了新型数字技术的广泛应用,数据要素与传统生产要素的配置边界被不断拓宽,数据要素与劳动要素的结合将提升原有生产要素的质量和效率,进而推动经济高质量发展。随着新型数字基础设施带来的数字技术的应用与进

---

① 卞元超、白俊红:《市场分割与中国企业的生存困境》,《财贸经济》2021年第1期。
② 郭凯明、潘珊、颜色:《新型基础设施投资与产业结构转型升级》,《中国工业经济》2020年第3期。
③ 王鹏、岑聪:《市场一体化、信息可达性与产出效率的空间优化》,《财贸经济》2022年第4期。

步,原始数据的收集、储存、处理、分析等成本大幅降低,空间上的网络溢出也逐渐深化(裴长洪、倪江飞、李越,2018[①];Goldfarb 和Tucker,2019[②])。通过利用数据要素与其他生产要素的协同联动实现信息化资本生产率提升,推动全要素生产率提升的速度不断加快。新型数字基础设施影响经济高质量发展的生产率提升效应能够通过数字要素与传统生产要素关联作用得以充分发挥(荆文君、孙宝文,2019)[③],数据要素作为重要的生产要素网络溢出范围不断拓宽,与其他生产要素的网络关联程度逐渐深化。因此,数据要素能够通过数字技术的叠加迭代更高效地挖掘有效信息,并利用这些信息提高数据要素与其他生产要素的非线性协同作用,从而为生产率提升效应的发挥提供基础,促进全要素生产率的提升,最终实现经济高质量发展。

基于以上分析,本章提出如下假说:

假说一:新型数字基础设施的正外部性能够通过发挥技术创新效应提升创新效率,进而推动经济高质量发展。

假说二:新型数字基础设施建设有利于打破市场分割,促进地区间经济交流合作,进而通过发挥市场整合效应促进经济高质量发展。

假说三:新型数字基础设施建设能够通过生产率提升效应促使等量的要素投入为社会经济带来更多产出,从而提高全要素生产率,促进经济高质量发展。

---

① 裴长洪、倪江飞、李越:《数字经济的政治经济学分析》,《财贸经济》2018 年第 9 期。

② Goldfarb A., Tucker C., "Digital Economics", *Journal of Economic Literature*, Vol. 57, No. 2, 2019.

③ 荆文君、孙宝文:《数字经济促进经济高质量发展:一个理论分析框架》,《经济学家》2019 年第 2 期。

第二节　新型数字基础设施影响经济高质量发展的研究设计

一、模型设定

为了检验新型数字基础设施对经济高质量发展的影响,本章构建了如下基本计量模型:

$$Hqd_{it} = \alpha_0 + \alpha_1 Ndigfra_{it} + \lambda Z_{it} + \mu_i + \delta_t + \varepsilon_{it} \qquad (7-1)$$

式(7-1)中,Hqd_{it} 表示各省(自治区、直辖市) i 在 t 时期的经济高质量发展水平,$Ndigfra_{it}$ 表示各省(自治区、直辖市) i 在 t 时期的新型数字基础设施建设水平,Z_{it} 表示影响经济高质量发展的一系列控制变量,μ_i 表示省(自治区、直辖市) i 不随时间变化的个体固定效应,δ_t 表示时间固定效应,ε_{it} 为随机扰动项,α_1 为基准模型关注的核心系数。

考虑到新型数字基础设施的经济效应具有一定时滞性,且已有研究表明,政府支持对于创新产出存在一定程度的影响时滞(叶祥松、刘敬,2020)[①]。因此,本章构建了滞后二期的动态面板进行动态面板数据模型估计,以避免由于自相关导致的估计偏误。

具体模型构建如下:

$$Hqd_{it} = \alpha_0 + \beta_1 L.hqd_{it} + \beta_2 L2.hqd_{it} + \alpha_1 Ndigfra_{it} + \lambda Z_{it} + \mu_i + \delta_t + \varepsilon_{it} \qquad (7-2)$$

上式中,Hqd_{it} 表示各省(自治区、直辖市) i 在 t 时期的经济高

[①] 叶祥松、刘敬:《政府支持与市场化程度对制造业科技进步的影响》,《经济研究》2020年第5期。

质量发展水平，$L.hqd_{it}$ 表示各省（自治区、直辖市）i 在 $t-1$ 时期的经济高质量发展水平，$L2.hqd_{it}$ 表示各省（自治区、直辖市）i 在 $t-2$ 时期的经济高质量发展水平，$Ndigfra_{it}$ 表示各省（自治区、直辖市）i 在 t 时期的新型数字基础设施建设水平，Z_{it} 表示影响经济高质量发展 Hqd_{it} 的一系列控制变量，μ_i 表示省（自治区、直辖市）i 不随时间变化的个体固定效应，δ_t 表示时间固定效应，ε_{it} 表示随机扰动项。

二、变量选取

（一）被解释变量

本章从发展条件、发展过程与发展结果三个维度出发构建包含 20 个基础指标的经济高质量发展综合评价指标体系（见表7-1），并运用纵横向拉开档次法进行逐步测算，得到 2004—2020 年中国除西藏自治区外的 30 个省（自治区、直辖市）的经济高质量发展水平以及条件维度、过程维度与结果维度的指数。从整体

表 7-1　中国经济高质量发展指标体系构建

方面指数	分项指标	基础指标	计量单位	指标属性		
				正指标	逆指标	适度指标
发展条件	人力资本	平均受教育年限	年	√		
		人力资本高级化指数	—	√		
	创新能力	研发支出/GDP	%	√		
		专利申请授权数	件	√		
	协调能力	社会保障支出/财政支出	%	√		
		教育支出/财政支出	%	√		

续表

方面指数	分项指标	基础指标	计量单位	指标属性		
				正指标	逆指标	适度指标
发展过程	产业结构	第三产业产值/第二产业产值	—	√		
		结构偏离的泰尔指数	—		√	
	消费投资结构	消费率	%			√
		投资率	%			√
	贸易结构	进口总额/GDP	%	√		
		出口总额/GDP	%	√		
发展结果	经济效益	全要素生产率	%	√		
		资本生产率	%	√		
		劳动生产率	%	√		
	社会效益	综合恩格尔系数	%		√	
		人口加权城乡收入比	%		√	
	生态效益	单位产出大气污染程度	—		√	
		单位产出污水排放量	—		√	
		单位地区生产总值能耗	—		√	

层面来看,根据样本期内中国各省份经济高质量发展水平指数均值(见表7-2),中国经济高质量发展指数呈现平稳上升的趋势。将各维度指数对经济高质量发展指数的贡献度进行分解(见图7-1),可以看出过程维度对经济高质量发展的贡献率最高,超过了50%。

表7-2 2004—2020年中国经济高质量发展测算结果

年份	测算结果	年份	测算结果
2004	0.449435	2013	0.471283
2005	0.44618	2014	0.472149

续表

年份	测算结果	年份	测算结果
2006	0.448778	2015	0.479706
2007	0.449562	2016	0.484047
2008	0.453774	2017	0.491843
2009	0.452399	2018	0.491743
2010	0.457301	2019	0.492768
2011	0.462249	2020	0.493793
2012	0.465943		

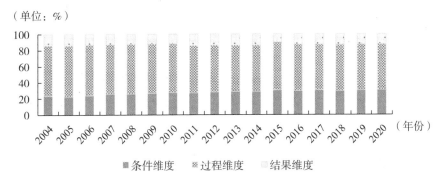

图 7-1　2004—2020 年中国经济高质量发展细分维度的贡献率分解

（二）被解释变量

本章识别整理新型数字基础设施的方式是，首先，整理 2004—2020 年各省份政府工作报告并对包含新型数字基础设施相关关键词①的部分并进行分析：第一，判断政府当年是否投入建

---

① 本章采用"第五代移动通信技术、移动通信、信息技术、信息经济、信息基础设施、大数据、数据化、数字产业、数字基础设施、云计算、物联网、人工智能、机器人、智能制造、智能装备、智能经济、智能工厂、数据中心、云服务、云技术、虚拟化、云应用、云平台、区块链、智能终端、云端、移动支付、信息服务、智能技术、网络技术、软件技术、信息科技、通信技术、电子技术、计算机技术、网络科技、软件、智能科技、信息产业、软件工程、数码科技、数据科技、互联网平台"作为新型数字基础设施建设的关键词。

设新型数字基础设施以及相关数字化平台;第二,判断是否存在相关政策文件信息,即政策文件明确指出新型数字基础设施的投资情况。其次,在各省份 2004—2020 年政府工作报告中对上述关键词与总词汇量进行分词处理,计算出新型数字基础设施建设关键词与总词汇量的比值。最后,借鉴钞小静、薛志欣、孙艺鸣(2020)[①]的研究用各省份信息就业人员数量占总人口的比重与新型数字基础设施的词频比重的乘积衡量各省份新型数字基础设施建设情况。

(三)控制变量

政府干预(Gov_{it})用各省(自治区、直辖市)财政支出占人均生产总值的比重表示;金融发展(Fin_{it})用各省(自治区、直辖市)金融机构存贷款余额表示;市场化程度(Mar_{it})用各省(自治区、直辖市)国有企业数量占比表示;城市规模($Scale_{it}$)用各省(自治区、直辖市)年末常住人口数的对数值表示;传统基础设施($Infra_{it}$)用各省(自治区、直辖市)单位铁路客运量表示;对外开放程度(Fdi_{it})用各省(自治区、直辖市)当年外商投资企业资本总额占人均生产总值比重表示。

三、数据来源与说明

本章所用数据来自各省份的政府工作报告、《中国统计年鉴》、各地区统计年鉴以及国泰安数据服务中心。由于西藏自治区缺失数据较多,本章剔除了西藏自治区的相关数据。表 7-3 汇报了主要变量的描述性统计。

---

① 钞小静、薛志欣、孙艺鸣:《新型数字基础设施如何影响对外贸易升级——来自中国地级及以上城市的经验证据》,《经济科学》2020 年第 3 期。

表7-3　新型数字基础设施影响经济高质量发展的主要变量描述性统计

变量	变量说明	观测值	平均值	标准差	最小值	最大值
Hqd	经济高质量发展指数	510	0.468	0.075	0.263	0.861
Ndigfra	新型数字基础设施	510	0.054	0.214	0.000	3.836
Gov	政府干预	510	0.221	0.098	0.079	0.643
Fin	金融发展	510	1.736	1.613	0.481	27.462
Mar	市场化程度	510	0.339	0.183	0.036	0.752
Infra	传统基础设施	510	2.825	3.498	0.041	27.508
Fdi	对外开放程度	510	0.291	1.282	0.026	28.692
Scale	城市规模	510	8.179	0.749	6.289	9.443

第三节　新型数字基础设施影响经济 高质量发展的实证检验

一、基准回归结果

表7-4汇报了本章的基准回归结果,其中列(1)和列(2)分别汇报了加入控制变量前后的检验结果,根据结果可以初步判断新型数字基础设施建设对经济高质量发展具有正向影响。列(3)和列(4)分别汇报了加入控制变量前后固定效应模型的回归结果,可以看出在控制地区效应与时间效应的基础上新型数字基础设施的参数拟合值仍然显著为正。列(5)和列(6)分别汇报了差分动态面板数据模型检验与系统动态面板数据模型检验的回归结果,其中 $L.hqd$、$L2.hqd$ 分别表示模型中的一期滞后项与二期滞后项,根据估计结果可以看出,新型数字基础设施建设对经济高质量发展具有显著的滞后效应,序列相关检验没有拒绝不存在二阶自相关的原假

设,同时,汉森统计量的 P 值在 0.15—0.9 之间,表明不存在过度识别问题,模型估计有效。结果表明新型数字基础设施建设对经济高质量发展具有显著的促进作用,并且这种促进效应具有显著的时滞性。

表 7-4　新型数字基础设施影响经济高质量发展的基准回归

变量	(1)	(2)	(3)	(4)	(5)	(6)
Ndigfra	1.7534***	0.9371**	0.4933**	0.6907***	2.3383***	1.8318*
	(0.4630)	(0.4661)	(0.2153)	(0.1179)	(0.3465)	(0.9086)
L.hqd					0.7131***	0.9629***
					(0.0292)	(0.0618)
L2.hqd					0.0286**	0.0760***
					(0.0145)	(0.0220)
常数项	0.4677***	0.5347***	0.4494***	0.3536		1.6858***
	(0.0058)	(0.0544)	(0.0036)	(0.4533)		(0.7111)
AR(1)					0.0120	0.0140
AR(2)					0.6390	0.6940
汉森统计量					0.8390	0.8610
控制变量	是	是	是	是	是	是
时间固定效应	—	—	是	是	是	是
地区固定效应	—	—	是	是	是	是
N	510	510	510	510	360	390
R^2	0.0222	0.2049	0.4158	0.4416		

注:*、**、***分别表示在10%、5%和1%的显著性水平上显著,括号内为聚类在省级层面的稳健标准误差,下同。

二、内生性检验

在工具变量的选择方面,本章参考黄群慧、余泳泽、张松林(2019)[1]与钞小静、薛志欣、孙艺鸣(2020)的做法[2],采用 1995 年

---

① 黄群慧、余泳泽、张松林:《互联网发展与制造业生产率提升:内在机制与中国经验》,《中国工业经济》2019 年第 8 期。

② 钞小静、薛志欣、孙艺鸣:《新型数字基础设施如何影响对外贸易升级——来自中国地级及以上城市的经验证据》,《经济科学》2020 年第 3 期。

每百万人微型计算机生产数量并与上一年互联网上网人数构建交互项作为工具变量。采用 1995 年每百万人微型计算机生产数量这一历史截面数据来构造工具变量一方面是因为历史数据对于样本期内经济高质量发展的影响微乎其微,故满足外生性准则;另一方面是由于微型计算机生产数量这一指标能够反映新型数字基础设施建设水平,微型计算机生产数量越多的地区数字基础设施水平往往也更高,新型数字基础设施建设的阻力也更小,因此也满足工具变量选取的相关性要求。此外,互联网作为数字基础设施的重要组成部分在新型数字基础设施建设中同样扮演着重要的角色。从这一角度出发,选择 1995 年每百万人微型计算机生产数量与上一年互联网上网人数构建交互项作为工具变量符合工具变量选取的外生性准则以及相关性要求。

表 7-5　新型数字基础设施建设影响经济高质量发展的内生性检验

变量	第一阶段 (1)	第二阶段 (2)
Ndigfra		40.9728* (21.7467)
IV	0.0006* (0.0003)	
控制变量	是	是
时间固定效应	是	是
地区固定效应	是	是
N	443	443
Cragg-Donald Wald F statistic	4.7560	
Kleibergen-Paap rk LM statistic	6.9940 (0.0082)	
Kleibergen-Paap rk Wald F statistic	3.5120 (5.53)	

表 7-5 汇报了新型数字基础设施建设影响经济高质量发展的工具变量回归结果。结果表明,第一阶段回归中工具变量的系数在 1% 的水平上显著为正,并且通过了弱工具变量检验。对于原假设"工具变量识别不足"的检验与工具变量弱识别的检验也均通过,说明工具变量的选取较为合理。第二阶段回归结果显示,本章所关注的核心解释变量的系数为正且通过了 10% 的统计显著性检验,表明前文的回归结果依然稳健。

三、稳健性检验

为了进一步验证前文结论的稳健性,本章采用替换核心解释变量、替换模型及更换数据样本的方法进行稳健性检验,具体如下:

一是替换核心解释变量。本章将第五代移动通信技术、人工智能、物联网及工业互联网等新型数字基础设施相关行业上市公司的研发人员数、研发投入占营业收入的比值以及总产值进行整理并按照注册地信息将其汇总至各省(自治区、直辖市),最终将核心解释变量替换为新型数字基础设施相关行业上市公司研发人员、研发投入比例以及总产值三项指标分别加入回归。从表 7-6 的列(1)、列(2)、列(3)可以看出,新型数字基础设施对经济高质量发展具有显著的正向影响,因此可以说明前文回归结果是稳健的。

二是替换模型。本章采用基于省级层面服从正态分布的概率模型,将被解释变量替换为关于经济高质量发展状态的 0—1 变量,若该省(自治区、直辖市)经济高质量发展指数高于当年平均值则取值为 1;反之则取值为 0。替换模型后的回归结果见表 7-6

的列（4）、列（5），结果表明新型数字基础设施建设对于经济高质量发展水平高于当年度均值的省（自治区、直辖市）具有显著正向影响，可以说明本章的回归结果依然稳健。

三是更换数据样本。由于北京市、上海市和广东省（简称"北上广"）三个省级行政区经济发展水平在全国处于领先地位，并且在新一代信息通信技术的融合应用与创新活力等方面都具备绝对优势，因此，为了验证新型数字基础设施建设对经济高质量发展促进作用的普适性，在去掉北上广的数据后，将其他省份的新型数字基础设施建设对高质量发展的影响进行回归分析，结果见表7-6的列（6）、列（7）、列（8）。其中，列（6）、列（7）、列（8）分别展示了固定效应模型、滞后二期差分动态面板数据模型以及系统动态面板数据模型的估计结果，可以看出在去掉北上广数据后，新型数字基础设施建设对经济高质量发展具有促进作用的结论依旧成立，本章的结论依旧稳健。

表7-6　新型数字基础设施影响经济高质量发展的稳健性检验

变量	替换核心解释变量			替换模型		更换数据样本		
	(1)	(2)	(3)	(4)	(5)	(6)	(7)	(8)
$Ndigfra$	0.0014 * (0.0007)	0.8012 * (0.3952)	0.0510 ** (0.0231)	0.9602 *** (0.2497)	0.9251 *** (0.2384)	11.0165 *** (3.7639)	5.5786 *** (0.7722)	3.5527 *** (1.2311)
常数项	0.9027 *** (0.3074)	0.2259 (0.4835)	0.9626 ** (0.3912)	-1.3e+02 *** (50.2828)	-2.2710 (3.2639)	0.9628 *** (0.2927)		0.2745 (0.6688)
控制变量	是	是	是	是	是	是	是	是
时间固定效应	是	是	是	是	是	是	是	是
地区固定效应	是	是	是	是	是	是	是	是
N	479	330	325	493	483	483	398	427
R^2	0.4705	0.6438	0.6525			0.4816		

第四节 新型数字基础设施影响经济
高质量发展的拓展分析

一、作用机制检验

基于前文"发展条件—发展过程—发展结果"整体协同联动的高质量发展理论逻辑,本章进一步尝试从技术创新效应、市场整合效应、生产率提升效应三个方面来检验新型数字基础设施建设对经济高质量发展的影响。具体来说,首先探究新型数字基础设施建设与中介机制之间是否存在显著关系;然后将中介机制与经济高质量发展进行回归,来进一步完善和补充机制链条分析。具体中介机制模型设定如下:

$$D_{it} = \beta_0 + \beta_1 Ndigfra_{it} + \lambda X_{it} + \mu_i + \gamma_t + \varepsilon_{it} \tag{7-3}$$

$$Hqd_{it} = \beta_0 + \beta_1 D_{it} + \lambda X_{it} + \mu_i + \gamma_t + \varepsilon_{it} \tag{7-4}$$

其中, D_{it} 为中介变量,主要包括技术创新投入(*Technology*)、市场整合程度(*Mi*)和全要素生产率增长率(*Tfp*)。其余变量的说明与前文一致。

(一)技术创新效应

从创新投入的角度出发,本章采用各省研究与开发从业人员数作为技术创新的代理变量。回归结果见表7-7,根据列(1)结果可知,新型数字基础设施对技术创新的影响显著为正,这表明新型数字基础设施的正外部性的确能够激发技术创新。列(2)结果表明技术创新对经济高质量发展的影响显著为正,由此可以验证新型数字基础设施建设能够通过发挥技术创新效应促进经济高质量发展,假说一成立。

(二)市场整合效应

本章借鉴盛斌、毛其淋(2011)[①]的做法,选取资本市场价格指数来刻画地区层面的市场整合程度,资本市场价格指数越高,市场整合度越低。具体回归结果见表7-8的列(1)、列(2)。列(1)检验了新型数字基础设施建设对市场整合度的影响,可以发现,新型数字基础设施建设的回归系数显著为负,这表明新型数字基础设施建设能够显著打破地区间市场分割,促进市场整合度的提升。列(2)回归结果表明,市场整合度对经济高质量发展的影响并不显著,可能的原因在于新型数字基础设施的建设还不够完善、市场融合度较低。

(三)生产率提升效应

本章采用全要素生产率增长率作为生产率提升效应的代理变量,具体回归结果见表7-8列(3)、列(4)。列(3)检验了新型数字基础设施建设对全要素生产率增长率的影响,可以发现新型数字基础设施建设的回归系数显著为正,这表明新型数字基础设施建设的生产率提升效应能够有效促进生产要素的非线性协同,对全要素生产率增长率产生显著的正向影响。根据列(4)回归结果显示,全要素生产率的提升对经济高质量发展的影响在1%的统计学水平上显著为正。综上,机制分析表明,新型数字基础设施建

---

① 盛斌、毛其淋:《贸易开放、国内市场一体化与中国省际经济增长:1985—2008年》,《世界经济》2011年第11期。

设能够显著促进生产效率提升,进而有利于经济高质量发展,因此本章的假说三得以验证。

表7-7 新型数字基础设施建设影响经济高质量发展的机制检验 I

变量	技术创新效应	
	R&D（1）	Hqd（2）
Ndigfra	0.3178 *** （0.0896）	
Patent		4.7858 * （2.7618）
常数项	−0.0150 （0.0125）	0.5077 * （0.2877）
控制变量	是	是
时间固定效应	是	是
地区固定效应	是	是
N	456	448
R²	0.6226	0.7335

表7-8 新型数字基础设施建设影响经济高质量发展的机制检验 II

变量	市场整合效应		生产率提升效应	
	Mi（1）	Hqd（2）	Tfp（3）	Hqd（4）
Ndigfra	−0.0367 *** （0.0107）		0.4191 ** （0.1633）	
Mi		−21.7575 （17.7255）		
Tfp				5.1403 *** （1.5545）
常数项	0.0001 （0.0019）	0.5512 * （0.2934）	1.0281 *** （0.0181）	−4.7866 *** （1.5892）
控制变量	是	是	是	是
时间固定效应	是	是	是	是

续表

变量	市场整合效应		生产率提升效应	
	Mi （1）	Hqd （2）	Tfp （3）	Hqd （4）
地区固定效应	是	是	是	是
N	452	444	452	444
R^2	0.4389	0.7429	0.8698	0.7563

二、异质性检验

上述检验表明,新型数字基础设施能够通过技术创新效应与生产率效应在不同程度上作用于经济高质量发展。一方面,创新环境不同的地区,新型数字基础设施建设对经济高质量发展的影响可能存在异质性;另一方面,经济发展水平不同的地区往往在生产率方面存在明显差异,因此新型数字基础设施的生产率效应也可能具有区域异质性。除此之外,市场环境的波动、企业数字化转型的程度的差异也可能产生新型数字基础设施对经济高质量发展的异质性影响。因此,本章的异质性考察将分别从技术创新效应、生产率效应、市场化指数以及企业数字化发展水平的异质性展开。

（一）创新环境异质性

不论是从劳动力市场人才供给的角度还是从新型数字基础设施建设相关技术支持的角度,创新环境都有可能造成新型数字基础设施对经济高质量发展的异质性影响。基于这一点,本章采用地区高校数量来衡量创新环境异质性影响,其中高校数量的数据来自中华人民共和国教育部网站。根据地区高校数量中位数将样本划分为创新环境较好的地区和创新环境较差的地区。表7-9

的列(1)、列(2)报告了新型数字基础设施对经济高质量发展的创新环境异质性回归结果,可以看出创新环境较好的地区新型数字基础设施对经济高质量发展具有正向影响,且通过了 1% 的统计显著性检验。因此能够说明,以高校数量为表征的创新环境对本章研究的核心问题具有显著的异质性影响。

(二)经济基础异质性

地区经济发展的水平往往影响基础设施建设能否最大限度释放其红利,在我国经济发展水平除了呈现东部发达、中西部较为落后的区域性特征外,人均可支配收入的差异也十分明显,因此本章按照地理位置以及地区人均可支配收入的水平进行了分样本回归。表 7-10 的列(1)至列(5)报告了新型数字基础设施对经济高质量发展的经济发展水平异质性回归结果,可以看出在东部经济发达地区以及高收入水平地区新型数字基础设施对经济高质量发展的正向影响更为显著。因此,缓解地区经济发展不平衡的问题将会成为推动新型数字基础设施影响经济高质量发展的关键所在。

(三)市场环境异质性

经济高质量发展的不平衡很大程度上受到地区市场发育程度的影响,事实上良好的市场发育与市场整合是要素实现充分流动、资源实现优化配置的必需条件。因此,为了考察由于市场环境的差异带来的新型数字基础设施对经济高质量发展的异质性影响,本章参考樊纲、王小鲁、马光荣(2011)①的研究,以市场化指数表

---

① 樊纲、王小鲁、马光荣:《中国市场化进程对经济增长的贡献》,《经济研究》2011 年第 9 期。

征地区的市场化程度。并依据市场化指数将全国 30 个省份分为两组进行分样本回归，其中高于市场化指数中位数的属于市场化程度较高组，低于中位数的属于市场化程度较低组。表 7-11 的列（1）、列（2）报告了市场环境异质性的分样本回归结果，结果表明当市场化程度较高时，新型数字基础设施对经济高质量发展的回归系数显著为正。

（四）数字化发展水平异质性

为了考察数字化转型程度不同的地区经济高质量发展受到新型数字基础设施的影响，本章参考毛宁等（2022）①的研究，参照北京国信数字化转型技术研究院与中关村信息技术和实体经济融合发展联盟联合编制的 30 个省（自治区、直辖市）的企业数字化转型指数按照企业所在地将数字化发展水平分为三组，并进行分样本回归。其中数字化发展高水平组包括北京市、上海市、广东省、江苏省、浙江省、山东省、重庆市、四川省、天津市和辽宁省，数字化发展中等水平组包括安徽省、河北省、福建省、湖南省、湖北省、河南省、山西省、陕西省、贵州省和江西省，数字化发展低水平组包括宁夏回族自治区、内蒙古自治区、广西壮族自治区、云南省、黑龙江省、甘肃省、吉林省、新疆维吾尔自治区、海南省和青海省。

表 7-11 的列（3）、列（4）、列（5）报告了数字化发展水平异质性的分样本回归结果，回归结果发现对于数字化发展高水平组与数字化发展中等水平组，新型数字基础设施对于经济高质量发展的影响在统计上并不显著，但是对于数字化发展低水平组，新型数

---

① 毛宁、孙伟增、杨运杰、刘哲：《交通基础设施建设与企业数字化转型——以中国高速铁路为例的实证研究》，《数量经济技术经济研究》2022 年第 10 期。

字基础设施的建设对于经济高质量发展具有显著的正向影响。这可能是由于对于企业数字化发展水平整体较高的地区,经济高质量发展水平也普遍较高,因此新型数字基础设施建设对这类地区并未产生显著的边际作用。而对于企业数字化转型水平较低的地区,新型数字基础设施建设能够显著带动其经济发展。

表7-9 新型数字基础设施影响经济高质量发展的异质性检验 I

变量	创新环境异质性	
	创新环境较好（1）	创新环境较差（2）
$Ndigfra$	0.3676*** (0.0646)	-4.2436 (10.5508)
控制变量	是	是
时间固定效应	是	是
地区固定效应	是	是
N	258	252
R^2	0.9778	0.8853

表7-10 新型数字基础设施影响经济高质量发展的异质性检验 II

变量	经济基础差异				
	东部地区（1）	西部地区（2）	中部地区（3）	高收入水平（4）	低收入水平（5）
$Ndigfra$	1.0582** (0.3928)	-4.5924 (5.3408)	5.5676 (3.7825)	0.6086*** (0.0990)	-16.8835 (21.1022)
控制变量	是	是	是	是	是
时间固定效应	是	是	是	是	是
地区固定效应	是	是	是	是	是
N	187	187	136	254	255
R^2	0.9317	0.7320	0.9032	0.9426	0.9365

表 7-11 新型数字基础设施影响经济高质量发展的异质性检验结果Ⅲ

变量	市场环境异质性		企业数字化异质性		
	市场化程度较高 (1)	市场化程度较低 (2)	数字化发展水平较高 (3)	数字化发展水平中等 (4)	数字化发展水平较低 (5)
Ndigfra	0.4979*	14.9343	−13.9082	0.4679	0.3939**
	(0.2391)	(8.7015)	(8.1535)	(2.6290)	(0.1477)
控制变量	是	是	是	是	是
时间固定效应	是	是	是	是	是
地区固定效应	是	是	是	是	是
N	253	255	135	170	204
R^2	0.9390	0.8783	0.9218	0.8873	0.9749

本章通过构建发展条件、发展过程与发展结果协同联动的分析框架,对新型数字基础设施建设影响经济高质量发展的技术创新效应、市场整合效应以及生产率提升效应进行了阐述,并对上述机制进行了实证检验。结果表明,新型数字基础设施对经济高质量发展具有显著的正向影响,并且通过了技术创新效应与生产率提升效应的机制检验。在此基础上,采用工具变量解决内生性问题、替换核心解释变量与模型进行稳健性检验所得到的结论依然与前文的结论保持一致。

第八章　新型数字基础设施对经济韧性的影响研究

历史经验表明,经济韧性是有效应对不确定性冲击、实现经济复苏的关键因素(Reggiani 等,2002[①];刘晓星、张旭、李守伟,2021[②])。现阶段,在内部经济动能转换与外部环境的多重风险影响下,如何应对新的发展问题与挑战,增强经济韧性也随之成为我国经济发展中亟待解决的重要问题。尤其是新冠疫情的全球大流行,各国经济体"硬着陆"风险加剧,全球经济增长进入明显放缓期。我国在中央经济工作会议、中共中央政治局会议等会议上多次提及经济韧性,肯定了经济韧性在应对不确定性冲击上发挥的积极作用。随着5G、工业互联网以及人工智能等新一代信息技术的迅速发展,新型数字基础设施建设已经成为经济发展的动力来源,从各个层面影响并持续增强中国经济发展的韧性。那么,新型数字基础设施如何影响经济韧性?为此,本章从经济韧性的内涵

---

① Reggiani A., Graaff T. D., Nijkamp, P., "Resilience: An Evolutionary Approach to Spatial Economic Systems", *Networks & Spatial Economics*, Vol.2, No.2, 2002, pp.211−229.

② 刘晓星、张旭、李守伟:《中国宏观经济韧性测度——基于系统性风险的视角》,《中国社会科学》2021年第1期。

出发,基于中国政府工作报告构建新型数字基础设施指标,系统研究了新型数字基础设施对经济韧性的影响及作用机制。

第一节 新型数字基础设施影响
经济韧性的理论分析

经济韧性是指经济系统抵御外部冲击、适应冲击后的新变化并重塑发展路径的能力(Martin 等,2015[①];陈安平,2022[②]),主要体现为经济抵抗、经济适应与经济转型三个维度。新型数字基础设施是由新一代信息技术演化、融合以及叠加迭代所形成的数字基础设施体系,特别是在数字经济发展的初期,新型数字基础设施的建设与完善成为数字技术自我更新、交叉融合并进一步实现集成应用的重要基础,能够使得数字技术的强渗透、广覆盖特性得到更加有效地发挥,对经济韧性会产生显著影响(陈彦斌、林晨、陈小亮,2019[③];郭凯明、潘珊、颜色,2020[④])。

一、经济抵抗维度:新型数字基础设施影响经济韧性的多样化效应

当不确定冲击发生时,经济韧性首先表现为经济系统对外部

---

① Martin R., Sunley P., Tyler P., "Local Growth Evolutions: Recession, Resilience and Recovery", *Cambridge Journal of Regions, Economy and Society*, Vol.8, No.2, 2015, pp.141-148.

② 陈安平:《集聚与中国城市经济韧性》,《世界经济》2022 年第 1 期。

③ 陈彦斌、林晨、陈小亮:《人工智能、老龄化与经济增长》,《经济研究》2019 年第 7 期。

④ 郭凯明、潘珊、颜色:《新型基础设施投资与产业结构转型升级》,《中国工业经济》2020 年第 3 期。

冲击的抵抗能力,而经济系统抵御外部冲击的反应程度主要取决于其内在的性质(Jain 等,2021[①];刘晓星、张旭、李守伟,2021[②])。

数字产业的发展是在 5G 网络、人工智能、工业互联网等新一代信息技术自我更新、交叉迭代的基础上实现的。5G 网络、工业互联网、人工智能、云计算、数据中心、智能计算中心等新型数字基础设施的建设活动本身属于数字经济核心产业的范畴,这种典型的产业属性能够随着数字技术的集成迭代不断衍生出更多类别的基本活动,由此带来产业的多样化。与此同时,新型数字基础设施还呈现出技术属性,可以全面渗透到产业发展的研发设计、生产制造和市场匹配等各个环节,提供数字技术应用和数据要素驱动的基础支撑(戚聿东、肖旭,2020[③])。这种典型的技术扩散特征促进了现有产业衍生叠加出新环节、新链条,并促使在产业边界发生交叉融合及延伸,极大丰富了产业体系的构成,这不仅有利于工业机器人制造、数据资源与产权交易等新兴产业的发展,而且有助于丰富传统产业的基本形态并在消费互联网领域和产业互联网领域带动形成新的商业生态(郭凯明、潘珊、颜色,2020[④])。

现有大量文献讨论了产业多样化对经济韧性的意义,研究表明,对于一个经济系统来说,产业集中度越高,那么在面临外部冲击时风险就会越大,而产业多样性则有助于分散风险,提升应对冲

---

① Jain M., Sharma G. D., Goyal M., Kaushal R., Sethi M., "Econometric Analysis of COVID-19 Cases, Deaths, and Meteorological Factors in South Asia", *Environmental Science and Pollution Research*, Vol.22, 2021, pp.28518-28534.

② 刘晓星、张旭、李守伟:《中国宏观经济韧性测度——基于系统性风险的视角》,《中国社会科学》2021 年第 1 期。

③ 戚聿东、肖旭:《数字经济时代的企业管理变革》,《管理世界》2020 年第 6 期。

④ 郭凯明、潘珊、颜色:《新型基础设施投资与产业结构转型升级》,《中国工业经济》2020年第 3 期。

击的能力(Brown 和 Greenbaum,2017[1];徐圆、张林玲,2019[2])。布朗和格林鲍姆(Brown 和 Greenbaum,2017)基于 1977—2011 年美国俄亥俄州 88 个县的就业数据研究发现,产业结构更加多样化的县在面对就业冲击时会表现出更强的经济韧性。徐圆、张林玲(2019)利用 2008—2013 年我国 230 个地级市数据的研究表明,拥有多样化产业结构的城市在面对冲击时,可以通过迅速进行产业结构调整抵御风险,从而拥有较强的经济韧性。新型数字基础设施的建设推动了不同类型产业的多样化发展,而危机对所有部门的冲击并不是统一的,每个产业受到外部冲击影响的大小是存在差异的,不同产业之间具有的差异化的需求弹性、竞争环境等可以帮助经济系统分散风险,从而钝化剧烈波动在短期内所产生的负面影响。

二、经济适应维度:新型数字基础设施影响经济韧性的匹配效应

负面冲击并不一定是暂时性的,有时会产生永久性影响。外部冲击会导致经济系统面临的外部环境甚至是内部结构发生重大改变,在外部冲击发生后经济韧性表现为经济系统重新调整适应新的变化的能力,而经济系统面对外部冲击的调整适应能力主要由不同主体之间的相互连接程度以及响应速度所决定(Martin 等,2015[3];

---

[1] Brown L. T., Greenbaum, R. T., "The Role of Industrial Diversity Ineconomic Resillience: An Empirical Examination Across 35 Years", *Urban Studiers*, Vol.54, No.6, 2017, pp.1347-1366.

[2] 徐圆、张林玲:《中国城市的经济韧性及由来:产业结构多样化视角》,《财贸经济》2019 年第 7 期。

[3] Martin R., Sunley P., Tyler P.,. "Local Growth Evolutions: Recession, Resilience and Recovery", *Cambridge Journal of Regions*, *Economy and Society*, Vol.8, No.2, 2015, pp.141-148.

徐圆、邓胡艳,2020①)。

新型数字基础设施是由多个相互关联的通用目的技术集成构成的基础设施体系,以新一代信息技术的融合性应用为其外部性的主要表现(钞小静、薛志欣,2022②)。卫星、移动通信、物联网、工业互联网等网络基础设施的应用既有助于建构起良好的信息传递网络,低成本大规模地获取、传输数据信息,也有助于实现人、机、物多元主体的全面互联,并扩大信息的扩散范围。在此基础上,人工智能、云计算、区块链等新技术基础设施的叠加应用可以赋予机器设备更加强大的学习和计算能力,通过对原始数据的清洗、分析等环节实现对相对复杂关系的识别,形成数据积累的自我强化与正反馈效应,进一步提升不同主体之间的互联互通性与协作性(蔡继明等,2022③)。

基于万物互联的协同性特征,一方面,新型数字基础设施能够帮助要素流动充分克服时间空间的物理约束,加速人才、资本等传统要素以网络形式进行共享与传输,对数据、信息等新型生产要素的流动及其与传统生产要素的结合起到强化作用,使得生产要素从原有的地理空间集聚转向虚拟网络集聚(蔡跃洲、马文君,2021④)。在外部冲击发生以后的适应调整期间,这种虚拟集聚与网络联系的增强能够显著提高各类生产要素的响应与匹配能力,使经济系统能够有效聚合共享各类资源,迅速适应冲击、增强经济

---

① 徐圆、邓胡艳:《多样化、创新能力与城市经济韧性》,《经济学动态》2020年第8期。

② 钞小静、薛志欣:《新型信息基础设施对中国企业升级的影响》,《当代财经》2022年第1期。

③ 蔡继明、刘媛、高宏、陈臣:《数据要素参与价值创造的途径——基于广义价值论的一般均衡分析》,《管理世界》2022年第7期。

④ 蔡跃洲、马文君:《数据要素对高质量发展影响与数据流动制约》,《数量经济技术经济研究》2021年第3期。

韧性。另一方面,物联网、工业互联网等新型数字基础设施能够促使各个市场主体之间产生更强的关联性,并且其网络价值遵循梅特卡夫法则能够产生出更大范围的网络效应(李杰伟、吴思栩,2020)[①],有效提升人、机、物之间的搜索与匹配效率(万海远,2021)[②]。比如在频繁多变的外部冲击下,物联网有利于企业自主动态地调整生产规划,及时、高效地调度产品供给,在为用户提供更好的个性化体验同时,还能创造与引领用户的个性化需求(焦豪等,2021)[③]。当发生重大改变时,这种快速响应与精准匹配会促使经济系统更好地调整适应新的变化、增强经济韧性。

三、经济转型维度:新型数字基础设施影响经济韧性的创新效应

由于外部冲击会带来经济系统本身的改变,在外部冲击发生后经济韧性还表现为经济系统重塑发展路径、实现状态转变的能力(陈安平,2022)[④]。已有大量文献证实,一个经济体在重组资源、重塑新发展路径的过程中,主要是依靠创新来保持持续的主动性以适应外界环境的变化。

新型数字基础设施的建设进程是以新一代信息技术的集成迭代为核心特征的演进路径,与之前的单点演进相比,本身就有利于

---

①　李杰伟、吴思栩:《互联网、人口规模与中国经济增长:来自城市的视角》,《当代财经》2020 年第 1 期。

②　万海远:《城市社区基础设施投资的创业带动作用》,《经济研究》2021 年第 9 期。

③　焦豪、杨季枫、王培暖、李倩:《数据驱动的企业动态能力作用机制研究——基于数据全生命周期管理的数字化转型过程分析》,《中国工业经济》2021 年第 11 期。

④　陈安平:《集聚与中国城市经济韧性》,《世界经济》2022 年第 1 期。

新技术的集群性突破。以大数据、云计算、人工智能等为代表的新一代信息技术在实体经济中的应用存在较高的技术门槛,而新型数字基础设施能够降低研发活动所需技术的壁垒,加快显性或隐性知识的生产,尽快地实现与实体经济的融合创新,并进一步激发多元市场主体的持续创新(张叶青、陆瑶、李乐芸,2021)[1]。与此同时,新型数字基础设施为知识溢出与关键核心技术攻克提供了良好的平台支撑,有助于增强多方远程虚拟协同设计和实验的可操作性,从而便于不同主体之间进行跨界融合与开放性研发创新。在此基础上,新型数字基础设施建设水平的提高还可以使得经济系统的网络连接节点呈现无标度网络特征(Fan 等,2017)[2],以更快的速度产生和吸收新的创新来提高新一代信息技术的转换效率,从而为创新扩散的形成奠定基础(Martin 等,2016)[3]。

现有研究表明,创新可以有效带动经济能力建设来帮助经济系统去恢复经济、缓解不确定冲击造成的不利影响(Bishop 和 Shilcof,2017[4];Martin 等,2016)。创新的表现越强,该经济体的适应性和灵活性也相应会越高,不仅可以更快地适应外部冲击带来的变化,而且也能产生新的生产活动并形成新的比较优势,打破原有经济发展路径的锁定,从而获得持续的经济韧性(Williams 和

① 张叶青、陆瑶、李乐芸:《大数据应用对中国企业市场价值的影响——来自中国上市公司年报文本分析的证据》,《经济研究》2021 年第 12 期。

② Fan R., Dong L., Yang W. G., Sun J. Q., "Study on the Optimal Supervision Strategy of Government Low-Carbon Subsidy and the Corresponding Efficiency and Stability in the Small-World Network Context", *Journal of Cleaner Production*, Vol.168, 2017, pp. 536–550.

③ Martin R., Sunley P., Gardiner B., Tyler P., "How Regions React to Recessions: Resilience and the Role of Economic Structure", *Regional Studies*, Vol.50, No.4, 2016, pp.561–585.

④ Bishop P., Shilcof D., "Spatial Dynamics of New Firm Births During an Economic Crisis: the Case of Great Britain, 2004–2012", *Entrepreneurship & Regional Development*, 2017, pp.1–23.

Vorley,2017)[1]。新型数字基础设施的建设提升了创新能力并促进了创新扩散,当经济体在面对外部环境变化时,就能够更有效地利用现有知识去寻找新的机会,从而重塑新的发展路径、增强经济韧性。

基于以上分析,本章提出如下假说:

假说一:新型数字基础设施有利于增强产业多样性,对经济韧性具有正向影响。

假说二:新型数字基础设施有利于提升经济系统的响应匹配能力,从而增强经济韧性。

假说三:新型数字基础设施有利于创新能力提升及创新扩散,由此推动经济转型、增强经济韧性。

第二节　新型数字基础设施影响经济韧性的研究设计

一、模型设定

本章实证检验了新型数字基础设施与经济韧性之间的关系,具体的基准模型如下:

$$ECR_{it} = \beta_0 + \beta_1 NIF_{it} + \omega X_{it} + \theta_i + \mu_t + \varepsilon_{it} \qquad (8-1)$$

其中,i 表示地区,t 表示年份,ECR_{it} 表示地区 i 在 t 年的经济韧性,NIF_{it} 表示地区 i 在 t 年的新型数字基础设施建设水平,X_{it} 为

---

① Williams N. T., Vorley, *Creating Resilient Economies*, Edward Elgar Publishing, 2017, p.17125.

地区层面控制变量的向量，ε_{it} 为模型的随机误差项。同时，为了避免回归结果受到不可观测因素的影响，本章进一步控制了地区和时间因素，θ_i、μ_t 分别为地区、年份的固定效应。β_1、ω 为待估参数。

二、变量选取

根据经济韧性的测度结果，我们首先分析各地区经济韧性的空间动态分布。图 8—1 显示了我国经济韧性的核（Kernel）密度估计结果。可以看出，第一，从分布位置来看，经济韧性的主峰位置总体呈右移趋势，说明我国经济韧性发展水平得到有效提升。第二，从主峰分布形态来看，经济韧性的主峰峰值经历了"下降—上升—下降"的演变过程，主峰宽度则呈"增大—减小—增大"趋势，与 2008 年相比，2020 年主峰峰值较小且宽度增大，说明我国

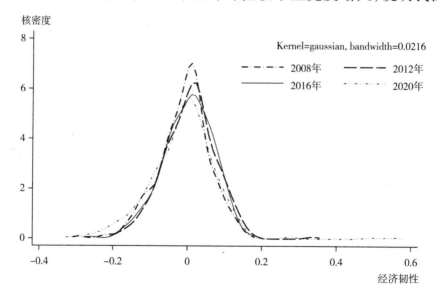

图 8-1　经济韧性的动态演进

城市间的经济韧性发展不平衡程度不断提高,呈现一定的发散态势。第三,从分布延展性来看,我国整体经济韧性的分布曲线呈现右拖尾现象,说明我国存在经济韧性发展水平较高的城市,且与我国经济韧性平均水平差距逐渐拉大,我国城市间经济韧性发展水平的绝对差异在逐渐扩大。第四,从极化趋势来看,我国经济韧性分布存在双峰或者多峰现象,经济韧性发展水平存在较为微弱的多级分化现象。

三、数据来源与说明

本章通过匹配政府工作报告与地级市数据,建立了样本区间为2008—2020年的面板数据集。考虑到西藏自治区缺失数据较多,本章选取了西藏自治区以外的30个省(自治区、直辖市)282个地级市。文中所使用的数据均来源于各城市政府网站、历年中国城市统计年鉴、CCER数据库、国研网数据库。具体的描述性统计见表8-1。

表8-1　新型数字基础设施影响经济韧性的主要变量描述性统计

变量	均值	标准差	最小值	最大值	样本量
ECR	0.0024	0.0764	-0.3484	0.6029	3666
NIF	0.0029	0.0020	0.0000	0.0099	3666
Tow	0.3819	0.2833	0.0000	1.0000	3666
Edu	0.0018	0.0006	0.0002	0.0180	3666
Stru	0.9999	0.5587	0.0943	5.3500	3666
Open	0.0478	0.0503	0.0000	0.5549	3666
Ins	9.2501	0.6960	6.2915	12.0684	3666
Rat	1.0516	0.1775	0.1941	5.4364	3666

第三节　新型数字基础设施影响
经济韧性的实证检验

一、基准回归

表8-2展示了新型数字基础设施影响经济韧性的回归结果。列(1)为未引入核心解释变量滞后一期的回归结果,列(2)为引入新型数字基础设施滞后一期($L.NIF$)的回归结果,可以看出,在控制了地区效应和时间效应后,核心解释变量 NIF 对中国城市经济韧性呈现显著的正向影响且在1%的水平上显著,这说明新型数字基础设施作为新一轮科技革命与产业变革的新投入,其建设有助于提升城市经济韧性。考虑到新型数字基础设施的建设具有周期性、连续性和动态性,在时间维度上表现出"滚雪球效应",即前一期的新型数字基础设施建设可能会对当期经济韧性的提升产生影响。因此,本章进一步引入了滞后一期的新型基础设施,回归结果显示,滞后一期的新型数字基础设施对当期经济韧性具有显著的正向作用,说明在当期经济韧性的提高不仅来源于当期的新型数字基础设施建设,还受前一期新型数字基础设施建设的影响,而这也侧面说明新型数字基础设施作为新一代信息技术集成的基础设施体系,具有显著的滞后效应。

表 8-2　新型数字基础设施影响经济韧性的基准回归结果

变量	经济韧性	
	（1）	（2）
NIF	5.2913***	3.0999***
	（0.7369）	（0.6289）
L.NIF		4.0169***
		（0.6210）
Tow	0.0642***	0.0633***
	（0.0090）	（0.0095）
Edu	5.0660	4.4427
	（3.2391）	（3.1045）
Stru	0.0158**	0.0154**
	（0.0075）	（0.0073）
Open	−0.5812***	−0.6337***
	（0.0746）	（0.0817）
Ins	0.0245***	0.0250***
	（0.0052）	（0.0051）
Rat	−0.1356***	−0.1366***
	（0.0243）	（0.0246）
常数项	−0.1186**	−0.1261**
	（0.0569）	（0.0575）
地区固定效应	是	是
时间固定效应	是	是
N	3666	3384
R^2	0.604	0.610

注:括号中的值为聚类在市级层面的稳健标准误差,*、**、*** 分别表示在 10%、5% 和 1% 的显著性水平上显著,下同。

二、溢出效应检验

考虑到良好的新型数字基础设施具有高度的数字连通性(薛成、孟庆玺、何贤杰,2020)[1],会加剧促进要素之间的跨地区流动,不仅会影响本地经济韧性,还有可能会对周边地区经济韧性产生

––––––––––

[1]　薛成、孟庆玺、何贤杰:《网络基础设施建设与企业技术知识扩散——来自"宽带中国"战略的准自然实验》,《财经研究》2020 年第 4 期。

影响。为了进一步验证本地新型数字基础设施的建设是否会对周边地区经济韧性产生影响,本章构建如下回归模型:

$$anECR_it = \beta_0 + \beta_1 NIF_{it} + \omega X_{it} + \theta_i + \mu_t + \varepsilon_i t \qquad (8-2)$$

其中,$anECR_{it}$是相同省份同年度周边地区的经济韧性均值。此外,该模型还包括与式(8-1)相同的控制变量以及地区、时间的固定效应,分别为X_{it}、θ_i、μ_t。

表8-3汇报了本地新型数字基础设施对周边地区经济韧性影响的回归结果。可以看出,本地新型数字基础设施的建设对周边地区经济韧性具有显著的正向影响,这说明新型数字基础设施不仅会对本地经济韧性产生影响,还会对周边地区经济韧性产生正向溢出效应。联系实际,新型数字基础设施的建设与完善,能够加速信息传递与扩散的速度,为各类要素的集聚、转移提供条件,对周边地区的经济韧性提升起到了辐射带动作用。

三、稳健性检验

本章的稳健性检验主要有以下三个方面:一是采用替换变量的方法进行稳健性检验。关于被解释变量的替换,本章参考马丁等(2016)关于经济韧性的测算思路[①],用 ECRR 替换 ECR,重新估计基准模型式(8-1)。

同时,本章参考陈安平(2022)经济韧性的测算思路,将各城市就业变化与全国就业变化之差(_ECR)作为经济韧性(ECR)的替代变量,对式(8-1)进行重新回归,结果见表8-3。回归结果显示,新型数字基础设施对经济韧性的系数符号和显著性均未发

---

① Martin R. Sunley P., Gardiner B., Tyler P., "How Regions React to Recessions: Resilience and the Role of Economic Structure", *Regional Studies*, Vol.50, No.4, 2016, pp.561-585.

生实质性改变,稳健地证实了前文结论的可靠性。关于核心解释变量的替换,考虑到从政府层面度量新型数字基础设施建设水平并不全面,因此,本章选用当期上市公司年报中新型数字基础设施建设相关词频之和加 1 的自然对数(_NIF)作为新型数字基础设施的代理变量,对式(8-1)进行重新估计。表 8-4 的结果显示, _NIF 的系数仍然在 1%的水平上显著为正,证明前文的结论是稳健的。

表 8-3　新型数字基础设施影响经济韧性的溢出效应及稳健性检验结果 I

变量	溢出效应	替换被解释变量($ECRR$)		替换被解释变量($\_ECR$)	
		(1)	(2)	(3)	(4)
NIF	0.2061*** (0.0453)	13.0627*** (4.8102)	10.7263** (4.8905)	9.7272*** (3.6338)	5.2145* (2.8895)
$L.NIF$			5.6764** (2.5714)		8.2641*** (2.9940)
控制变量	是	是	是	是	是
常数项	0.0222** (0.0087)	−0.6256 (0.4039)	−0.6828 (0.4535)	0.3542 (0.2363)	0.3862 (0.2568)
地区固定效应	是	是	是	是	是
时间固定效应	是	是	是	是	是
N	3666	3666	3384	3666	3384
R^2	0.797	0.920	0.917	0.382	0.371

表 8-4　新型数字基础设施影响经济韧性的稳健性检验结果 II

变量	替换核心解释变量	
	(1)	(2)
$\_NIF$	0.0027*** (0.0010)	0.0022** (0.0009)
$L.\_NIF$		0.0022** (0.0010)

续表

变量	替换核心解释变量	
	（1）	（2）
控制变量	是	是
常数项	−0.0986* （0.0582）	−0.0983* （0.0589）
地区固定效应	是	是
时间固定效应	是	是
N	3666	3384
R^2	0.594	0.598

二是缓解可能存在的遗漏变量问题。居民消费规模扩张可以有效避免不确定性冲击所带来的商品价格波动,减少诱发经济危机的风险,降低经济发展的不稳定性,从而增强经济韧性(Béné,2020)[1]。因此,将社会消费品零售总额与 GDP 之比(Consu)作为控制变量引入。由表 8-5 列(1)结果可知,在控制了消费水平之后,NIF 的回归系数并未发生根本性变化,这说明在增加控制变量后,新型数字基础设施建设仍有助于推动经济韧性的提升。

三是排除直辖市因素的影响。由于直辖市作为省级行政单位,与其他地级市相比,具有明显的制度、区位、经济优势,因此,直辖市的经济韧性提升可能来源于其自身优势而并非新型数字基础设施的建设。因此,在剔除北京市、天津市、上海市、重庆市四个直辖市样本后进行重新回归,见表 8-5。表 8-5 列(2)结果显示,新型数字基础设施对经济韧性的促进作用仍然是显著的。

---

① Béné C., "Are We Messing with People's Resilience? Analysing the Impact of External Interventions on Community Intrinsic Resilience", *International Journal of Disaster Risk Reduction* , 2020,44,p.101431.

表 8-5　新型数字基础设施影响经济韧性的稳健性检验结果 III

变量	（1）	（2）	（3）
NIF	5. 1927 *** （0. 7288）	5. 2521 *** （0. 7476）	
NIF_policy			0. 0153 *** （0. 0046）
Consu	0. 0528 ** （0. 0240）		
控制变量	是	是	是
常数项	−0. 1156 ** （0. 0565）	−0. 1201 ** （0. 0574）	−0. 1254 ** （0. 0543）
地区固定效应	是	是	是
时间固定效应	是	是	是
N	3666	3614	3370
R^2	0. 609	0. 583	0. 590

四、外生冲击检验

网络基础设施的升级是新型数字基础设施建设活动中的基础构成。在《数字经济及其核心产业统计分类（2021）》中，网络基础设施是新型数字基础设施的第一组成部分。而"宽带中国"试点政策作为一个外生政策冲击，能够很好地体现出网络基础设施的升级情况。基于此，将 2014 年、2015 年和 2016 年分批设立的"宽带中国"试点城市作为处理组①，其余城市作为控制组，采用倾向匹配得分的双重差分（Propensity Score Matching Differences-in-Differences）方法对新型数字基础设施是否促进经济韧性进行评估。一方面，倾向匹配得分的双重差分方法能够克服试点城市的样本自选择偏误。另一方面，相较于 DID 方法，倾向匹配得分

---

① 来源于工业和信息化部、国家发展和改革委员会公布的试点城市。处理组为删除了删除区、省直属县、城市群以及缺失数据的城市样本。

的双重差分方法能够克服样本存在的系统性差异,促使 DID 方法的政策评价结果更加符合共同趋势假设(刘瑞明、赵仁杰,2015)①。具体而言,首先根据 1∶1 近邻匹配且有放回抽样的方法对处理组进行逐年匹配(见图 8-2、图 8-3),进一步构建双重差分模型对匹配后的样本进行检验。表 8-5 列(3)的回归结果显示,在运用倾向匹配得分的双重差分方法检验后,新型数字基础设施对我国经济韧性的影响依然显著为正,与基准回归的结果是一致的。

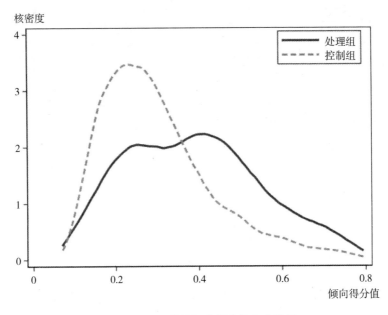

图 8-2　匹配前的概率得分核密度结果

五、内生性检验

为了避免反向因果造成的 *NIF* 回归系数的偏误,本章构建工具变量来缓解可能存在的内生性问题。工具变量是基于不完美工

---

① 刘瑞明、赵仁杰:《西部大开发:增长驱动还是政策陷阱——基于 PSM-DID 方法的研究》,《中国工业经济》2015 年第 6 期。

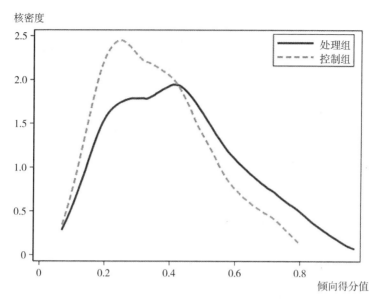

图 8-3　匹配后的概率得分核密度结果

具变量法的原理,采用巴蒂克工具变量(Bartik Instrumental Variable)方法,利用1988年我国微型电子计算机数量与新型数字基础设施存在相关性进行设计的。因为新型数字基础设施是在计算机的基础上发展而来的,一般而言,历史上微型电子计算机数量多的地区极有可能是现今新型数字基础设施的发展较快的地区。此外,历史上的微型电子计算机数量并不会对经济韧性产生直接影响,因此同样满足外生性条件。基于此,本章将1988年微型电子计算机生产数量赋予时间趋势后的交互项作为工具变量进行2SLS回归[①],见表8-6。第二阶段回归中新型数字基础设施建设的系数在1%水平上显著为正,且通过了不可识别检验以及弱工具变量检验。即在进行了内生性问题的处理后,基准回归的结论

---

① 这里时间趋势为地级市层面上一年的全要素生产率。

仍保持不变。

表8-6　新型数字基础设施影响经济韧性的内生性检验结果

变量	第一阶段	第二阶段
Com	0.0010 *** (0.0002)	
INIF		19.8408 * (11.4131)
控制变量	是	是
地区固定效应	是	是
时间固定效应	是	是
N	3384	3384
R^2		0.312
Kleibergen-Paap Wald rk F statistic	22.822	
Cragg-Donald Wald F statistic	18.936	
Kleibergen-Paap rk LM statistic	1.928	

第四节　新型数字基础设施影响
经济韧性的拓展分析

一、作用机制分析

根据前文的理论分析,本章参考李斌、黄少卿(2021)[1]机制检验的策略,进一步对新型数字基础设施影响经济韧性的多样化效应、匹配效应与创新效应进行检验。

---

[1]　李斌、黄少卿:《网络市场渗透与企业市场影响力——来自中国制造业企业的微观证据》,《经济研究》2021年第11期。

从经济抵抗的视角来看,在面对不确定性冲击时,多样化效应的大小对经济体是否能够分散系统风险,钝化经济冲击带来的负面影响具有重要作用。因此,本章分别从无关多样化与相关多样化两个方面检验新型数字基础设施影响经济韧性的作用机制。产业多样化指标主要参考弗伦肯等(Frenken 等,2007)[1]的计算思路,分别利用熵指数法计算出无关多样化与相关多样化指标[2]。表8-7分别汇报了新型数字基础设施对无关多样化与相关多样化影响的回归结果。从表8-7列(1)可以看出,新型数字基础设施的建设对无关多样化的影响在10%水平上显著为正,这意味着当发生经济冲击或波动时,无关多样化的集聚可以减轻产业之间产生的连锁效应,一定程度上能够分散经营风险,从而有利于经济稳定,增强经济韧性。从表8-7列(2)可以看出,新型数字基础设施对相关多样化的正向影响在1%水平上显著。这可能的原因在于,相关多样化的集聚会借助知识与信息的积累,更快调整产业结构,从而抵御风险,对经济韧性的提升产生积极影响。

从经济适应的视角来看,新型数字基础设施的建设与完善,不仅能够显著提高各类生产要素的响应与匹配能力,还能够促使各个市场主体之间产生更强的关联性,从而有效提升信息与市场匹配效率,促使经济系统更好地调整适应新的变化、增强经济韧性。

---

① Frenken K., Oort F. V., Verburg T., "Related Variety, Unrelated Variety and Regional Economic Growth", *Regional Studies*, Vol.41, No.5, 2007, pp.685-697.

② 这里无关多样化、相关多样化分别由第一产业、第二产业与第三产业从业人员数,以及由农林牧渔业、采掘业、制造业、电力煤气及水生产供应业、建筑业、交通仓储邮电业从业、信息传输、计算机服务和软件业、批发零售贸易业、住宿餐饮业、金融业、房地产业、租赁和商业服务业、科研、技术服务和地质勘查业、水利、环境和公共设施管理业、居民服务和其他服务业、教育业、卫生、社会保险和社会福利业、文化、体育和娱乐业、公共管理和社会组织业的细分产业从业人员数计算得到。

因此,我们尝试将匹配效应聚焦到信息和市场两个方面。在信息匹配方面,本章采用信息传输计算机服务和软件业就业人员与总从业人员之比来表示信息匹配的程度,这是因为信息技术只有与知识和技能相结合才能发挥其优势(Ray 等,2004)①,而信息技术行业作为高新技术产业,信息传输计算机服务和软件业就业人员与总从业人员之比越高,越有利于识别信息,提高信息的响应与匹配能力。在市场匹配方面,本章主要参考钞小静、廉园梅、罗鎏锴(2021)的做法②,选用存货周转率衡量市场匹配的程度。从表8-7列(3)的回归结果可知,新型数字基础设施的建设对信息匹配的影响为正,但不显著,这说明新型数字基础设施建设的信息匹配效应尚未发挥作用,可能的原因在于,信息匹配的促进作用依赖于新型数字基础设施的信息桥搭建程度,也就是说只有新型数字基础设施建设达到一定规模后,才会实现信息匹配的快速响应,从而迅速适应冲击,增强经济韧性。表8-7列(4)的回归结果显示,新型数字基础设施的建设对市场匹配的拟合系数在10%水平上显著为正,这说明新型数字基础设施的建设能够提升不同市场主体的互联互通性,进而提高资源重新调配的能力,有利于增强经济适应危机的能力,提升经济韧性。

从经济转型的视角来看,新型数字基础设施的创新效应在适应不确定性冲击以增强区域竞争优势、重新创造新的发展路径上扮演了重要角色。我们认为创新能力的提升可间接地表现为该地区

---

① Ray G., Barney J.B., Muhanna W.A., "Capabilities, Business Processes, and Competitive Advantage: Choosing the Dependent Variable in Empirical Tests of The Resource-Based View", *Strategic Management Journal*, Vol.25, No.1, 2004, pp.23-37.

② 钞小静、廉园梅、罗鎏锴:《新型数字基础设施对制造业高质量发展的影响》,《财贸研究》2021年第10期。

创新产出的提升,因此,我们用专利拥有量度量创新能力水平①。同时,我们参考房逸靖、张治栋(2021)的做法,选用专利受理数的增长率表示技术扩散指标②。表8-7列(5)的回归结果显示,新型数字基础设施对创新能力的影响在1%的水平上显著为正,说明新型数字基础设施建设水平的建设通过创新能力的提高促使经济韧性提升。不难看出,随着新型数字基础设施建设的提升,会通过数字技术的广泛应用促使创新主体吸收新技术、进一步降低新一代信息技术的应用壁垒,激发创新创业的活力,对创新能力的提升产生正向影响。从表8-7列(6)可以看出,新型数字基础设施对技术扩散的影响并不显著,这从侧面说明我国新型数字基础设施的建设仍处于上升时期,但是新型数字基础设施对技术扩散的促进作用还未完全显现。由上述分析可知,新型数字基础设施的建设现阶段主要通过提高创新能力这一途径,推动地区经济建设,从而激发地区对经济发展路径的调整,以适应经济格局的新变化,提升经济韧性。

表8-7　新型数字基础设施影响经济韧性的作用机制检验

变量	无关多样化(1)	相关多样化(2)	信息匹配(3)	市场匹配(4)	创新能力(5)	技术扩散(6)
NIF	0.1951*	30.9603***	3.7679	9.7037*	0.7566***	-3.5618
	(0.1084)	(4.3625)	(4.5671)	(5.0529)	(0.1493)	(5.6866)
控制变量	是	是	是	是	是	是
常数项	0.0449***	-0.1553	-0.3545	0.3231*	0.0153**	0.1919
	(0.0058)	(0.2837)	(0.3476)	(0.1867)	(0.0071)	(0.2678)

① 专利拥有量为专利受理数与总人数之比。
② 房逸靖、张治栋:《要素流动、技术扩散与地区间经济差距——基于长三角城市群的经验证据》,《区域经济评论》2021年第3期。

续表

变量	无关 多样化 （1）	相关 多样化 （2）	信息匹配 （3）	市场匹配 （4）	创新能力 （5）	技术扩散 （6）
地区固定效应	是	是	是	是	是	是
时间固定效应	是	是	是	是	是	是
N	3666	3666	3666	3666	3666	3384
R^2	0.143	0.653	0.010	0.140	0.561	0.074

二、异质性分析

一个值得关注的问题是，现阶段我国不同地区经济韧性不同，新型数字基础设施建设作为引领新一轮科技革命与产业变革、打造中长期经济发展新动能的先导性布局，对不同地区经济韧性的推动作用是否存在差异？为了回答这个问题，本章将展开更加详细的讨论。

（一）时间差异

时间维度来看，我们将样本期分为 2008—2009 年、2010—2020 年两个区间，进一步考察新型数字基础设施建设对经济韧性的影响（见表 8-8）。回归结果显示，2008—2009 年，新型数字基础设施对经济韧性的促进作用在 1% 水平上显著为正，这侧面说明新型数字基础设施的建设能够有效抵御金融危机的冲击，换言之，新型数字基础设施的建设能够在经济抵抗时期对经济韧性产生促进作用。2010—2020 年，新型数字基础设施对经济韧性的影响系数为 4.3736，且在 1% 水平上显著，不难看出，在金融危机之后，我国新型数字基础设施对经济韧性仍具有促进作用。此外，经验 P 值为 0.006，拒绝原假设，表明组间系数存在显著差异，在经济抵抗时期，新型数字基础设施对经济韧性的提升作用更为显著。

表 8-8　新型数字基础设施影响经济韧性的异质性检验 I

变量	2008—2009 年	2010—2020 年
NIF	7.8169*** (2.0748)	4.3736*** (0.7216)
控制变量	是	是
常数项	0.0316 (0.0968)	-0.1153** (0.0580)
地区固定效应	是	是
时间固定效应	是	是
N	564	3102
R^2	0.633	0.617
费舍尔组合检验 P 值	0.006***	

注:"费舍尔组合检验 P 值"为组间系数差异显著性的检验,通过自体抽样 1000 次得到,下同。

(二)地区差异

传统基础设施建设水平的提升,会产生以中心城市为主体的空间俱乐部集聚,也就是形成"中心—外围"的地理格局。不同于传统基础设施,新型数字基础设施具有典型的网络外部性优势,那么,新型数字基础设施是否会打破原有传统基础设施形成的"中心—外围"区域发展格局,我们有必要进行进一步验证。因此,本章进一步从地区特征出发检验新型数字基础设施建设对经济韧性的影响。本章将样本分别按照中心城市、外围城市以及城市群、非城市群进行划分,其中,将直辖市、副省级城市、省会城市定义为中心城市,其余城市定义为外围城市。城市群的分类则参考陈子曦、青梅(2022)的做法①,将北京市、天津市等 125 个城市归为城市

①　陈子曦、青梅:《中国城市群高质量发展水平测度及其时空收敛性研究》,《数量经济技术经济研究》2022 年第 6 期。

群,其余地区为非城市群进行分组回归,见表8-9。根据表8-9回归结果可以看出,在面对复杂多变的外部冲击时,新型数字基础设施对中心城市、外围城市以及城市群、非城市群的经济韧性均具有显著的正向影响。这意味着新型数字基础设施建设对于重塑新的经济地理格局具有重要意义,由于其数字连接属性打破了空间地理的局限,加强了虚拟空间的连接,带来了"虚拟空间"上的市场集聚,使得无论对于中心城市还是外围城市、城市群还是非城市群都能够有效提升经济运行的平衡性和稳定性。而新型数字基础设施对外围城市、非城市群经济韧性影响的系数值较大,且组间系数存在显著差异。这说明新型数字基础设施的建设对外围城市、非城市群的促进作用更强。换言之,新型数字基础设施数字连接特性的有效发挥,对外围城市、非城市群经济韧性的提升起到了雪中送炭的作用。

表8-9　新型数字基础设施对经济韧性影响的异质性检验 II

变量	中心城市	外围城市	非城市群	城市群
NIF	1.2039 * (0.6777)	3.2755 *** (0.6588)	4.5205 *** (1.0342)	3.7987 *** (0.9930)
控制变量	是	是	是	是
常数项	0.2488 *** (0.0343)	−0.1872 *** (0.0535)	−0.2894 *** (0.0623)	0.0315 (0.0628)
地区固定效应	是	是	是	是
时间固定效应	是	是	是	是
N	416	3250	2041	1625
R^2	0.875	0.593	0.588	0.693
费舍尔组合检验 P 值	0.000 ***	0.071 *		

（三）经济发展差异

保持经济规模扩张是提升经济韧性的物质基础,不同地区经济发展水平并不相同,这导致每个地区受到经济不确定性冲击的大小也是不同的。为了直接度量经济发展水平,本章采用人均GDP 对其进行衡量。一般而言,人均 GDP 越高,反映该地区经济发展水平越高。因此,本章将小于总体均值的样本划分为经济发展水平低组;反之,划分为经济发展水平高组。表 8-10 列(1)、列(2)的回归结果显示,在经济发展水平低组 NIF 的系数为 0.5657 且并不显著,而在经济发展水平高组 NIF 的系数在 1% 的水平上显著为正,且组间系数存在显著差异。这说明当地区经济发展水平较高时,新型数字基础设施对经济韧性具有更强的推动作用,侧面证实了新型数字基础设施对经济韧性的影响因地区经济发展水平而有所不同。

（四）数字技术应用差异

在新一代科技革命和产业变革的推动下,新型数字基础设施的建设需以数字技术的融合应用为支撑,考虑到机器人渗透率一定程度上反映了数字技术的应用程度,因此,本章参考王永钦、董雯(2020)的做法[1],首先构造制造业上市公司层面的机器人渗透率数据,并将其按注册地地址匹配到地级市,再按照其均值划分为数字技术高组和人力资本低组来进行比较,见表 8-10 列(3)、列(4)。分样本回归结果显示,新型数字基础设施的建设对数字技

---

① 王永钦、董雯:《机器人的兴起如何影响中国劳动力市场?——来自制造业上市公司的证据》,《经济研究》2020 年第 10 期。

术应用水平高组经济韧性的推动作用在1%水平上显著为正,系数为5.0269,而对数字技术应用水平低组经济韧性的影响也显著为正,但其系数值略低于数字技术应用水平高组。此外,费舍尔组合检验的结果表明,组间系数存在显著差异,这侧面说明新型数字基础设施建设对经济韧性作用的有效发挥需要借助于一定的数字技术基础,而新型数字基础设施对数字技术应用水平高组经济韧性的促进作用明显较强,这可能是因为随着新一代信息技术应用的加快,能够拓展新型数字基础设施建设的应用场景,促使新型数字基础设施建设对经济韧性促进作用的有效发挥。

表 8-10 新型数字基础设施影响经济韧性的异质性检验Ⅲ

变量	经济发展水平低组 (1)	经济发展水平高组 (2)	数字技术应用水平低组 (3)	数字技术应用水平高组 (4)
NIF	0.5657 (0.7499)	1.7396 *** (0.5707)	4.1999 *** (0.9493)	5.0269 *** (0.9226)
控制变量	是	是	是	是
常数项	-0.1458 ** (0.0698)	0.1308 ** (0.0510)	-0.0677 (0.0820)	-0.2189 *** (0.0729)
地区固定效应	是	是	是	是
时间固定效应	是	是	是	是
N	1971	1695	1648	2018
R^2	0.532	0.646	0.622	0.635
费舍尔组合检验 P 值	0.006 ***		0.08 *	

本章利用文本分析法,抓取了2008—2020年地级市层面政府工作报告中"新型数字基础设施"有关的关键词,构造了新型数字基础设施指标,并基于此从理论和实证层面探究了新型数字基础设施建设对城市经济韧性的影响及作用机制。本章发现,随着新

型数字基础设施建设加快,新型数字基础设施建设有助于推动经济韧性的提升,且新型数字基础设施对经济韧性的促进作用在人力资本维度与资本维度具有不断强化的动态效应。本章通过利用1988年微型电子计算机生产数量构造的工具变量,缓解了反向因果带来的内生性问题,并在一系列稳健性检验、外生冲击检验后,也得到了一致结论。作用机制分析表明,新型数字基础设施建设显著提高了多样化效应、匹配效应与创新效应,进而促进了城市经济韧性的提升。异质性分析表明,在经济抵抗时期,且在外围城市、非城市群、经济发展水平以及人力资本水平较高的地区,更可能推动新型数字基础设施建设,促进经济韧性的提升。

第九章　新型数字基础设施对企业升级的影响研究

　　《中华人民共和国国民经济和社会发展第十四个五年规划和2035年远景目标纲要》中强调指出,当今世界正经历百年未有之大变局,新一轮科技革命和产业变革深入发展,面对我国发展环境的深刻复杂变化,"十四五"时期必须要全面塑造发展新优势。2021年政府工作报告再次强调,打造数字经济新优势。企业作为国民经济的基本细胞,是形成我国发展新优势的基础构成。随着新型数字基础设施的持续发展,各项新兴信息技术的集成应用可以激活数据要素、提供共性基础技术,是打造企业数字经济新优势、推动企业转型升级的重要力量(洪银兴,2019[①];许宪春、张钟文、关会娟,2020[②];钞小静、薛志欣、孙艺鸣,2020[③])。本章重点研

---

　　① 洪银兴:《改革开放以来发展理念和相应的经济发展理论的演进——兼论高质量发展的理论渊源》,《经济学动态》2019年第8期。
　　② 许宪春、张钟文、关会娟:《中国新经济:作用、特征与挑战》,《财贸经济》2020年第1期。
　　③ 钞小静、薛志欣、孙艺鸣:《新型数字基础设施如何影响对外贸易升级——来自中国地级及以上城市的经验证据》,《经济科学》2020年第3期。

究了新型数字基础设施影响企业升级的理论逻辑,并利用中国政府工作报告与上市公司的匹配数据对具体的影响效应与作用机制进行了经验检验。

第一节 新型数字基础设施影响 企业升级的理论分析

企业作为支撑我国经济高质量发展的微观基础,为适应高度动态的市场环境,其升级更多强调的是在结果层面通过企业内部与外部的转型升级实现价值增值的动态过程。其中,内部升级是企业自身通过更好地生产产品、更有效地进行组织管理,从而带来企业内在资源配置效率的提升,加速企业科学组织架构的形成,从而整体提高企业持续竞争优势的过程,主要包括生产效率的提升与组织管理的优化。外部升级是在经济全球化与国际分工的影响下,企业由原先的加工制造转向在设计、生产、销售等环节进行产品与服务的延伸,降低国内国外市场进入壁垒,提高价值链环节上要素以及用户的竞争优势,实现价值链攀升的过程。企业升级的实质是在新一轮科技革命与产业变革加速演进下,通过以 5G 网络、物联网等为代表的基础设施体系的建设与应用,推动企业生产效率的提升,组织结构的优化,并带来价值链的攀升。基于此,新型数字基础设施的建设已然成为推动我国企业转型升级的重要依托。从理论上看,新型数字基础设施对企业升级的具体作用路径如下:

一、新型数字基础设施影响企业升级的创新效应：生产效率视角

企业升级的本质是技术能力的提升，在生产方面集中体现为生产效率的提升。新型数字基础设施作为一种创造性破坏技术的载体，正在引发技术—经济范式的重大变革。比较优势理论和技术追赶理论均认为研发创新是实现企业升级的路径，即研发创新能够有效驱动企业的生产效率提升。而企业的研发过程一般伴随着研发的投入，如王桂军、卢潇潇（2019）[①]认为研发资金的支持会促使成熟企业与瓶颈企业的研发创新水平得以提高，从而推动企业升级。新型数字基础设施的建设和融合应用，会加大对研发人员与研发资金等技术资源的需求，当研发投入越多时，其研究开发和技术创新的发展空间也相应越大（王维、李宏扬，2019）[②]，带动了创新能力的提升，生产效率的提升也就越发明显，从而更有机会为企业创造出更多的竞争优势，拉动企业升级。更进一步地看，一方面，人工智能、云计算等新一代信息技术的融合应用，促进了企业增加创新投入，催生出包含移动互联网技术等技术单元的集合创新，加速新产品研发，从而提升创新能力，促进企业生产效率的提升，推动企业转型升级。另一方面，随着大数据、云计算、人工智能等通用数字技术领域的延伸，企业会加大技术创新的规划布局与投入，将数据要素连接成数据网络并进行协同管理，促进生产流程的创新，从而提升生产效率。如戈德法布和塔克（Goldfarb 等，

---

① 王桂军、卢潇潇：《"一带一路"倡议与中国企业升级》，《中国工业经济》2019 年第 3 期。
② 王维、李宏扬：《新一代信息技术企业技术资源、研发投入与并购创新绩效》，《管理学报》2019 年第 3 期。

2019)的研究发现①,企业会最有效地利用先进的信息通信技术,进行流程创新,以促使信息通信技术适应本企业生产经营需要。因此,新型数字基础设施建设和融合应用水平的提高,有助于发挥创新效应,带动企业升级。

二、新型数字基础设施影响企业升级的结构效应:组织管理视角

企业升级在组织管理层面表现为企业组织发展主体不断培育和改进组织惯例的状态。大量研究表明,面临复杂的社会环境,企业会相机性选择不同的创新和学习方式(Zahra 和 George,2002②;Fu 等,2011③;Bingham 和 Davis,2012④),提高人力资本的专业化水平,进而改变自身组织惯例(Bresman,2013)⑤,适应自身发展需求。特别是在新一轮科技革命和产业变革的推进下,整个社会的生产活动表现出对技能需求的激增(胡晟明、王林辉、董直庆,2021)⑥。当企业内高技能劳动者越多时,其综合素质的整体层次越高,表明企业员工结构越高级化,对企业竞争力的提升也就越发

---

① Goldfarb A., Tucker C., Literature J., Durlauf S., "Digital Economics", *Journal of Economic Literature*, Vol.57, No.1, 2019, pp.3-43.

② Zahra S. A., George G., "Absorptive Capacity: A Review, Reconceptualization, and Extension", *Academy of Management Review*, Vol.27, No.2, 2002, pp.185-203.

③ Fu X., Pietrobelli C., Soete L., "The Role of Foreign Technology and Indigenous Innovation in the Emerging Economies: Technological Change and Catching-up", *World Development*, Vol.37, No.7, 2011, pp.1204-1212.

④ Bingham C. B., Davis J. P., "Learning Sequences: Their Existence, Effect, and Evolution", *Academy of Management Journal*, Vol.55, No.3, 2012, pp.611-641.

⑤ Bresman H., "Changing Routines: A Process Model of Vicarious Group Learning in Pharmaceutical R&D", *Academy of Management Journal*, Vol.56, 2013, pp.35-61.

⑥ 胡晟明、王林辉、董直庆:《工业机器人应用与劳动技能溢价——理论假说与行业证据》,《产业经济研究》2021 年第 4 期。

明显(肖曙光、杨洁,2018)①,越有利于推动企业的转型升级。随着新型数字基础设施的加速应用,一定程度上会诱发对劳动力需求结构的变化,促使信息化、智能化技术与高技能劳动者进行匹配(潘毛毛、赵玉林,2020)②,产生共轭效应,推动企业升级。一方面,由于新型数字基础设施具有智能化和模拟化特征,可以灵活、高效、低成本地协助高技能劳动者进行各种组织方案的模拟验证,发现可能存在的问题与漏洞,极大减少决策偏误(肖静华等,2021)③,促使企业对高技能劳动力的需求增大,从而更有利于推动人力资本结构的高级化。另一方面,新型数字基础设施的融合应用也会放大人类的认知能力,促使人工智能、物联网和云计算等技术辅助创造增强高技能劳动者的工作,增进人机协同效率,使人类工作的比较优势得以大幅度提高,如在共享控制系统的研究中发现,有人类参与的强化学习算法比人机独立执行更具有优越性,这将大幅加速人力资本结构由初级向高级演进进程。因此,新型数字基础设施建设和融合应用力度的增加,有助于推动人力资本结构的高级化,进而调整企业组织管理方式,促进企业升级。

三、新型数字基础设施影响企业升级的集聚效应:价值链视角

由于本土企业在进入全球市场的价值链分工体系中能够表现

---

① 肖曙光、杨洁:《高管股权激励促进企业升级了吗——来自中国上市公司的经验证据》,《南开管理评论》2018年第3期。
② 潘毛毛、赵玉林:《互联网融合、人力资本结构与制造业全要素生产率》,《科学学研究》2020年第12期。
③ 肖静华、吴小龙、谢康、吴瑶:《信息技术驱动中国制造转型升级——美的智能制造跨越式战略变革纵向案例研究》,《管理世界》2021年第3期。

出强的价值链升级能力,随着新兴信息技术深度融合与渗透到企业研发、生产、服务等各环节,企业在全球价值链的升级已成为企业升级的重要内容。目前全球价值链理论主要关注于企业如何实现全球价值链的转型升级,即表现为企业如何从低的产品、服务的附加价值转向高的产品、服务的附加价值过程。新型数字基础设施兼有强技术与平台化的特性,能够促使企业依托互联网平台的相互关联,集聚形成一类企业群(Brown 和 Lockett,2001)[①]。集群企业作为整个集群升级的关键行动者,这种虚拟网络空间的集聚会促使更多的用户等产品终端参与其中,强化对生产、流通、分配等价值链环节的改造,从而更多地生产高附加值产品,促使企业形成满足即时竞争与差异化需求的网络空间竞争优势(王如玉、梁琦、李广乾,2018)[②]。从而有助于企业向价值链高端环节攀升,推动企业升级(邱红、林汉川,2014)[③]。更进一步地,新型数字基础设施是以信息技术、智能技术、云计算技术与数字技术等为核心的通用技术,随着新一代信息技术对企业间的相互渗透,逐渐呈现出网络信息空间的集聚,促使上下游企业主体间的信息耦合度增强,从而提升各环节的匹配效率,为企业价值链增创价值(刘洪愧、朱鑫榕、郝亮,2016)[④]。因此,新型数字基础设施建设和融合应用水平的提高,会加速虚拟空间等资源的集聚,进而促进企业升级。

[①]　Brown D. H., Lockett N. J., "Engaging SMEs in E-commerce: The Role of Intermediaries within eClusters", *Electronic Markets*, No.1,2001,pp.52-58.

[②]　王如玉、梁琦、李广乾:《虚拟集聚:新一代信息技术与实体经济深度融合的空间组织新形态》,《管理世界》2018 年第 2 期。

[③]　邱红、林汉川:《全球价值链、企业能力与转型升级——基于我国珠三角地区纺织企业的研究》,《经济管理》2014 年第 8 期。

[④]　刘洪愧、朱鑫榕、郝亮:《全球价值链在多大程度上是全球性的——兼论价值链的形式及演变》,《经济问题》2016 年第 4 期。

第二节　新型数字基础设施影响
企业升级的研究设计

一、模型设定

在检验新型数字基础设施对企业升级影响效应的实证中,本章设定的基本计量模型如下:

$$EUX_{it} = \alpha + \beta DI_{jt} + \lambda \sum X_{it} + \delta_j + \omega_{jt} + \varepsilon_{it} \qquad (9\text{-}1)$$

其中,被解释变量为 EUX_{it} 包含 EUP_{it}、EUA_{it}、EUF_{it},表示企业 i 在第 t 年的生产效率、组织管理与企业价值链;i 和 t 分别代表企业和年份,核心解释变量为 DI_{jt},表示地区 j 在第 t 年的新型数字基础设施水平。X_{it} 是一系列影响企业升级的影响因素;δ_j 为地区固定效应,ω_{jt} 为地区—时间的固定效应,ε_{it} 为随机误差项。本章主要关注核心解释变量 DI_{jt} 的系数,若 β 显著为正,则表示地区新型数字基础设施的建设能显著促进企业升级。

二、指标选取

(一)被解释变量

本章以生产效率(EUP_{it})、组织管理(EUA_{it})、企业价值链(EUF_{it})分别表征企业的内部与外部升级。全要素生产率一定程度上反映了企业生产效率的高低(贺晓宇、沈坤荣,2018)[①]。基于

[①]　贺晓宇、沈坤荣:《现代化经济体系、全要素生产率与高质量发展》,《上海经济研究》2018 年第 6 期。

此,本章选择 ACF 法测度的全要素生产率作为企业生产效率的衡量指标。其中,本章参考鲁晓东、连玉君(2012)[①]的估算方法,以营业总收入、员工人数和固定资产净额作为企业产出、劳动投入和资本投入的衡量指标,以构建固定资产无形资产和其他长期资产支付的现金作为中间投入指标[②]。有效的组织管理不仅能够防范经营风险,还能为企业目标服务,考虑到托宾 Q 投资理论也被用于评价企业管理效率方面(李心丹等,2007)[③],因此,本章选用托宾 Q 值表示企业组织管理水平。企业加成率是影响企业在全球价值链福利所得的关键指标(Edmond 等,2015[④];许明、邓敏,2018[⑤]),因此,本章主要选用企业加成率表示价值链的攀升[⑥]。

(二)核心解释变量

新型数字基础设施(Di)。考虑到政府投入能够打破企业自身的资金约束限制,有助于降低研发投入的成本与风险,提升新型数字基础设施的实际利用效率,且新型数字基础设施的相关特征信息更容易体现在具有指导意义的政府工作报告中,基于此,本章将政府工作报告中涉及新型数字基础设施的相关词频进行统计用于刻画新型数字基础设施水平。具体来看,本章借助 Python 爬虫

---

①　鲁晓东、连玉君:《中国工业企业全要素生产率估计:1999—2007》,《经济学(季刊)》2012 年第 2 期。

②　其中,营业总收入和固定资产净额分别以注册地所在的出厂价格指数和固定资产投资价格指数进行平减。

③　李心丹、肖斌卿、张兵、朱洪亮:《投资者关系管理能提升上市公司价值吗?——基于中国 A 股上市公司投资者关系管理调查的实证研究》,《管理世界》2007 年第 9 期。

④　Edmond C., Midrigan V., Xu D. Y., "Competition, Markups, and the Gains from International Trade", *American Economic Review*, Vol.105, No.10, 2015, pp.3183-3221.

⑤　许明、邓敏:《劳动报酬如何影响出口企业加成率:事实与机制》,《财经问题研究》2018 年第 9 期。

⑥　参考高宇等(2018)的做法,利用会计法对企业加成率进行测度。

功能,收集整理 30 个省(自治区、直辖市)2010—2019 年政府工作报告,并通过分词处理,统计新型数字基础设施相关词汇出现的频次比重,再将其与中国沪深两市 A 股上市公司数据进行匹配[①]。其中,在新型数字基础设施相关词汇确定上,我们借鉴了吴非、常曦、任晓怡(2021)的分析范式[②],将新型数字基础设施细分为"基础设施层""技术层""应用层"三类。在基础设施层上,包括了新型数字基础设施建设所需的必要基础设施,具体包含信息基础设施、数字基础设施这类关键词汇;在技术层上,主要是指信息技术、智能技术、云计算技术与数字技术等为核心的基本技术,包含 5G、移动通信、信息技术、大数据、数据化、云计算、物联网、人工智能、数据中心、云服务、云技术、虚拟化、区块链、智能技术、网络技术、软件技术、通信技术、电子技术、计算机技术这类词汇。在应用层上,则将在技术与基础设施的应用基础上衍生出的新业态、新模式进行了关键词整理,具体包含信息经济、数字产业、机器人、智能制造、智能装备、智能经济、智能工厂、云应用、云平台、智能终端、云端、移动支付、信息服务、信息科技、网络科技、软件、智能科技、信息产业、软件工程、数码科技、数据科技、互联网平台。

(三)控制变量

资产负债率(Zi),以期末负债总额占资产总额的比重表征;

---

① 考虑到移动电话使用数量越高的城市相应地对新型数字基础设施产生的影响越大。因此,本章选取地级市移动电话使用数量与新型数字基础设施进行交乘,得到反映地级市层面异质性的新型数字基础设施数据,最后则将其与上市公司数据进行匹配。

② 吴非、常曦、任晓怡:《政府驱动型创新:财政科技支出与企业数字化转型》,《财政研究》2021 年第 1 期。

员工人数(*Labor*)以取自然对数后的员工人数表征;应付职工薪酬(*Wage*),以上市公司人均应付职工薪酬的对数值表征;股权集中度(*Sha*),以前十大股东持股比例表征;每股净资产(*Aps*),以企业股东权益与股本总额的比值表征;经济发展(*Ed*),以取自然对数后的实际地区总产值(*Gdp*)表征。

三、数据来源与说明

本章的样本区间为2010—2019年,文中所使用的数据均来源于国研网国际贸易数据库和国泰安数据服务中心,由于西藏自治区缺失数据较多,本章删除了注册地为西藏自治区的上市公司数据,并剔除了＊ST类公司数据,对所有连续变量进行1%的双边缩尾处理。从而得到了本章的研究数据,可以看出,不同企业和年份的新型数字基础设施、生产效率、组织管理与企业价值链等均表现出较大差异,各变量基本处于合理的范围之内。

四、单变量分析

为进一步理解新型数字基础设施与企业升级之间的相关性,本章进行了初步的单变量分析(见表9-1)。可以看出,新型数字基础设施建设水平高的组,新型数字基础设施对企业升级的影响在1%水平上显著,初步符合本章的假设预期,为新型数字基础设施建设力度的增大提升企业升级提供了初步证据。

表 9-1　新型数字基础设施与企业升级的均值检验

变量	分组类别	N	企业升级	
			均值	t 值
生产效率	高水平组	5629	−2.513	5.351***
	低水平组	21668	−3.047	
组织管理	高水平组	5630	1.993	−4.499***
	低水平组	21668	2.089	
企业价值链	高水平组	5629	0.620	7.146***
	低水平组	21664	0.608	

注：*** 表示在 1% 的显著性水平上显著。

第三节　新型数字基础设施影响
企业升级的实证检验

表 9-2 展示了新型数字基础设施对于企业升级的影响。从表 9-2 可以发现，在控制了地区、年份因素后，所关注的核心解释变量即新型数字基础设施 D_i 的回归系数均显著为正，这说明新型数字基础设施对企业在生产效率、组织管理与价值链方面的升级有显著的正向作用。这一结论表明，我国企业升级的确受到新型数字基础设施建设与融合应用的影响，新型数字基础设施的建设与融合应用能够有效协助企业缓解信息不对称、提高信息甄别的能力，从而有利于促进企业在生产效率、组织管理与价值链的升级。此外，从表 9-2 回归结果可知，新型数字基础设施在对企业升级产生推动作用的同时，其对生产效率的推动作用相较于组织

管理与企业价值链更为明显,这可能是因为新型数字基础设施所带来的信息通用技术的提升对生产流程的优化更为明显,从而促进企业生产效率的提升。因此,新型数字基础设施在生产效率上的正向激励作用相较于组织管理、企业价值链更为显著。

表 9-2　新型数字基础设施对企业升级的影响

变量	生产效率	组织管理	企业价值链
Di	0.377 ** (1.980)	0.323 *** (2.640)	0.017 * (1.770)
常数项	- 2.679 *** (- 11.400)	4.931 *** (29.060)	0.674 *** (48.810)
时间固定效应	是	是	是
地区固定效应	是	是	是
样本量	8900	21000	21000
R^2	0.132	0.275	0.126
F	159.918	660.645	315.232

注:*、**、***分别表示在10%、5%和1%的显著性水平上显著;括号内数值为 t 值,表中均保留 3 位小数,下同。

第四节　新型数字基础设施影响企业升级的拓展分析

一、机制分析

根据前文的理论分析,本章进一步尝试从创新效应、结构效应与集聚效应三个方面解释新型数字基础设施是对企业升级的正向影响。为了更好地对内在机制进行检验,本章采用逐步回归法构建如下计量模型对上述三种作用机制进行检验。具体的模型设定如下：

$$M_{it} = \alpha + \beta DI_{jt} + \lambda \sum_{j=1} X_{it} + \delta_j + \varepsilon_{it} \tag{9-2}$$

$$Y_{it} = \alpha + \beta DI_{jt} + \alpha M_{it} + \lambda \sum_{j=1} X_{it} + \delta_j + \varepsilon_{it} \tag{9-3}$$

其中，M 表示中介变量，包含创新效应、结构效应与集聚效应。Y 表示被解释变量，包含生产效率、组织管理与企业价值链。关于中介变量的选取，首先，创新效应变量用研发投入占营业收入比例 Ti 这一指标来刻画，通常而言，企业生产效率的提高很大程度上依赖于技术创新水平，而研发投入占营业收入比例一定程度上可以反映企业技术创新水平，因而，该指标越大表明企业技术创新水平越高。其次，当企业选择提升组织管理水平时，通常会重视知识要素的投入，加大对人力资本结构的优化，通过知识外溢性与要素互补性对企业升级产生直接影响，因而，我们选用人力资本结构高级化指数 Hs 反映结构效应。最后，各地区激发各要素、用户间的集聚共存是提升企业价值链地位的重要手段，通过集聚产生的技术、产业资源优势，促进企业价值链的攀升。而区位熵指数是反映集聚程度的有效指标。因此，我们采用区位熵指数衡量集聚水平[①]。其中，人力资本结构高级化指数参考刘智勇等（2018）的方法计算得到[②]，区位熵参考盛斌、赵文涛（2020）的做法计算得到[③]。

---

① 技术创新数据来源于国泰安数据库，人力资本高级化指数与区位熵指数均乘以地级市第三产业与第二产业比值进行分级。

② 刘智勇、李海峥、胡永远、李陈华：《人力资本结构高级化与经济增长——兼论东中西部地区差距的形成和缩小》，《经济研究》2018 年第 3 期。

③ 盛斌、赵文涛：《地区全球价值链、市场分割与产业升级——基于空间溢出视角的分析》，《财贸经济》2020 年第 9 期。

机制检验回归结果见表9-3。列（1）、列（2）新型数字基础设施通过创新效应影响生产效率的机制，列（3）、列（4）表示新型数字基础设施通过结构效应影响组织管理的机制，列（5）、列（6）表示新型数字基础设施通过集聚效应影响企业价值链的机制。从列（1）、列（3）、列（5）可以看出，新型数字基础设施的建设与融合应用水平越高，越有利于发挥创新效应、结构效应与集聚效应的实现。列（2）、列（4）和列（6）的回归结果表明，随着创新效应、结构效应与集聚效应的增强，越有利于推动企业升级。这说明在我国新型数字基础设施建设的过程中，可以通过创新效应、结构效应与集聚效应对企业升级产生正向激励作用。这可能的原因在于，受新一轮科技革命与产业变革的影响，数字经济的主动权已经转变为各国竞争力追逐的方向，新型数字基础设施的建设关系到企业数字化、智能化转型，数字化、智能化的广泛应用能够有效加快技术创新的步伐，优化人力资本结构，加快地区在空间、要素与用户等资源基础上形成网络空间的集聚，进而促使企业升级。值得注意的是，从 Ti、Hs、Ig 的回归系数大小来看，新型数字基础设施影响企业升级的首要途径是结构效应，随后是创新效应与集聚效应。这可能是因为劳动力是生产要素的重要环节，在新型数字基础设施建设的影响下，一方面，企业通过新一代信息技术能够有效辅助高技能劳动者的工作，节约沟通成本为实现企业升级奠定基础；另一方面，企业通过人力资本结构的优化可以积累先进知识，同时，新一代信息技术能够促使企业成功进入"再生阶段"，从而有助于实现企业升级。

表 9-3　新型数字基础设施对企业升级的机制检验

变量	创新效应（1）	生产效率（2）	结构效应（3）	组织管理（4）	集聚效应（5）	企业价值链（6）
Di	3.680 * (1.670)	0.321 * (1.720)	0.629 *** (7.110)	0.031 (0.320)	0.306 *** (7.750)	0.013 (1.440)
Ti		0.004 *** (17.480)				
Hs				0.032 * (1.830)		
Ig						0.000 *** (7.720)
控制变量	是	是	是	是	是	是
常数项	−90.277 *** (−6.040)	−2.175 *** (−9.340)	1.421 *** (11.580)	2.125 *** (18.020)	0.674 *** (48.790)	0.787 *** (53.850)
时间固定效应	是	是	是	是	是	是
地区固定效应	是	是	是	是	是	是
样本量	21000	8900	21000	23000	21000	21000
R^2	0.128	0.161	0.419	0.587	0.127	0.197
F	8.880	182.909	11.549	1.325	275.570	466.106

二、异质性检验

考虑到产业因素可能会对新型数字基础设施建设推动企业升级的作用具有影响,首先,由于我国不同所有制企业在资源禀赋和制度逻辑方面的差异(吴伟伟、张天一,2021)[①],这对存在"天然劣势"的新型数字基础设施企业具有重要的影响,其将导致不同所有权性质的新型数字基础设施企业对其促进企业升级作用的发挥具有差异。其次,是否促进了新的企业进入也是决定企业是否从事更多新型数字基础设施建设相关活动的关键因素,而这与企业

---

① 吴伟伟、张天一:《非研发补贴与研发补贴对新创企业创新产出的非对称影响研究》,《管理世界》2021 年第 3 期。

是否处于成熟期与成长期密切相关。此外,由于地区市场化进程存在差异,我国企业升级也相应面临着较高的外部约束,因此,市场化发展水平的差异也是影响不同地区企业升级的重要因素。最后,新型数字基础设施对不同行业类型的企业转型升级也可能存在差异,相比于非技术密集型行业,技术密集型行业对于知识、信息等要素的需求更高,新型数字基础设施对于技术密集型企业升级作用也越强。基于此,本书从所有制性质、企业成长周期、市场环境及行业特征四个角度进一步对新型数字基础设施影响企业升级的异质性进行讨论。

(一)所有制性质异质性

由于企业所有制性质的不同,无论是新型数字基础设施还是企业升级,都存在所有制性质的差异。因此,本书根据所有制性质将所有企业分为国有企业和非国有企业来检验新型数字基础设施对不同所有制性质企业升级影响的异质性。表9-4列(1)、列(2)汇报了新型数字基础设施建设影响不同所有制性质企业升级的回归结果,结果表明新型数字基础设施建设对非国有企业与国有企业的升级都存在促进作用,而新型数字基础设施对非国有企业生产效率与价值链的促进效应要远高于国有企业。这可能的原因在于,相比于非国有企业,国有企业在集成创新与产业分工等方面存在局限,这一定程度上影响了新型数字基础设施对企业生产效率与价值链的促进作用。在组织管理方面,非国有企业在新型数字基础设施相关的整套流程、配套技术以及技术培训等方面的灵活度更高,更能对管理过程中产生的问题进行快速响应,从而能够更快速、更有效地将新型数字基础设施应用到组织管理之中,最终使得新型信息基础设施对非国有企业组织管理的促进作用更为明显。

（二）企业成长周期异质性

对于不同企业成长阶段的划分,本书将企业年龄低于全样本企业中位数年龄的划分为成长期企业,其余为成熟期企业,回归结果见表9-4列(3)、列(4)。从表9-4可以看出,新型数字基础设施对成熟期的企业升级存在显著的促进作用,即新型数字基础设施的建设与融合应用能够推动成熟期企业升级,这意味着新型数字基础设施对成熟企业生产效率、组织管理与价值链升级的提升效应更为明显。这可能的原因在于,成熟期企业技术与产业分工较为完善、生产流程更成体系,更有利于数据等新型要素的集聚,激励企业增加研发投入,将新型数字基础设施所带来的新一代信息技术充分发挥,进而实现生产效率的提升与价值链的攀升。因此,新型数字基础设施影响生产效率与价值链的带动作用在成熟期企业更为明显。此外,成熟期企业由于处于"成熟阶段",在生产能力方面存在优势,通过前期大量的经验积累,在改变组织结构、优化管理模式方面具有更强的能力,因此,更可能运用先验知识帮助成熟企业通过新型数字基础设施的建设与融合应用对现有知识进行组合,实现渐进改良,从而推动企业组织管理的升级。

表9-4　新型数字基础设施对企业升级的异质性检验 I

变量	非国有 （1）	国有 （2）	成熟期 （3）	成长期 （4）
A:生产效率				
Di	0.191* (2.190)	2.241 (0.970)	0.391*** (4.190)	0.293 (0.790)
控制变量	是	是	是	是

续表

变量	非国有 （1）	国有 （2）	成熟期 （3）	成长期 （4）
常数项	−0.903 （−1.500）	−4.471*** （−9.290）	−2.984*** （−5.830）	−2.685*** （−7.820）
时间固定效应	是	是	是	是
地区固定效应	是	是	是	是
样本量	6400	2500	4600	3900
R^2	0.161	0.233	0.157	0.115
F	3200	76.548	2600	45.850
B:组织管理				
Di	0.306** （2.370）	−0.942 （−1.450）	0.474*** （6.790）	0.031 （0.150）
控制变量	是	是	是	是
常数项	5.108*** （22.600）	4.736*** （18.610）	5.764*** （22.100）	4.406*** （18.710）
时间固定效应	是	是	是	是
地区固定效应	是	是	是	是
样本量	6400	7600	11000	8800
R^2	0.161	0.262	0.278	0.294
F	3200	257.245	331.233	248.644
C:企业价值链				
Di	0.018* （1.870）	0.101 （1.010）	0.017* （2.290）	0.018 （1.000）
控制变量	是	是	是	是
常数项	0.657*** （37.820）	0.675*** （22.720）	0.677*** （28.550）	0.661*** （33.220）
时间固定效应	是	是	是	是
地区固定效应	是	是	是	是
样本量	13000	7600	11000	8800
R^2	0.150	0.126	0.135	0.130
F	6200	18.718	681.498	124.528

(三)市场环境异质性

新型数字基础设施对企业升级的影响可能因市场化配置的不同存在差异。本书采用市场化指数作为市场一体化的度量指标，将样本按照企业所在地市场化指数的中位数划分为市场化水平高的企业与市场化水平低的企业，再进行实证检验，见表 9-5 列（1）、列（2）。在市场化水平高的企业样本中，新型数字基础设施对生产效率、组织管理与企业价值链的促进作用均显著为正；而在市场化水平低的企业样本中，新型数字基础设施对企业升级的影响并不显著。这可能的原因在于：一方面，新型数字基础设施的建设受市场化配置的影响，市场化水平越高的企业其外部金融环境越健全，一定程度上能够促进企业监管机制的高效运作，促进企业升级；另一方面，市场化水平高的企业要素市场化配置也越完善，有利于促进数据、技术等新型要素充分流动，为新型数字基础设施推动企业升级营造良好的营商环境。因此，新型数字基础设施对市场化程度高的企业转型升级的推动作用更为明显。

(四)行业异质性

对于不同行业的划分，本书参考吕越等（2020）[①]将所有企业划分为技术密集型企业与非技术密集型企业，然后再进行实证检验，回归结果见表 9-5。可以看出，新型数字基础设施对技术密集型企业生产效率以及价值链升级的促进作用大于非技术密集型企业，而新型数字基础设施对组织管理升级的促进作用在技术密集

---

① 吕越、谷玮、包群：《人工智能与中国企业参与全球价值链分工》，《中国工业经济》2020年第 5 期。

型企业并不显著。这可能的原因在于,技术密集型企业所具备的技术能力相对较高,能够满足企业生产效率与价值链升级所需的技术条件,因而可以有效发挥新型数字基础设施对于企业生产效率、价值链升级的促进作用。而在组织管理方面,非技术密集型企业的组织内部结构可改进的空间大于技术密集型企业,新型数字基础设施的建设与融合应用更能够实现生产组织之间的高效协作,从而促进组织管理的升级。因此,新型数字基础设施对于非技术密集型企业组织管理的促进作用更为明显。

表 9-5　新型数字基础设施对企业升级的异质性检验 II

变量	高市场化水平（1）	低市场化水平（2）	技术密集型企业（3）	非技术密集型企业（4）
A：生产效率				
Di	0.278* (1.920)	−0.174 (−0.150)	0.674** (2.540)	−0.091 (−0.330)
控制变量	是	是	是	是
常数项	−2.508*** (−3.930)	1.090** (2.460)	−3.612*** (−8.420)	−1.568*** (−4.610)
时间固定效应	是	是	是	是
地区固定效应	是	是	是	是
样本量	4500	4000	4100	4800
R^2	0.135	0.584	0.147	0.129
F	30.551	31.708	84.750	91.362
B：组织管理				
Di	0.402** (2.400)	0.181 (1.010)	−0.230 (−1.260)	0.761*** (4.640)
控制变量	是	是	是	是
常数项	4.792*** (15.530)	4.769*** (20.480)	4.030*** (13.390)	5.950*** (24.280)
时间固定效应	是	是	是	是
地区固定效应	是	是	是	是

续表

变量	高市场化水平（1）	低市场化水平（2）	技术密集型企业（3）	非技术密集型企业（4）
样本量	10000	11000	9400	12000
R^2	0.290	0.263	0.284	0.275
F	262.417	379.172	300.779	379.275
C:企业价值链				
Di	0.011* (1.800)	0.028 (1.320)	0.036** (2.440)	0.001 (0.100)
控制变量	是	是	是	是
常数项	0.652*** (19.980)	0.653*** (26.240)	0.644*** (26.150)	0.686*** (34.380)
时间固定效应	是	是	是	是
地区固定效应	是	是	是	是
样本量	10000	11000	9400	12000
R^2	0.125	0.137	0.124	0.128
F	139.156	113.726	145.148	170.150

四、稳健性检验

（一）内生性问题

根据基准回归结果,新型数字基础设施显著提升了企业升级,为了解决内生性问题,本章主要采用两阶段最小二乘法来缓解新型数字基础设施与企业升级间可能存在的内生性。参考钞小静等(2020)的构建依据[1],本书分别选用 1988 年、1989 年以及 1998 年

---

[1] 钞小静、薛志欣、孙艺鸣:《新型数字基础设施如何影响对外贸易升级——来自中国地级及以上城市的经验证据》,《经济科学》2020 年第 3 期。

微型电子计算机生产数量作为新型数字基础设施的工具变量①。表 9-6、表 9-7、表 9-8 的回归结果显示,选取的工具变量均通过弱工具变量检验和过度识别检验,意味着本书选取的上述工具变量有效。二阶段回归结果显示新型数字基础设施的系数均显著为正。这与基准回归得到的结果基本一致,证实本书的核心结论仍然成立。

表 9-6　新型数字基础设施对企业升级的影响(工具变量估计Ⅰ)

变量	生产效率	
	第一阶段	第二阶段
DII	0.000*** (33.000)	
Di		0.588*** (5.540)
控制变量	是	是
常数项	0.008 (1.130)	−2.419*** (−9.890)
时间固定效应	是	是
地区固定效应	是	是
样本量	8900	8900
R^2		0.132
F		34.603
K-PWaldF 统计量	9297.240	
C-DWaldF 统计量	16632.800	
K-P LM 统计量	2.810	

① 工具变量的选取理由为:一方面,由于新型数字基础设施是在计算机的基础上发展而来的,选取 1988 年的微型电子计算机的数量符合工具变量的相关性要求;另一方面,历史上的微型电子计算机数量不会对企业升级产生直接影响,因而,也符合外生性的要求。为了得到具有时间趋势的面板数据,我们进一步将截面的微型电子计算机数量与取对数后的专利授权量进行交乘,选取专利授权量的原因在于新型数字基础设施的兴起,也是技术范式的变革,理论上讲,技术水平高的地方其新型数字基础设施建设水平也相应越高,而专利授权量是技术水平的有效度量指标。

表9-7　新型数字基础设施对企业升级的影响(工具变量估计Ⅱ)

变量	组织管理	
	第一阶段	第二阶段
DII	0.001*** (154.350)	
Di		0.523*** (3.120)
控制变量	是	是
常数项	-0.009 (-1.320)	5.336*** (31.640)
时间固定效应	是	是
地区固定效应	是	是
样本量	21000	21000
R^2		0.275
F		186.634
K-P WaldF 统计量	11180.260	
C-D WaldF 统计量	23823.390	
K-P LM 统计量	9.760	

表9-8　新型数字基础设施对企业升级的影响(工具变量估计Ⅲ)

变量	企业价值链	
	第一阶段	第二阶段
DII	0.000*** (128.970)	
Di		0.025* (1.680)
控制变量	是	是
常数项	0.004 (0.600)	0.657*** (47.850)
时间固定效应	是	是
地区固定效应	是	是
样本量	21000	21000
R^2		0.126

续表

变量	企业价值链	
	第一阶段	第二阶段
F		71.964
K-PWaldF 统计量	1088.770	
C-DWaldF 统计量	10715.350	
K-P LM 统计量	3.201	

(二)样本自选择问题

为了避免样本的自选择影响,本书采用倾向得分匹配法对新型数字基础设施影响企业升级的作用进行重新检验,以克服样本选择偏差问题。首先,将新型数字基础设施的词频比重大于其中位数的设为实验组,小于其中位数的设为控制组。其次,选取企业市值(定义为年个股流通市值)、总资产(定义为年资产总额的自然对数)、营业利润(定义为年营业利润总计)、无形资产净额、应付职工薪酬(定义为应付职工薪酬的自然对数)、公司所在年份、行业、地区的虚拟变量作为新型数字基础设施影响生产效率、组织管理与企业价值链的协变量。最后,在获得每个观测值的倾向性评分的基础上,采用卡尺范围内的近邻匹配获得新的控制组样本再进行回归。匹配前后的样本总体均值偏差的检验结果。在匹配之前,样本总体均值偏差显著;而在匹配之后,样本总体均值偏差并不显著。可见,该结果满足平衡性检验。从表9-9可以看出,在考虑样本选择偏差后,新型数字基础设施的建设与融合应用推动企业升级的结论依然成立,证实前文结果的稳健性。

表9-9　基于倾向匹配得分样本的新型数字基础设施对企业升级的影响

变量	生产效率	组织管理	企业价值链
Di	0.240* (2.030)	0.906* (2.030)	0.007* (1.750)
控制变量	是	是	是
常数项	−3.381*** (−6.690)	5.152*** (7.590)	0.598*** (42.820)
时间固定效应	是	是	是
地区固定效应	是	是	是
样本量	3200	7300	8500
R^2	0.143	0.243	0.131
F	1900	365.430	77.820

　　本章立足于微观层面考察新型数字基础设施对企业升级的理论机制,并基于2010—2019年我国上市公司的面板数据,分析我国新型数字基础设施对企业升级的促进效应与作用机制。研究表明:第一,新型数字基础设施能够显著促进企业在生产效率、组织管理与企业价值链的升级,在经过内生性检验、样本自选择后,新型数字基础设施对企业升级的促进作用仍然稳健,这表明新型数字基础设施建设已成为企业获得持续竞争优势的新动能。第二,从生产效率、组织管理与企业价值链三个视角进一步分析新型数字基础设施对企业升级的作用机制发现,新型数字基础设施能通过创新效应、结构效应以及集聚效应促进企业升级。第三,新型数字基础设施对企业升级的影响存在所有制性质、企业成长周期、市场环境以及行业异质性。其中,非国有企业相较于国有企业、成熟期企业相较于成长期企业、市场化程度高的企业相对于市场化程度低的企业、技术密集型企业相较于非技术密集型企业在生产效率与企业价值链升级过程中新型数字基础设施的表现更为明显,

而在组织管理方面,新型数字基础设施的促进作用在非国有企业、成熟期企业、市场化程度高的企业更为显著,而对技术密集型企业组织管理升级的促进作用尚未完全显现。

第 四 篇

数字经济的典型应用

第十章　数字贸易对企业全球价值链的影响研究

　　前一章在微观层面从工业互联网的视角探讨了影响企业价值链攀升的影响机制,工业互联网具有的强大网络属性能够通过网络扩张效应、网络关联效应和网络整合效应促进企业高质量发展。随着新一轮数字技术革命的兴起,数字技术的应用和数字贸易平台的崛起正在成为引领全球价值链加速重构的重要力量。那么,中国能否借助数字贸易发展的契机,推动制造业企业价值链分工地位提升,打造高水平对外开放的新动能? 基于此,本章继续从微观层面探究数字贸易对企业价值链攀升的机制研究。具体研究思路如下:首先,本章根据数字贸易的特征属性和政策背景,分别从市场连接与渗透、价值共创、优化要素"虚拟化"配置三个视角详细阐释数字贸易影响企业价值链攀升的影响机制,并结合国内统一大市场的内在要求,探究影响企业价值链攀升的驱动力。其次,本章基于已有研究数据,实证检验了数字贸易对企业价值链攀升的影响机制,并进行多种稳健性检验保证结果的合理性。最后,本章从不同的微观视角论证工业互联网影响企业高质量发展的异质性作用,并从国内统一大市场的维度进行拓展分析,从而为能更好地享受数字贸易带来的价值链攀升"红利",为实现贸易强国建设发展提供理论支撑。

第一节　数字贸易影响企业全球价值链的理论分析

党的二十大报告指出,要"推进高水平对外开放","深度参与全球产业分工和合作"。在全球价值链呈现双环流的新格局下,中国已成为连接发达国家和发展中国家价值链的枢纽,但是长期以来依赖劳动力、资源等传统要素参与其中,缺乏核心技术,被锁定在全球价值链加工、组装等低附加值环节。近年来,面对疫情传播、贸易摩擦和地缘冲突等多重挑战,我国制造业企业既面临部分发达国家遏制掣肘,也要面对发展中国家"中低端分流"的双重压力挑战,亟须寻求提升中国制造业企业全球价值链分工地位的新引擎。与此同时,党的二十大报告再次明确,要"发展数字贸易,加快建设贸易强国"。事实上,现阶段数字贸易已经演变为数字经济时代的贸易新形态,呈现多维特征,产生的影响也是多方面。因此需要深入分析数字贸易不同特征在企业全球价值链分工地位提升过程中的作用效果,讨论数字贸易对不同企业产生的异质性影响以及背后的理论逻辑。

一、市场连接与渗透

作为一种贸易活动,其广度和深度的拓展依赖于贸易成本的变化,企业参与全球价值链分工,需要付出包括获取跨境订单、磋商交易细节以及交付商品等一系列"显性"或"隐形"的贸易成本，进而形成了所谓的贸易"门槛"。数字贸易可以有效削弱企业参与国际贸易的成本，促进跨国和跨地区的市场连接，降低企业参与国际分工的进入壁垒（Lendle 等，2016[①]；Goldfarb 和 Tucker，2019[②]），加强企业嵌入全球价值链的紧度和深度。具体而言：一方面，根据数字贸易的精准匹配特征，在交易环节，买方可以就产品特征、售后政策等直接与卖家进行交流个性化需求（Ellison 和 Glaeser，2010）[③]。卖方可以根据用户的消费记录与浏览记录，基于机器学习、用户画像等算法，为用户精准推送产品，有效降低企业和消费者之间的信息搜寻成本（孙浦阳、张靖佳、姜小雨，2017）[④]。另一方面，数字贸易通过跨境交易平台打通国内外市场，提高市场渗透度，从而有利于克服企业海外业务不熟悉、物流成本高、送达率低等障碍（Terzi，2011[⑤]；张洪胜、潘钢健，2021[⑥]），能够为所有消费者提供获取产品的可能。因此，数字贸易通过市场连接渗透机制，有助于企业在全球价值链环节中获取更高产品附加值，从而促进全球价值链攀升。

① Lendle A., Olarreaga M., Schropp S., Vézina P. L., "There Goes Gravity：eBay and the Death of Distance", *The Economic Journal*, Vol.126, No.591, 2016, pp.406–441.

② Goldfarb A., Tucker C., "Digital Economics", *Journal of Economic Literature*, Vol.57, No.1, 2019, pp. 3–43.

③ Ellison G., Glaeser E. L., Kerr W. R., "What Causes Industry Agglomeration? Evidence from Coagglomeration Patterns", *American Economic Review*, Vol.100, No.3, 2010, pp.1195–1213.

④ 孙浦阳、张靖佳、姜小雨：《电子商务、搜寻成本与消费价格变化》，《经济研究》2017 年第 7 期。

⑤ Terzi N., "The Impact of E-commerce on International Trade and Employment", *Procedia—Social and Behavioral Sciences*, Vol.24, No.1, 2011, pp.745–753.

⑥ 张洪胜、潘钢健：《跨境电子商务与双边贸易成本：基于跨境电商政策的经验研究》，《经济研究》2021 年第 9 期。

二、价值共创的生产模式

在全球价值链体系中,企业不仅要关注于产品价值增值,同时更关心企业互动所创造的价值。而数字贸易激发了新的贸易中介和贸易方式,通过网络平台效应形成生产者合作网络和消费者合作网络,促成了全新的价值共创的生产模式(邬爱其、刘一蕙、宋迪,2021)①。相较于过去的链式分工生产模式,依托数字贸易平台属性和普惠共享的特征形成的价值共创的生产模式,更有利于吸收企业间的知识溢出(马永开、李仕明、潘景铭,2020)②,从而促进企业全球价值链攀升。一方面,过去的专业化链式分工下,研发创新环节被垄断在价值链高端环节,相比较而言,基于"公平、平等和绑定"原则的价值共创生产模式使得全球创新网络的分工更加多元化,不同部分的制造者之间、消费者与生产者之间的互补性增强,通过价值共创的生产模式形成了协调创新的需求(Keller 和Yeaple,2013③;邬爱其、刘一蕙、宋迪,2021④),激发企业研发创新动力。另一方面,数字贸易中的数字化模块可以使复杂技术相对标准化,通过价值共创的生产模式进行边做边学,从而能够降低企业融入价值链体系中所需的学习成本和研发成本,加快了显性或隐性知识技术的生产、交流与溢出(Nambisan 等,2019)⑤。综上,

---

① 邬爱其、刘一蕙、宋迪:《跨境数字平台参与、国际化增值行为与企业国际竞争优势》,《管理世界》2021 年第 9 期。

② 马永开、李仕明、潘景铭:《工业互联网之价值共创模式》,《管理世界》2020 年第 8 期。

③ Keller W., Yeaple S. R., "The Gravity of Knowledge", *American Economic Review*, Vol.103, No.4, 2013, pp.1414-1444.

④ 邬爱其、刘一蕙、宋迪:《跨境数字平台参与、国际化增值行为与企业国际竞争优势》,《管理世界》2021 年第 9 期。

⑤ Nambisan S., Zahra S. A., Luo Y., "Global Platforms and Ecosystems: Implications for International Business Theories", *Journal of International Business Studies*, Vol.50, No.9, 2019, pp.1464-1486.

企业在价值共创模式下,可以利用跨境数字平台搜寻互补企业并形成合作网络关系,充分学习发达国家的先进技术,实现"干中学"并进行相应的技术创新,从而形成了企业全球价值链攀升的主要驱动力。

三、优化要素"虚拟化"配置

虽然全球价值链生产网络使本土企业更容易接触海外先进技术,并通过进口贸易或供应链网络的形式实现技术溢出(毛其淋、许家云,2018)①,但是中国长期形成的人才,资本等要素配置扭曲失衡,导致本土企业对于全球价值链的技术外溢效应无法被充分吸收,形成制造业企业价值链跃升的门槛。依托数字贸易平台可以形成较为完全的市场环境和"虚拟集聚"模式,一方面,数字贸易是对线下贸易的替代,有利于打破国内市场分割所带来的要素配置扭曲,人才,技术知识等要素资源会从生产率低的企业逐渐转移到高生产率企业,促进人才、知识技术等要素集约配置;另一方面,可以发挥共享、匹配和学习的集聚经济外部性,发挥技术溢出和人力资本外部性,实现要素规模报酬递增机制,促进企业生产效率提升,有利于企业价值链各环节的转型升级(赵宸宇、王文春、李雪松,2021)②。

基于以上分析,本章提出如下假说:

假说一:数字贸易能够促进中国制造业企业实现价值链攀升。

假说二:数字贸易能够通过市场连接渗透降低贸易成本、形成价

---

① 毛其淋、许家云:《外资进入如何影响了本土企业出口国内附加值?》,《经济学(季刊)》2018年第4期。

② 赵宸宇、王文春、李雪松:《数字化转型如何影响企业全要素生产率》,《财贸经济》2021年第7期。

值共创的生产模式,强化知识技术溢出以及利用要素"虚拟化"优化要素资源配置三个渠道,促进中国制造业企业价值链分工地位攀升。

第二节 数字贸易影响企业全球价值链的研究设计

一、模型构建

根据前文所述,本章梳理城市层面出台的数字贸易政策,以政策的出台时点作为冲击,构建渐进双重差分模型对数字贸易如何影响制造业企业全球价值链攀升进行经验分析。本章通过匹配2009—2015年海关—工企数据库获取微观企业层面的数据样本,将在实施数字贸易政策城市内的企业作为"实验组",将未实施数字贸易的区域内企业作为对照组。此外,为了保证样本自身在政策实施前后能够实现有效对比,本章匹配了2009—2015年海关—工企数据库获取微观企业层面的数据样本,保留了在2009—2015年持续经营的工业企业,并剔除了在控制变量部分有缺失值的企业,构建如下渐进双重差分模型:

$$GVC_{ijct} = \alpha + \beta DIGT_{ict} + \sum \varphi X_{it} + \sum \theta H_{ct} + \varepsilon_i + \gamma_t +$$

$$\vartheta_{pt} + \delta_{jt} + \mu_{ijct} \tag{10-1}$$

其中,GVC_{ijct} 表示在城市 c 行业 j 的企业 i 在第 t 年的全球价值链地位,$DIGT_{ict}$ 表示企业 i 在第 t 年是否接受处理的双重差分变量,若在第 t 年企业 i 所在城市 c 实施了数字贸易政策为1,否则为0,系数 β 的大小和显著性是本章关注的重点,如果 β 显著为正,则说明数字贸易对企业全球价值链攀升具有促进作用。X_{it} 为企业层面的控制变量集合,主要包括企业规模、企业年龄、政府补贴等一系列可能影响企业全球价值链攀升的微观因素,此外,本章还控制了城市贸易开放程度、人力资本投资水平、产业结构发展水平以及地区全要素生产率等影响企业全球价值链攀升的宏观因素。此外,ε_i、γ_t 分别表示企业固定效应、城市固定效应与时间固定效应,为控制城市所在省份层面的宏观政策等因素的影响,加入省份交乘时间的固定效应 ϑ_{pt},为控制行业层面因素的影响,加入行业交乘时间的固定效应 δ_{jt},μ_{ijct} 为随机误差项。

二、变量选取

(一)被解释变量

基于全球价值链环节的划分,可分为生产制造的上游环节参与度和组装加工的下游环节参与度。因此,为了对价值链上下游参与度进行详尽考察,本章借鉴苏丹妮等(2020)[①]的做法,不仅构建了企业价值链分工地位指标,还分别从价值链的下游参与度与上游参与度进行了测度,以全面衡量数字贸易在促进价值链攀升的具体作用方式。在采用企业中间品进出口额、总出口额以及销售额的基础上,进一步结合世界投入产出表从行业层面计算了间接进口比例和返回增加值比例。

(二)核心解释变量

核心解释变量($DIGT$)为"数字贸易"政策,是一个政策分组

---

① 苏丹妮、盛斌、邵朝对、陈帅:《全球价值链、本地化产业集聚与企业生产率的互动效应》,《经济研究》2020 年第 3 期。

虚拟变量与时间虚拟变量的交互项,本章不区分试点政策是由中央政府确定还是地方自发试点,即只要城市推行了数字贸易、跨境电商相关政策,那么在政策实施当年及以后年份赋值为1,政策发生之前则赋值为0。

(三)控制变量

本章还需控制一系列可能会影响企业全球价值链的特征变量。参考陈旭等(2019)[①]、吕越等(2020)[②]的相关研究,企业层面选取的变量包括:企业规模($Scale$),采用企业工业总产值取对数进行表示;企业年龄(Age),采用当年年份减去企业开业年份之后再加1进行取对数表示;企业融资约束($Finance$),使用利息支出与固定资产的比值来衡量;企业贸易方式($Tradeway$),包括一般贸易、加工贸易和混合贸易。城市层面的控制变量包括:城市经济发展水平($lnpgdp$),采用各地级市人均国内生产总值来表示;城市人力资本投资水平(Edu),采用各地级市教育支出占地区财政支出的比重来衡量;城市产业结构发展水平($Industry$),采用各地级市第三产业产值与第二产业产值比值进行表示;外商投资水平(Fdi),采用外商实际投资额占地区生产总值的比重进行表示。

三、数据来源与说明

本章使用的数据库主要包括《中国海关数据库》《中国工业企业数据库》以及2016年经济合作与发展组织(Organization for

---

① 陈旭、邱斌、刘修岩、李松林:《多中心结构与全球价值链地位攀升:来自中国企业的证据》,《世界经济》2019年第8期。

② 吕越、谷玮、包群:《人工智能与中国企业参与全球价值链分工》,《中国工业经济》2020年第5期。

Economic Co-operation and Development，OECD）发布的世界投入产出数据库，时间跨度为2009—2015年。首先，本章借鉴吕越、邓利静（2020）[1]的做法，根据企业名称、企业所在地邮政编码以及企业电话号码的后7位将《中国海关数据库》和《中国工业企业数据库》进行匹配；其次，对数据进行清洗、合并，将缺失值或零值较多的企业进行剔除；最后，为了避免极端值的影响，对数据左右两端均进行了1%的缩尾处理。值得说明的是，由于2015年中国工业企业数据是新版数据，缺少企业名称这一变量，为了能更好地与海关数据进行匹配，必须获得企业名称这一变量。因此，首先，本章根据企业地址、邮政编码、行业类别与企业开业成立时间四个指标将2014年工企数据与2015年工企数据进行精确匹配，以此获得企业名称，在这一过程虽有样本损失，但能够确保匹配得到的信息是精准可靠的。其次，根据上述工企—海关数据匹配方法，将2015年工企数据与海关数据进行匹配。最后，进行数据合并处理。世界投入产出数据主要进行行业层面数据的测算，包括行业间接进口比例、返回增加值比例与行业间接出口比例。

为了更直观地观察数字贸易对中国制造业企业全球价值链分工地位的影响，本章以数字贸易政策实施为标准，将观察时间内的企业样本分为控制组和处理组，进行统计性描述及显著性检验，结果见表10-1。其中，显著性检验差值是实施数字贸易政策的城市与非数字贸易城市之间均值的差值。根据表中数据可以发现，在价值链下游参与度、价值链上游参与度、企业全球价值链分工地位以及其他控制变量间的差异均在1%的显著性水平上显著，在数

---

① 吕越、邓利静：《全球价值链下的中国企业"产品锁定"破局——基于产品多样性视角的经验证据》，《管理世界》2020年第8期。

字贸易政策影响下,企业全球价值链分工地位的均值显著高于未受数字贸易政策影响的企业。

表10-1 数字贸易影响企业全球价值链的主要变量描述性统计

变量	变量说明	控制组		处理组		显著性检验差值
		观测值	均值	观测值	均值	
下游	全球价值链下游环节参与度	47135	0.101	14115	0.078	0.023***
上游	全球价值链上游环节参与度	47135	0.254	14115	0.281	−0.027***
GVC	全球价值链分工地位	47135	0.137	14115	0.177	−0.040***
Scale	企业规模	47135	9.838	14115	9.887	−0.049***
Age	企业年龄	47135	2.359	14115	2.506	−0.147***
Finance	企业融资约束	47135	0.094	14115	0.15	−0.056***
Tradeway	企业贸易方式	47135	1.664	14115	1.849	−0.185***
lnpgdp	城市经济发展水平	47135	2.238	14115	2.3	−0.062***
Edu	人力资本投资水平	47135	0.227	14115	0.229	−0.002***
Industry	产业结构升级	47135	0.95	14115	1.225	−0.275***
Fdi	外商投资水平	47135	1.228	14115	3.77	−2.542***

注:*、**、***分别表示在10%、5%和1%的显著性水平上显著。

第三节 数字贸易影响企业全球价值链的实证检验

一、基准回归结果

表10-2展示了数字贸易对企业下游价值链参与度、上游价值链参与度与企业整体价值链分工地位的影响效果。其中,在加入控制变量,并控制企业和年份固定效应后,由列(1)、列(2)结果可知,相比没有发展数字贸易的地区,发展数字贸易有利于提高企

业价值链上游参与度,主要原因在于:一方面,相较而言,价值链上游环节主要是技术密集型生产环节,下游环节主要是劳动密集型生产环节(王岚、李宏艳,2015)①。在数字技术快速发展的背景下,下游环节的传统加工贸易企业缺乏自主性品牌,无法形成市场竞争优势,数字贸易的出现不利于下游环节企业的价值链分工地位攀升;另一方面,数字贸易通过借助于电子商务平台的跨界贸易,加快数据流动,加强了产业间知识和技术要素共享,降低了减少技术交流门槛,提升了价值链上游企业的产品研发设计能力,因此,数字贸易对全球价值链上游环节参与度越高的企业,提升作用也就越大。此外,列(3)回归结果表明,数字贸易对企业全球价值链分工地位具有明显的提升作用。本章认为,数字贸易更有利于提高企业产品设计、品牌创新、关键零部件供应等环节,赋能企业全产业链转型升级,从而提供更高质量的产品、技术和服务、提高出口产品附加值水平,进而实现企业全球价值链分工地位的攀升。

表 10-2　数字贸易影响企业全球价值链的基准回归结果

变量	下游参与度 (1)	上游参与度 (2)	GVC (3)
DIGT	−0.0058*** (0.0013)	0.0013*** (0.0004)	0.0058*** (0.0014)
Scale	0.0034*** (0.0008)	−0.0006** (0.0002)	−0.0033*** (0.0009)
Age	0.0068* (0.0035)	−0.0005 (0.0010)	−0.0062* (0.0036)
Finance	0.0001* (0.0001)	−0.0000 (0.0000)	−0.0001* (0.0001)

---

①　王岚、李宏艳:《中国制造业融入全球价值链路径研究——嵌入位置和增值能力的视角》,《中国工业经济》2015 年第 2 期。

续表

变量	下游参与度 （1）	上游参与度 （2）	GVC （3）
Tradeway	0.0032 *** （0.0008）	−0.0009 *** （0.0002）	−0.0035 *** （0.0008）
ln*pgdp*	−0.0020 （0.0025）	0.0003 （0.0007）	0.0016 （0.0026）
Edu	−0.0734 *** （0.0254）	0.0091 （0.0070）	0.0691 *** （0.0257）
Industry	−0.0136 （0.0133）	0.0027 （0.0042）	0.0113 （0.0136）
Fdi	0.0001 （0.0001）	−0.0000 （0.0000）	−0.0001 （0.0001）
常数项	0.0768 *** （0.0187）	0.2632 *** （0.0056）	0.1681 *** （0.0191）
企业固定效应	是	是	是
时间固定效应	是	是	是
行业×时间固定效应	是	是	是
省份×时间固定效应	是	是	是
样本量	61250	61250	61250
R^2	0.8190	0.8594	0.8903

注：*、**、*** 分别表示在10%、5%和1%的显著性水平上显著；括号内为在企业层面的聚类稳健标准误差，下同。

二、稳健性检验

（一）平行趋势检验

在表10-2中采用渐进双重差分回归结果表明，数字贸易能够显著促进域内企业价值链攀升，但是采用渐进双重差分估计结果保持稳健的前提是满足平行趋势假设。基于此，本章通过设立时间虚拟变量的方法检验数字贸易对企业价值链攀升的影响在政策实施前后的动态效果。具体而言，本章在企业受到数字贸易政策影响的前四年到后三年，针对每一年份分别设立了一个时间虚拟变

量,从而对渐进双重差分的平行趋势假定进行检验。图 10-1 显示
了数字贸易对企业价值链攀升的影响在政策实施前后的动态效
应。由图 10-1 可知,变量在前 4 期均没有在统计学上表现出显著
性,这表明在数字贸易政策实施之前,实验组与控制组企业在价值
链攀升方面并不存在显著差异。同时,也可以看到,在政策实施后
的三年后,数字贸易对企业价值链攀升的正向促进效应逐渐开始
显现。图 10-1 的结果验证了平行趋势的假设是成立的。

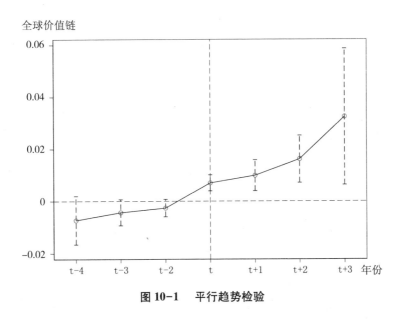

图 10-1　平行趋势检验

(二)异质性处理效应检验

最新的双重差分理论文献证明,传统的双向固定效应
(TWFE)估计量的偏误可能由于负权重和异质性处理效应引起。
在渐进双重差分中,由于处理组政策发生时间并不相同,可以把样
本中各个体划分为如下三类:在整个政策期都未受政策影响的个
体、早期受到政策影响的个体和后期受到政策影响的个体,回归结

果中必然包含将较早接受处理的个体作为控制组的情况,若这一情况对回归结果的影响更大的话,那么传统的双向固定效应差分模型可能估计出负的处理效应。因此,为了进一步检验数字贸易对价值链攀升的促进作用,首先,本章借鉴柴塞马丁、德乌尔特福耶(Chaisemartin 和 D' Haultfoeuille,2020)[1]的方法检验了负权重的占比,结果见表10-3。本章参考孙、亚伯拉罕(Sun 和 Abraham,2021)[2]和加德纳(Gardner,2021)[3]的异质性处理效应方法,根据这两种方法发现本章核心解释变量的回归结果系数仍显著为正,进一步证明了数字贸易对制造业企业全球价值链攀升具有正向促进作用,同时也说明了前文的结果是稳健的。

表10-3　考虑处理异质性数字贸易影响企业全球价值链的结果

检验方法	考虑处理异质性的结果
孙、亚伯拉罕(2021)的方法	0.0089*** (0.0020)
加德纳(2021)的方法	0.0171*** (0.0010)

(三)内生性处理

产生内生性问题的原因无外乎以下四个方面:存在遗漏变量、存在测量误差、存在反向因果和样本选择问题。由于本章以数字

---

① Chaisemartin, C. D., D' Haultfoeuille, X., "Two-Way Fixed Effects Estimators with Heterogeneous Treatment Effects", *American Economic Review*, Vol.110, No.9, 2020, pp. 2964-2996.

② Sun L., Abraham S., "Estimating Dynamic Treatment Effects in Event Studies with Heterogeneous Treatment Effects", *Journal of Econometrics*, Vol.225, No.2, 2021, pp.175-199.

③ Gardner J., "Two-Stage Differences in Differences", NBER Working Paper, 2021.

贸易政策为核心解释变量,而企业行为无法决定政策的制定与执行,因此反向因果问题相对较弱。关于样本选择问题,本章后续将使用双重差分倾向得分匹配的方法校正样本选择偏误。针对数字贸易对企业全球价值链分工地位的影响可能会受到遗漏变量和测量误差等内生性问题的困扰,本章进一步采用工具变量法进行内生性处理。首先,本章拟采用各地区电商人才数量作为工具变量,因为本章关注的被解释变量——新兴数字贸易的发展离不开专业电商人才的培养①。从相关性看,电商人才培养越多,意味着该地区对数字贸易的需求更高。从外生性方面,为培养电商人才而设立电子商务学科的学校数量并不会直接作用于企业价值链分工地位,而是通过影响数字贸易发展程度进而对价值链分工地位产生间接影响,因此,选择各地区电商人才数量作为工具变量满足相关性和外生性的条件。但本章并未直接采用各地区电商人才人数作为工具变量,一方面,由于数据的可获取性较难;另一方面,尽管本章的回归模型中控制了地区和时间的固定效应,但仍有可能存在不可观测的时变因素,因此,本章根据戈德史密斯—平克汉姆(Goldsmith-Pinkham 等,2020)②的研究,采用巴蒂克工具变量(Bartik Instrumental Variable),能更大程度上消除城市潜在的混淆效应,满足排他性约束(张平淡、屠西伟,2022)③。具体工具变

① 2000 年年底,教育部批准设置电子商务本科专业,2012 年 9 月,教育部印发的《普通高等学校本科专业目录(2012 年)》中明确指出电子商务可授予管理学或经济学或工学学士学位。相关培养方案中要求电子商务专业学生要具备"良好的外语听、说、读、写能力","将所获取的知识与实践融会贯通并灵活应用于电子商务实务的技能"。

② Goldsmith-Pinkham P., Sorkin I., Swift H., "Bartik Instruments: What, When, Why, and How", *American Economic Review*, Vol.110, No.8, 2020, pp. 2586-2624.

③ 张平淡、屠西伟:《制造业集聚、技术进步与企业全要素能源效率》,《中国工业经济》2022 年第 7 期。

量构建方法如下:本章将设立电子商务专业的学校数量与全国各个地区有电子商务交易活动的企业数量所占比重进行交乘,构建工具变量($Iv1$)。这种形式的工具变量称为份额转移工具变量(Shift—Share Instrumental Variable),并且这类工具变量的外生性主要由份额(Share)部分决定,构建模型如下:

$$BartikIV = \varepsilon_{p\text{-}college}\Delta e - commerce_p^{2005-2011} \tag{10-2}$$

具体而言,其中$\varepsilon_{p\text{-}college}$是指2012年各省份设立电子商务专业的学校数量,$\Delta e\text{-} commerce_p^{2005-2011}$是指样本期内全国各个地区电子商务销售额情况,其内在逻辑在于,电商人才培养情况依赖于高等院校专业设置情况,因此本章以2012年各省份设立电子商务专业高校作为份额(Share)变量。每年电商专业人才数量取决于四年前专业报考人数,高考考生报考专业的选择会受到外在经济形势的影响,存在报考热门、冷门专业的情况。以淘宝、京东为代表的国内电商的发展情况会影响学生对报考专业的判断。因此本章使用样本期前四年的全国电商销售情况作为转移冲击变量(Shift)。巴蒂克工具变量的外生性条件要保证份额的外生性和冲击的外生性,一方面,使用巴蒂克工具变量的关键是要保证初始年份在不同地区比重的外生性,本章选用了2012年的高校电商专业设置情况,因为2012年教育部门才开始对部分高校的电商人才授予学位,而这取决于各地高校分布发展情况等外生因素,具有外生性。另一方面,保证冲击的外生性,各地区4年前的国内电商发展情况,受限于当时各大电商平台本身的发展情况,与广大制造业企业生产无直接关系,且滞后4年以后,时间序列相关性更弱,进一步保证外生性。表10-4列(1)和列(2)分别给出了使用工具变量方法的两阶段回归结果。由表10-4列(1)结果可以看出,回归系数显著为正,说明本章选取的工具变量满足相关性要求;由列(2)第二阶段回归结果可以看出,数字贸易对企业全球价值链分工地位的回归结果依然显著为正,这也表明在进行内生性处理之后,数字贸易对制造业企业全球价值链攀升同样具有明显的促进作用,佐证了本章基准模型的结论。

此外,为了保证本章结论的稳健性,还采用了各城市到杭州市的距离作为第二个工具变量(Iv2)。主要原因在于杭州市作为浙江自贸区打造数字自贸区的重要依托,提出要率先开展以数字自由贸易为特色的创新探索,打响"杭州服务、数字贸易"品牌,全力打造高水平新型国际贸易中心,成为第一批数字贸易试点城市。根据2020年度浙江省数字贸易百强榜数据发现,杭州市共91家企业上榜,数字贸易实力领跑全省①。与此同时,地理位置是与经济系统无关的外生变量,各城市到杭州市的距离不会直接影响企业全球价值链分工地位,因而,满足工具变量的相关性和外生性的条件。表10-4列(3)和列(4)的回归结果进一步表明,数字贸易有利于促进制造业企业全球价值分工地位的提升。

表 10-4　数字贸易影响企业全球价值链的内生性检验回归结果

变量	第一阶段	第二阶段	第一阶段	第二阶段
	DIGT（1）	GVC（2）	*DIGT*（3）	GVC（4）
IV1	0.1390*** (0.0077)			
IV2			−1.5536*** (0.2104)	

① 数据来源:《2020年度浙江省数字贸易百强榜发布　杭州91家企业上榜》,中国新闻网,2021年9月3日,见 https://www.chinanews.com.cn/cj/2021/09-03/9557802.shtml。

续表

变量	第一阶段	第二阶段	第一阶段	第二阶段
	DIGT（1）	GVC（2）	*DIGT*（3）	GVC（4）
DIGT		0.0185*（0.0103）		0.1273*（0.0770）
控制变量	是	是	是	是
企业固定效应	是	是	是	是
时间固定效应	是	是	是	是
行业×时间固定效应	是	是	是	是
省份×时间固定效应	—	—	是	是
样本量	35540	35540	61250	61250
Cragg-Donald Wald F 统计量	943.3750		89.0400	
Kleibergen-Paap rk LM 统计量	356.4130		6.7570	
Kleibergen-Paap rk Wald F 统计量	327.1260		54.5430	

（四）其他稳健性检验

1. 替换被解释变量

本章借鉴陈旭等（2019）[①]的做法，采用出口增加值率（*DVAR*）作为替换指标，以衡量企业全球价值链嵌入程度，该指标越大，代表企业从出口中获得的国内附加值就越高，出口竞争力就越大。结果见表 10-5 的列（1），其中，出口增加值率的估计系数在 5% 的显著性水平上显著，表明数字贸易有利于企业价值链攀升，与前文实证结果相吻合。此外，在全球价值链分工体系下，一国出口商品的技术复杂度能够反映一国在价值链分工中的地位，出口技术复

---

① 陈旭、邱斌、刘修岩、李松林：《多中心结构与全球价值链地位攀升：来自中国企业的证据》，《世界经济》2019 年第 8 期。

杂度越高,表明企业分工地位正向价值链高端攀升。因此,本章借鉴马述忠、任婉婉、吴国杰(2016)[①]的做法,采用出口技术复杂度(ETS)作为替换指标来衡量价值链攀升,从表10-5的列(2)可以看出数字贸易对价值链攀升存在显著的正向促进效应,本章结论依然成立。

2. 替换核心解释变量

本章利用2013—2015年各省跨境电商交易规模(CBE)进行核心解释变量的替换,相较于已有研究,跨境电商交易规模更能够从规模视角衡量数字贸易发展现状。具体替换方法如下:首先,计算出当前各省贸易进出口总额占全国进出口贸易总额的占比;其次,利用各年度中国跨境电商交易规模乘以当前各省进出口贸易总额的占比,近似计算出各省跨境电商的交易规模,进而替换上述数字贸易的指标;最后,进行实证检验,检验结果见表10-5的列(3),表明替换核心解释变量后并未对本章的基准回归结果产生影响,本章结论依然稳健。

3. 排除同期其他政策因素干扰

已有研究表明,"一带一路"建设依托贸易关联、设施联通,不仅有助于企业链条式转移与集群式发展,而且有助于中国企业迈向全球价值链中高端(黄先海、余骁,2017)[②]。由此可知,"一带一路"倡议的提出可能会干扰数字贸易政策实施的影响效果,因此,为了排除其他同期政策的干扰性,本章剔除了"一带一路"沿线经过的地区进行稳健性检验。根据表10-5的列(4)回归结果显示,

---

① 马述忠、任婉婉、吴国杰:《一国农产品贸易网络特征及其对全球价值链分工的影响——基于社会网络分析视角》,《管理世界》2016年第3期。

② 黄先海、余骁:《以"一带一路"建设重塑全球价值链》,《经济学家》2017年第3期。

当排除"一带一路"建设的干扰后,数字贸易的实施仍然可以显著提高处理组地区的企业价值链。此外,自由贸易试验区建设作为新一轮制度开放的高地,不仅能够通过贸易创造效应带动中国出口贸易量的增长,还能够培育外贸新优势,推动贸易转型升级(蒋灵多、陆毅、张国峰,2021)[1],因此,本章还进一步排除了自贸区建设的影响,根据表 10-5 的列(5)回归结果发现,在排除自由贸易试验区的影响之后,本章结论依然成立。

表 10-5　数字贸易影响企业全球价值链的其他稳健性检验回归结果

变量	替换变量			排除其他政策影响	
	DVAR（1）	*ETS*（2）	*GVC*（3）	*GVC*（4）	*GVC*（5）
DIGT	0.2539** (0.1114)	0.0308*** (0.0094)		0.0055*** (0.0014)	0.0053*** (0.0014)
CBE			0.0411** (0.0168)		
常数项	37.8184*** (22.5538)	0.6545*** (0.1363)	−0.0195 (0.0412)	0.1986*** (0.0197)	0.1969*** (0.0196)
控制变量	是	是	是	是	是
企业固定效应	是	是	是	是	是
时间固定效应	是	是	—	是	是
行业×时间固定效应	是	是	是	是	是
省份×时间固定效应	是	—	—	是	是
样本量	15672	61259	16775	57103	54800
R^2	0.1769	0.9299	0.8563	0.8341	0.8357

---

① 蒋灵多、陆毅、张国峰:《自由贸易试验区建设与中国出口行为》,《中国工业经济》2021年第8期。

第四节 数字贸易影响企业全球价值链的拓展分析

一、作用机制检验

为了验证数字贸易是否能够通过降低贸易成本、强化知识技术溢出和优化要素配置这三个渠道促进中国制造业企业价值链分工地位攀升。本章分别设置以下三个变量进行机制检验：一是贸易成本。本章采用贸易成本指数（Trade_cost）作为衡量指标来验证数字贸易能否降低贸易成本。基于艾格等（Egger 等，2021）[①]的研究，利用世界投入产出表（World Input Output Database，WIOD）对各部门贸易成本指数进行测算，按照行业用途和分类，将国民经济行业分类与世界投入产出表的部门进行匹配，得到中国各行业的贸易成本指数，并根据两分位行业代码将样本企业进行行业匹配，以考察不同行业企业的贸易成本影响。同时，本章借鉴张洪胜、潘钢健（2021）[②]的方法，使用一国信息通信技术服务贸易出口强度作为搜寻成本（Search_cost）的衡量指标，信息通信技术作为数字基础设施，通过开展技术引进、积极利用外资、国际信息技术外包、对外直接投资等多种服务贸易方式，能够有效组合全球信息资源，即，若企业信息通信技术服务出口规模、出口强度越大，企业利用服务开放的方式获取信息能力越强，那么企业信息搜寻成本就会越低。二是知识溢出水平。一方面，知识溢出是促进创新能

---

① Egger P., Larch M., Nigai S., "Trade Costs in the Global Economy：Measurement, Aggregation and Decomposition", WTO Staff Working Papers, Vol.2, 2021, pp.1-114.

② 张洪胜、潘钢健：《跨境电子商务与双边贸易成本：基于跨境电商政策的经验研究》，《经济研究》2021 年第 9 期。

力（Innovation）提升的重要影响因素，因此，本章以各地级市发明专利申请量占比作为创新水平的衡量指标，以检验数字贸易能否提升研发创新效率；另一方面，一国知识产权使用费的进出口额能够反映知识溢出效率水平，当知识产权使用费用进出口总额越高说明知识溢出效率更高，因此，本章采用中国知识产权使用费进出口总额（IPR）作为知识溢出水平的衡量指标。三是要素配置。本章分别对制造业企业的资本错配指数（Tk）和劳动力错配指数（Tl）进行衡量，以检验数字贸易能否改善要素错配水平，优化要素资源配置。

前文的理论机制分析表明，数字贸易能够通过降低贸易成本、强化协同创新以及优化资源配置三种渠道来提升企业全球价值链分工地位。贸易成本的下降、创新激励与要素配置优化对全球价值链的促进效应已经被诸多文献所佐证（Lendle 等，2016[①]；马永开、李仕明、潘景铭，2020[②]；赵宸宇、王文春、李雪松，2021[③]），因此，本章将重点检验数字贸易是否会对中介变量产生影响，进而影响企业全球价值链分工地位。在降低贸易成本方面，从表 10-6 列（1）来看，数字贸易（DIGT）的估计系数显著为负，这说明数字贸易的发展能够整合商品市场，降低了企业贸易成本，加速了商品的流通和贸易的自由化。根据列（2）回归结果可以发现，数字贸易的出现带动了信息通信技术服务出口贸易发展，提高了信息通信技术服务贸易强度，即数字贸易能够增强信息获取能力，从而降

---

① Lendle A., Olarreaga M., Schropp S., Vézina P. L., "There Goes Gravity: eBay and the Death of Distance", *The Economic Journal*, Vol.126, No.591, 2016, pp.406-441.

② 马永开、李仕明、潘景铭：《工业互联网之价值共创模式》，《管理世界》2020 年第 8 期。

③ 赵宸宇、王文春、李雪松：《数字化转型如何影响企业全要素生产率》，《财贸经济》2021 年第 7 期。

低信息搜寻成本。同样,张洪胜和潘钢健(2021)[1]在实证研究发现中国在跨境电商政策实施后,中国出口贸易成本和进口贸易成本均会下降,与本章研究结论相似。在知识溢出方面,表10-6列(3)、列(4)回归结果表明,数字贸易的发展能够带来技术创新效应、促进知识溢出。数字贸易的价值共创模式为充分学习发达国家的先进技术提供了平台,以实现"干中学"并进行相应的技术创新。刘斌、甄洋(2022)[2]进一步研究发现,数字贸易规则的完善可以通过降低数据流动成本、增强空间知识溢出等途径有效降低创新要素跨境流动壁垒,也从侧面验证了本章结论。在优化资源配置方面,表10-6列(5)、列(6)展示了数字贸易如何影响要素配置的实证结果,具体而言,列(5)核心解释变量的回归系数在1%的水平上显著为负,这说明数字贸易显著降低了人力资本错配水平。同样,列(6)中数字贸易对资本错配的影响也显著为负,说明数字贸易同样降低了资本要素错配水平,即数字贸易发展能够有利于促进人才、资本等要素市场优化配置。因此,数字贸易能够打破国内市场分割所带来的要素配置扭曲,有利于降低人才、技术等高端要素的获取门槛,优化资源配置实现高端要素集约化投入。

表10-6　数字贸易对企业全球价值链攀升的作用机制检验

变量	Trade_cost (1)	Search_cost (2)	Innovation (3)	IPR (4)	Tk (5)	Tl (6)
DIGT	-0.0047 * (0.0025)	0.0036 *** (0.0002)	0.3610 *** (0.0077)	23.9046 *** (1.2013)	-1.3485 *** (0.0607)	-3.5976 *** (0.1572)

① 张洪胜、潘钢健:《跨境电子商务与双边贸易成本:基于跨境电商政策的经验研究》,《经济研究》2021年第9期。
② 刘斌、甄洋:《数字贸易规则与研发要素跨境流动》,《中国工业经济》2022年第7期。

续表

变量	Trade_cost (1)	Search_cost (2)	Innovation (3)	IPR (4)	Tk (5)	Tl (6)
常数项	2.4385 *** (0.0294)	−0.0663 *** (0.0021)	2.4343 *** (0.2442)	−24.2801 ** (9.5911)	7.1977 *** (0.8497)	33.4101 *** (1.7203)
控制变量	是	是	是	是	是	是
企业固定效应	是	是	是	是	是	是
时间固定效应	是	—	是	是	是	是
行业×时间固定效应	—	—	是	—	是	是
省份×时间固定效应	—	—	是	—	是	是
样本量	59233	51847	61250	61263	60319	60319
R^2	0.9263	0.7684	0.9678	0.2753	0.9961	0.7558

二、异质性检验

为了检验数字贸易对企业全球价值链分工地位攀升的促进作用能否普惠到所有制造业企业? 又是否会加剧制造业内部的发展"不平等",本章参照以往文献(陈旭等,2019[①];苏丹妮等,2020[②])的做法,并结合前文的理论分析,分别从企业规模、企业生产效率水平以及企业技术密集度三个维度进行分组检验。

(一)企业规模的异质性

考虑企业自身规模经济的存在,本章进一步根据企业年末就业总人数均值将企业规模划分为"大型企业"和"小型企业"两组

---

① 陈旭、邱斌、刘修岩、李松林:《多中心结构与全球价值链地位攀升:来自中国企业的证据》,《世界经济》2019年第8期。

② 苏丹妮、盛斌、邵朝对、陈帅:《全球价值链、本地化产业集聚与企业生产率的互动效应》,《经济研究》2020年第3期。

样本,相应的分样本估计结果见表 10-7 列（1）、列（2）。在小型企业样本中,数字贸易对企业全球价值链地位的提升作用小于大型企业,这表明数字贸易对企业价值链攀升的促进作用更易在大型企业中显现,可能的原因是资金、技术以及市场能力方面的欠缺制约了数字贸易在中小型企业的发展。

（二）企业生产效率的异质性

由于企业全要素生产率能够体现出企业生产效率改进、产品质量提高、企业结构升级等。因此,本章基于线性规划莱文森—佩特林法测算出企业全要素生产率并根据均值将企业划分为生产率较低和生产率较高的企业,相应的分样本估计结果见表 10-7 列（3）、列（4）。可以发现,在生产效率较低的企业中,数字贸易的发展对企业价值链分工地位的提升虽然具有一定的促进作用,但这一作用效果并不显著。而在生产效率较高的企业中,数字贸易对企业价值链分工地位的提升具有更为显著的促进作用,这也说明企业生产效率越高,数字贸易越有利于提升企业的全球价值链参与地位,进一步表明数字贸易的红利在具有出口竞争优势的企业中更容易得到发挥。

（三）企业技术密集度特征的异质性

本章进一步将企业所在行业的技术密集度特征作为分组依据,区分低技术密集型与高技术密集型企业子样本并展开分组检验,估计结果见表 10-7 列（5）、列（6）。数字贸易发展对技术密集型制造业价值链分工地位的提升作用最为明显。其中的原因在于:一方面,低技术密集型的企业在数字化转型的过程中更加倾向于成本节约的劳动替代而非效率提升的技术创新,从而造成数字贸易对价值链地位的提升作用较低;另一方面,支撑数字贸易发展的数字技术更大程度上属于先进技术,其在高技术密集型制造业中的技术应用门槛较低,进而数字贸易更容易在技术密集型制造业价值链攀升中发挥作用。当前,中国一批"卡脖子"技术行业多集中于技术密集型制造业,因此通过发展数字贸易不仅有助于促进技术密集型制造业价值链攀升,更有助于突破"卡脖子"技术的制约。

表 10-7 数字贸易影响企业全球价值链的异质性回归结果

变量	按企业规模划分		按企业 TFP 水平划分		按企业技术密集度划分	
	小型企业（1）	大型企业（2）	低 TFP（3）	高 TFP（4）	低技术密集度（5）	高技术密集度（6）
DIGT	0.0041 ***	0.0083 **	0.0044	0.0064 ***	0.0075	0.0057 *
	(0.0015)	(0.0033)	(0.0048)	(0.0015)	(0.0051)	(0.0033)
常数项	0.2007 ***	0.0695	0.2001 ***	0.1677 ***	0.2056 *	0.1550 ***
	(0.0220)	(0.0435)	(0.0661)	(0.0217)	(0.1059)	(0.0540)
控制变量	是	是	是	是	是	是
企业固定效应	是	是	是	是	是	是
时间固定效应	是	是	是	是	是	是
行业×时间固定效应	是	是	是	是	是	是
省份×时间固定效应	是	是	是	是	是	是
样本量	42255	14686	5910	54376	1009	11778
R^2	0.8323	0.8482	0.8657	0.8292	0.8412	0.8553

三、进一步分析

本章进一步探究了数字贸易与国内统一大市场的交互作用对

企业全球价值链分工地位的影响并进行理论分析。首先,关于国内统一大市场具体衡量指标,本章借鉴盛斌、毛其淋(2011)①的研究,采用价格指数法首先计算出各地区的市场分割指数,通过对市场分割指数的倒数开根号构建了市场一体化指数(*Market*),该指数能够通过产品的相对价格在特定区间内的波动反映出区域间市场是否是整合的。其次,本章构建了调节效应模型,将数字贸易与市场一体化指数的交互项纳入回归模型,对本土规模市场一体化的调节效应进行检验。最后,根据表 10-8 列(1)的回归结果可知,数字贸易能够借助市场一体化发展,依托本土市场优势,跨越数字贸易平台的规模门槛,进一步提升制造业企业价值链攀升,打破价值链"低端锁定"状态。进一步,列(2)至列(5)的回归结果表明,这一调节效应在不同规模和技术条件的企业具有显著性差异,在规模较大的企业和高技术企业,数字贸易对企业全球价值链分工地位的促进效应就越强,借助于市场一体化建设平台,能够充分发挥数字贸易对价值链的提升作用,有助于本土企业突破跨国公司"技术封锁"和"俘获效应",继而以"链主"的身份从国内走向国际。在数字贸易时代,中国制造企业可以充分利用国内和国外双重市场优势,通过本土市场形成积累跨越规模门槛,再借助数字贸易平台形成的网络扩散效应,不断提升企业生产效率和创新水平,实现价值链攀升。

---

① 盛斌、毛其淋:《贸易开放、国内市场一体化与中国省际经济增长:1985—2008 年》,《世界经济》2011 年第 11 期。

表 10-8　市场一体化的调节效果

变量	GVC（1）	小企业（2）	大企业（3）	低技术（4）	高技术（5）
$DIGT \times market$	0.8644*** (0.2630)	0.8482*** (0.3027)	0.9874* (0.5376)	−0.5133 (1.7469)	1.7251** (0.6728)
$DIGT$	−0.0186*** (0.0056)	−0.0183*** (0.0065)	−0.0198* (0.0114)	0.0081 (0.0358)	−0.0336** (0.0143)
$Market$	−0.3571*** (0.0739)	−0.3303*** (0.0854)	−0.4618*** (0.1575)	0.0480 (0.4859)	−0.5437*** (0.1652)
常数项	0.2168*** (0.0177)	0.2123*** (0.0200)	0.1824*** (0.0480)	0.1177 (0.0875)	0.2015*** (0.0443)
控制变量	是	是	是	是	是
企业固定效应	是	是	是	是	是
时间固定效应	是	是	是	是	是
行业×时间固定效应	是	是	是	是	是
样本量	59230	42265	13890	1018	11783
R^2	0.8416	0.8314	0.8562	0.8453	0.8547

如何突破制造企业价值链"低端锁定"困境,实现工业"稳增长"一直是各界关注的重点议题。在中国经济向高质量发展转型和培育对外贸易新优势的背景下,厘清数字贸易对制造企业价值链参与地位的影响与作用路径具有重要的理论与现实意义。本章将中国数字贸易政策出台作为准自然实验,依托 2009—2015 年微观企业面板数据,构建渐进双重差分识别策略深入研究数字贸易发展对中国制造企业价值链攀升的内在机理与实现条件。基于数字贸易的特征属性和"连接市场—价值共创—要素配置"企业参与数字贸易全过程的框架,研究发现,数字贸易能够显著提高制造企业的价值链上游参与度,对制造企业全球价值链地位的攀升有正向影响,在采用巴蒂克工具变量、进行异质性处理效应、替换变

量以及排除"自贸区建设""一带一路"等政策干扰等方法进行稳健性检验后,研究结论依然成立。潜在的影响机制研究发现,数字贸易能够通过市场连接渗透降低贸易成本、形成价值共创的生产模式强化知识技术溢出以及利用要素"虚拟化"优化要素资源配置三条路径促进中国制造业企业价值链分工地位攀升。异质性研究结果表明,数字贸易对制造业企业价值链攀升的异质性影响依赖于企业的规模大小、生产效率高低以及技术密集度的强弱,具体来说,对于企业规模较大、生产效率较高以及以技术密集型为特征的制造企业,数字贸易政策的出台对其价值链分工地位提升的作用更为明显。进一步研究发现,中国本土规模市场优势对数字贸易推动制造企业价值链攀升起到了显著的正向调节作用,强化了数字贸易促进效应的发挥,且这一正向调节作用在规模较大和高技术密集度企业更加明显。

第十一章　数字金融对企业创新效率的影响研究

加快实施创新驱动发展战略、提高创新链整体效能是现阶段提升我国科技创新能力、实现高水平科技自立自强的重要抓手。《中华人民共和国国民经济和社会发展第十四个五年规划和2035年远景目标纲要》和党的二十大报告均强调,要进一步强化企业科技创新主体地位、提升企业技术创新能力。创新是企业对未知知识、技术与产品的探索,具有持续周期长、投入规模大、不确定性高的特点。因此,如何优化企业科技创新的投入产出关系、提高企业创新效率成为现阶段稳步提高创新链整体效能、解决企业生产技术低端锁定状态的关键所在。事实上,数字金融作为金融市场在不改变为资本定价这一本质特征的基础上,利用新一代信息技术对金融市场组织模式、金融功能实现形式和金融服务供给方式赋能创新,能够为解决企业创新活动中的资金需求与代理冲突提供崭新路径。因此,本章的研究核心主要集中在两个方面:一是在理论研究上,立足创新价值链理论对企业创新效率的内涵进行理论溯源,结合数字金融的典型特征阐释数字金融影响企业创新效率的作用机理;二是在实证研究上,利用地级市数字金融百度新闻指数和链式网络数据包络分析方法测算得到的企业创新效率数据,运用系统广义矩估计、工具变量法等多种计量方法识别数字金融与企业创新效率的因果效应和影响机制。

第一节 数字金融影响企业创新效率的理论分析

基于创新价值链理论,创新是将灵感与创意转化为商业价值的过程。其中,创意转化位于创新价值链的前端,负责将创意灵感转化为研发投入,为后续创新提供必要的物质支持;知识凝结位于创新价值链的中端,负责将资金和人员投入转化为技术层面的科技成果,为后续创新提供技术准备;而成果实现阶段则是创新价值链的末端,主要是将科技成果转化为新的产品与服务,完整实现创新活动的社会经济价值。因此,企业创新效率是对企业创意投入、知识凝结和成果实现三个阶段投入—产出效率的综合评价。而数字金融是利用大数据、云计算、人工智能等新一代信息技术赋能传统金融机构的新产物,可以通过拓展资金来源与可得性缓解企业融资约束、改善信息不对称降低企业代理成本,促进创意投入—知识凝结—成果实现三阶段的循环运转,从而提高企业创新的整体效率(Demertzis 等,2018)[1]。

---

① Demertzis M., Merler S., Guntram B. Wolff., "Capital Markets Union and the Fintech Opportunity", *Journal of Financial Regulation*, Vol.4, No.1,2018,pp.157-165.

一、数字金融影响企业创新效率的融资约束机制

企业创新是对企业资金体量、风险承担能力和资源调整能力的巨大考验。要素错配理论认为,市场主体对利润最大化的追求会在不完全市场驱使下发生"要素扭曲"偏离,导致企业在创新活动过程中的要素配置不能达到最优状态,阻碍创新活动的开展与创新效率的提升。而数字金融作为新一代信息技术与金融体系深度融合的产物,可以通过放松资信等级、规模限制、投资回报以及审批时限等资本市场准入约束,提升企业创新过程中融资渠道选择的多样性。并在此基础上提高融资便利性,帮助企业获得成本低廉的资本要素,降低企业创新过程中的融资壁垒与融资成本,保障企业初始创新现金流的充裕程度(陈中飞、江康奇,2021[①];张勋等,2020[②];何宗樾、宋旭光,2020[③];张志元、马永凡,2022[④])。进一步地,在创意投入、知识凝结和成果实现三阶段的对接过程中,数字金融补充了企业与资金供给方之间的中间媒介,能够通过缓解双方的信息不对称程度,及时弥补企业在创新三阶段对接过程中可能出现的新增中间投入短缺现象,激励研发主体进一步增加投入强度,将更多内部资源投入到创新活动中(王靖宇、张宏亮,2020[⑤];李晓龙、冉光和,2018[⑥];Grennan 等,2021[⑦])。而充足的资

---

① 陈中飞、江康奇:《数字金融发展与企业全要素生产率》,《经济学动态》2021 年第 10 期。

② 张勋、杨桐、汪晨、万广华:《数字金融发展与居民消费增长:理论与中国实践》,《管理世界》2020 年第 11 期。

③ 何宗樾、宋旭光:《数字金融发展如何影响居民消费》,《财贸经济》2020 年第 8 期。

④ 张志元、马永凡:《数字金融与企业投资:银行风险承担视角》,《当代经济科学》2022 年第 1 期。

⑤ 王靖宇、张宏亮:《债务融资与企业创新效率——基于〈物权法〉自然实验的经验证据》,《中国软科学》2020 年第 4 期。

⑥ 李晓龙、冉光和:《中国金融抑制、资本扭曲与技术创新效率》,《经济科学》2018 年第 2 期。

⑦ Grennan J., Michaely R., "FinTechs and the Market for Financial Analysis", *Journal of Financial and Quantitative Analysis*, Vol.56, No.6, 2021, pp.1877-1907.

金支持一方面可以促进研发链条顺延,降低企业陷入流动性困境的可能性,保证企业研发活动顺利进行、研发成果顺利落地,避免沉没成本的累积,提高企业创新效率;另一方面有助于拓展研发深度,保证企业在新领域学习过程中持续获取前沿技术信息、更新换代研发技术设备,提高研发人员的工作效率和熟练程度,形成创新价值链溢出提升创新成果价值,最终提高企业创新效率。因此,数字金融可以在创意转化阶段促进企业按照创新需求匹配足够资金投入,在知识凝结阶段吸引外部资金实现新增中间投入,在成果实现阶段拓展投入强度确保成果转化顺利实现。总而言之,数字金融可以通过缓解融资约束降低创新活动的不确定性和风险性,保证创新活动顺利开展和创新成果质量提升,提高企业创新效率(叶祥松、刘敬,2018)[①]。

二、数字金融影响企业创新效率的代理成本机制

代理问题是由于现代企业经营权与所有权分离产生的所有者与管理者之间的利益冲突问题,委托代理被视为导致企业创新活动效率低下的关键因素(姜军、江轩宇、伊志宏,2020)[②]。创新活动是具有长期性质的战略性投资,需要企业管理者根据企业经济条件与长期目标有效分配公司资源,将资金、科技人员和信息等关键要素在企业内部实现最优配置(陈德球、孙颖、王丹,2021[③];唐

[①] 叶祥松、刘敬:《政府支持、技术市场发展与科技创新效率》,《经济学动态》2018年第7期。
[②] 姜军、江轩宇、伊志宏:《企业创新效率研究——来自股权质押的影响》,《金融研究》2020年第2期。
[③] 陈德球、孙颖、王丹:《关系网络嵌入、联合创业投资与企业创新效率》,《经济研究》2021年第11期。

红梅、赵军,2022[①])。但是实际创新过程中,由于创新具有长周期、高不确定性、高失败率与巨大潜在收益并存的特点,可能会对企业短期业绩和市场预期产生不利影响,从而损害企业管理者自身利益、降低其风险承担意愿。在此情况下,企业管理者在追求自身利益最大的目标指引下会采取消减研发投入、降低当期费用支出等常见手段增加企业短期业绩、战胜市场预期(杨道广、王佳妮、陈汉文,2020[②])。而此类规避风险、维护股价等动机驱动的短视行为会侵占原本计划用于创新投资的经济资源,削减企业创新投入,阻碍或中断企业创新活动的推进,造成沉没成本或降低创新成果价值,抑制企业创新效率(朱德胜,2019[③])。在此过程中,虽然企业所有者会对企业创新进展进行阶段性评估,依据考评结果及时干预管理者调整下一阶段运营策略,但是由于企业创新具有较高的技术门槛与专业化特性,极易造成企业管理者与所有者之间的信息不对称情况。而数字金融对财务信息的持续收集提供了相对完备的项目评价反馈体系,能够促使薄弱的专业化中介网络逐渐向灵活多样、成熟完善转变,提高企业所有者与管理者之间的互动效率,帮助企业所有者真实感受企业创新表现,促进企业管理者更好地整合资金资源,提高企业创新效率。同时,就外部市场预期而言,数字金融也可以通过提高企业信息披露的透明度,拓宽外部监督渠道、激发外部监督治理努力,在增加对企业创新活动有效

---

① 唐红梅、赵军:《数字普惠金融、产业结构与包容性增长》,《当代经济科学》2022 年第 6 期。

② 杨道广、王佳妮、陈汉文:《业绩预告:"压力"抑或"治理"——来自企业创新的证据》,《南开管理评论》2020 年第 4 期。

③ 朱德胜:《不确定环境下股权激励对企业创新活动的影响》,《经济管理》2019 年第 2 期。

监管的同时,提升外部市场对企业创新活动的积极预期,进一步促进企业管理层合理配置研发资源,降低企业内部代理成本,提升企业创新效率(姚立杰、周颖,2018)①。综上所述,数字金融可以在企业所有者与管理者之间形成相对有效的良性循环,促使企业管理者在创意转化阶段合理分配创新资源,在知识凝结阶段客观传递创新进展,在成果实现阶段积极调节市场预期,实现创新投入的合理转化,促进企业创新效率提升。基于以上分析,本章提出如下假说:

假说一:数字金融可以通过拓展资金来源与可得性、缓解融资约束,促进企业创新效率提升。

假说二:数字金融可以通过在企业创新管理层面缓解信息不对称、降低代理成本,促进企业创新效率提升。

第二节　企业创新效率测度与典型特征

已有文献对创新效率的测度大致经历了三个阶段。在最初阶段,学者将企业创新活动视为一个统一整体,或是以企业专利授权数、专利授权数量与专利申请数量的比值、专利申请数量与研发支出比值、新产品销售额占总销售额的比重等指标直接表征创新效率(唐红梅、赵军,2022②;陈德球、孙颖、王丹,2021③;姚

---

① 姚立杰、周颖:《管理层能力、创新水平与创新效率》,《会计研究》2018 年第 6 期。

② 唐红梅、赵军:《数字普惠金融、产业结构与包容性增长》,《当代经济科学》2022 年第 6 期。

③ 陈德球、孙颖、王丹:《关系网络嵌入、联合创业投资与企业创新效率》,《经济研究》2021 年第 11 期。

立杰、周颖,2018[1];姜军、江轩宇、伊志宏,2020[2]),或是基于数据包络分析模型或随机前沿模型测算决策单元创新效率(Zhang等,2022[3];Gomber等,2018[4];李晓龙、冉光和,2018[5];王靖宇、张宏亮,2020[6])。而后,随着创新价值链理论的演进完善,学术界将创新视为一种连续、系统、多阶段的过程,可以划分为知识创新、科研创新、产品创新或技术开发、技术转化、产业化三个首尾相连的环节,并分别对我国省际与高技术产业的创新效率进行测算度量[7]。但是受到维度特征和数据来源的限制,从上述三阶段度量创新效率的做法停留在了中国产业整体或省际层面,更多学者仅能通过将上述三个环节压缩为研发环节、市场投放环节或技术开发环节、成果转化环节,刻画企业、产业或区域创新的阶段效率与整体效率[8]。现阶段,随着数据资源可得性的不断拓展,本章结合企业创新效率不同于省级创新效率的微观主体特征,选择从创意转化、知识凝结和成果实现三阶段刻画企业创新

---

① 姚立杰、周颖:《管理层能力、创新水平与创新效率》,《会计研究》2018年第6期。

② 姜军、江轩宇、伊志宏:《企业创新效率研究——来自股权质押的影响》,《金融研究》2020年第2期。

③ Zhang L., Huang S., "Social Capital And Regional Innovation Efficiency: The Moderating Effect of Governance Quality", *Structural Change and Economic Dynamics*, Vol. 62, No. 9, 2022, pp.343-359.

④ Gomber P., Kauffman R. J., Parker C., Weber B., "On the Fintech Revolution: Interpreting the Forces of Innovation, Disruption, and Transformation in Financial Services", *Journal of Management Information Systems*, Vol.35, No.1, 2018, pp.220-265.

⑤ 李晓龙、冉光和:《中国金融抑制、资本扭曲与技术创新效率》,《经济科学》2018年第2期。

⑥ 王靖宇、张宏亮:《债务融资与企业创新效率——基于〈物权法〉自然实验的经验证据》,《中国软科学》2020年第4期。

⑦ 杨骞、刘鑫鹏:《中国区域创新效率的南北差异格局:2001—2016》,《中国软科学》2021年第12期。

⑧ 周泽将、汪顺、张悦:《知识产权保护与企业创新信息困境》,《中国工业经济》2022年第6期。

价值链。

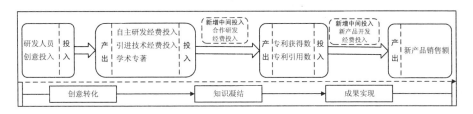

图 11-1　企业三阶段链式创新过程

企业三阶段链式创新具体过程见图 11-1。创意转化阶段主要实现创意灵感向实际研发支出的转变,因此其投入指标主要为企业研发人员数量和相应的创意投入,产出指标为自主研发经费投入、引进技术经费投入以及转化形成的学术专著。在具体刻画层面,企业创意投入本章参考周泽将、汪顺、张悦(2022)通过使用机器学习的文本分析方法进行衡量。具体来说,首先,收集整理国务院公布的创新相关政策文件提取创新关键性词汇,在此基础上构建创意投入术语词典;其次,观察到企业年报"管理层讨论与分析"部分主要涉及公司治理、核心技术、智力资本和前瞻性创新决策等关键性问题,因此本章将文本分析范围缩小到该部分,实现对企业创意产生与创新战略的精准度量;再次,通过将创意投入术语词典扩充到爬虫的中文分词库,统计相关词汇出现的频次;最后,用创意投入相关词汇的频次总数除以企业年报"管理层讨论与分析"部分词汇总数得到相关词频,考虑到年报该部分是对未来创新计划的披露,因此选用滞后一期的创意投入词频刻画企业当期创意投入水平。自主研发经费投入、引进技术经费投入则根据国泰安数据库公布的上市公司财务报表附注,分别筛选汇总管理费用、研发费用、财务费用等会计科目的具体"说明"中自主研发、引进技术等内容得到。至于企业发表的学术专著数量,由于上市公司不直接公布本公司发表科技论文与专著数量,本章筛选上市公司财务报表附注无形资产中包含著作权的资产衡量企业发表专著情况。

知识凝结阶段旨在实现物质投入向技术层面科技成果的转化,在将上一阶段产出转化为本阶段投入的基础上,需要的新增投入是合作研发经费投入,相应产出为专利获得数量与专利引用数量。在具体刻画层面,合作研发经费投入筛选上市公司财务报表附注中,管理费用、研发费用、财务费用等会计科目具体"说明"中与高校、科研机构合作相关数据汇总得到。

成果实现阶段则负责将科技成果转化为新的产品与服务,在将上一阶段专利产出转化为本阶段投入的基础上,需要的新增中间投入是新产品开发经费投入,最终产出为新产品销售额。

在具体测算方面,网络数据包络分析模型可以进一步将评价单元内部过程进行细化,在整合系统内部投入、产出要素的基础上,实现对系统整体效率更加有效的测度。因此本章使用三阶段链式网络数据包络分析模型对我国上市公司 2011—2020 年的创新效率进行测算。具体模型为:

$$E_k = \max \frac{\sum_{i=1}^{s} u_i Y_{ij}^n}{\sum_{i=1}^{m} v_i X_{ij}^n} \tag{11-1}$$

$$s.t. \begin{cases} \dfrac{\sum\limits_{i=1}^{s} u_i Y_{ij}}{\sum\limits_{i=1}^{m} v_i X_{ij}} \leqslant 1 \\[2em] \dfrac{\sum\limits_{d1=1}^{D1} \omega_{d1}^1 Z_{d1j}^1}{\sum\limits_{i=1}^{m} v_i X_{ij}^1} \leqslant 1 \\[2em] \dfrac{\sum\limits_{d2=1}^{D2} \omega_{d2}^2 Z_{d2j}^2}{\sum\limits_{d1=1}^{D1} \omega_{id1}^1 Z_{d1j}^1 + \sum\limits_{i=1}^{m} v_i X_{ij}^2} \leqslant 1 \\[2em] \dfrac{\sum\limits_{i=1}^{s} u_i Y_{ij}}{\sum\limits_{d2=1}^{D2} \omega_{id2}^2 Z_{d2j}^2 + \sum\limits_{i=1}^{m} v_i X_{ij}^3} \leqslant 1 \\[2em] v_1, \cdots, v_9, \omega_1, \cdots, \omega_6 \geqslant 0 \\[2em] E_k^{(1)} = \dfrac{\sum\limits_{d1=1}^{D1} \omega_{id2}^1 Z_{d2j}^1}{\sum\limits_{i=1}^{m} v_i X_{ij}^1} \\[2em] E_k^{(2)} = \dfrac{\sum\limits_{d2=1}^{D2} \omega_{id2}^2 Z_{d2j}^2}{\sum\limits_{d1=1}^{D1} \omega_{id1}^1 Z_{d1j}^1 + \sum\limits_{i=1}^{m} v_i X_{ij}^1} \\[2em] E_k^{(3)} = \dfrac{\sum\limits_{i=1}^{s} u_i Y_{ij}}{\sum\limits_{d1=1}^{D1} \omega_{id2}^1 Z_{d2j}^1 + \sum\limits_{i=1}^{m} v_i X_{ij}^1} \end{cases} \tag{11-2}$$

假设有 n 个决策单元 DMU，每个决策单元 DMU 都有 m_i $(i=1,2,3)$ 种类型的投入，d_i $(i=1,2,3)$ 种类型的中间产出以及 s 种类型的最终产出。DMU_j 表示第 j 个决策单元，X_{ij}^n 表示 DMU_j 在第 n 阶段的第 i 项投入，Y_{ij}^n 表示 DMU_j 在第 n 阶段的第 i 项最终产出。Z_{d1j}^1 表示的是第一阶段的产出，同时是第二阶段的第 d_1 个投入量；Z_{d2j}^2 表示 DMU_j 在第二阶段的产出，同时也是第三个阶段的第 d_2 个投入量；v_i 表示第 i 种投入的权重；ω_{di}^r 表示第 r 种中间产出的权重；u_s 是第 s 种最终产出的权重；E_k^1，E_k^2，E_k^3 分别代表创意转化、知识凝结和成果实现三阶段的创新效率，E_k 为企业总体创新效率。

为了探寻企业创新效率变动的内在特征，本章首先总结了数据中包含的特征化事实。图 11-2 是依据本章测算结果整理得到的 2011—2020 年中国企业创新效率变动趋势。如图所示，企业总体创新效率及创意转化、知识凝结、成果实现各阶段的创新效率在样本期内大致呈现波动上升趋势。

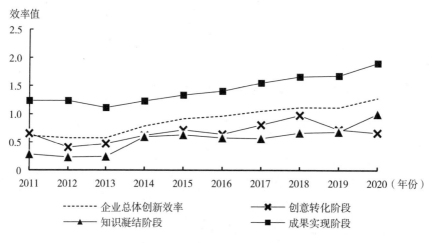

图 11-2 2011—2020 年中国企业创新效率变动趋势

第三节　数字金融影响企业创新效率的研究设计

一、模型设定

为了检验数字金融对企业创新效率的影响效果,本章设定如下基准计量模型:

$$Innovation_{cit} = \alpha_0 + \alpha_1 Fintech_{ct} + \sum \beta X_{cit} + \lambda_i + \mu_t + \varepsilon_{cit}$$

$$(11-3)$$

其中,下标 c、i、t 分别表示企业、城市和年份。被解释变量 $Innovation_{cit}$ 表示注册地址属于地级市 c 的上市公司企业 i 在第 t 年的创新效率。核心解释变量 $Fintech_{ct}$ 表示地级市 c 在第 t 年的数字金融发展水平;X_{cit} 表示企业和地级市层面影响企业创新效率的控制变量。λ_i、μ_t 分别为企业个体、时间固定效应,ε_{cit} 为地级市层面的聚类稳健标准误差。α_0 是截距项。

二、变量选取

(一)核心解释变量:数字金融

已有研究主要采用北京大学数字普惠金融指数刻画数字金融发展水平,考虑到该指数虽然能够涵盖互联网金融覆盖广度、使用深度和数字化程度三个层面,但是该指数仅来自支付宝生态体系,根据蚂蚁金融服务集团一家互联网金融公司的微观用户数据测算得到,未能涵盖传统金融行业的数字金融发展以及其他数字金融服务商;同时该指数是根据支付宝的小微信贷主体用户行为进行统计的,与数字金融的科技属性相比更加侧重于普惠特性。而数字金融是利用大数据、云计算、人工智能等新一代信息技术赋能传统金融机构的产物,因此从业务逻辑和事实逻辑两个层面考虑,该数字普惠金融指数无法真正刻画我国地级市数字金融发展水平。进一步地,由于数字金融的理论内涵类似于金融科技(钱海章等,2020)①,因此本章参考相关测度方法利用百度搜索指数方法衡量地区数字金融发展水平,同时在后文中也使用北京大学数字普惠金融指数进行了相关稳健性检验。

但是现有以"关键词+年份"的形式在百度新闻中进行数字金融相关报道数量检索的方法,并未筛除无关信息导致数据准确性有所欠缺(封思贤、郭仁静,2019)②。具体来说存在以下可以改进的地方:一是未限定数字金融应用行业,无法过滤人工智能、大数据等技术在非金融领域的应用报道;二是直接搜索年份得到的新闻报道并不完全是当年的新闻报道,无法准确反映特定年份的真实新闻报道数量。据此,本章在现有方法基础上重新整理确定数字金融关键词,通过更改初始统一资源定位系统改进检索形式与检索范围,最终整理得到 2011—2020 年数字金融相关词汇在中国283 个地级市金融领域的百度新闻搜索指数。

具体操作步骤为:首先,综合学术领域与实业领域相关内容确定数字金融关键词。在学术借鉴方面,参考盛天翔、范从来

---

① 钱海章、陶云清、曹松威、曹雨阳:《中国数字金融发展与经济增长的理论与实证》,《数量经济技术经济研究》2020 年第 6 期。

② 封思贤、郭仁静:《数字金融、银行竞争与银行效率》,《改革》2019 年第 11 期。

(2020)①等经典文献的做法归纳整理相关关键词;在重要研究报告借鉴方面,我们以《中国数字金融运行报告(2021)》为指引进一步扩充数字金融特征词库,最终形成以核心技术为支撑,以支付结算、资本筹集和投资管理为典型应用的数字金融关键词架构。其中,技术支撑方面的关键词包含人工智能、大数据、云计算、区块链、物联网、生物识别、数据挖掘、自然语言处理、用户画像、数据可视化和数据隐私监管,支付结算方面的关键词为移动支付、第三方支付、分布式账本技术、智能合约、智能客服和数字货币,资本筹集方面的关键词包括互联网存款、消费金融、网络融资、网络贷款和股权众筹融资,投资管理方面的关键词有智能投顾、互联网理财、量化交易和直销银行。

其次,在已有研究基础上更改初始统一资源定位系统(URL),一是融入对应用行业的考虑,将检索范围精确到新闻标题中包含金融或银行、证券和保险等细分行业名称的词条;二是将公历日期标准格式"年/月/日"转换为时间戳添加到 URL 中,以严格控制检索结果的时间范围,确保能够准确得到特定年份数字金融相关新闻的真实词条数目;三是引入中国 283 个地级市查询列表,进一步提高中国数字金融发展情况刻画的细致程度。

最后,运用 python 软件的 requests 模块获取搜索页面,定位读取中国各地级市在 2011—2020 年每年有关金融行业运用某一项数字金融技术的新闻词条数,重复进行上述操作采集各地级市所有数字金融关键词的百度新闻词条数。在此基础上加总 283 个地

---

　　① 盛天翔、范从来:《金融科技、最优银行业市场结构与小微企业信贷供给》,《金融研究》2020 年第 6 期。

级市每一年26个数字金融关键词的百度新闻条数,将所有关键词报道数量总和的对数值作为各地级市数字金融发展水平的衡量指标。

(二)机制变量

根据理论分析可知,数字金融主要通过缓解融资约束、降低代理成本,促进企业创新活动创意转化、知识凝结和成果实现三阶段的循环运转,提高企业创新效率。因此,我们参考已有文献的通用做法,分别选用 KZ 指数和经营费用率进行表征。

其中,对 KZ 指数的具体测算,本章借鉴卡普兰和津加莱斯(Kaplan 和 Zingales,1997)的核心思想,参考谭跃、夏芳(2011)[①],首先运用经营性净现金流、现金股利、现金持有水平占年初总资产比重,以及资产负债率、托宾 Q 值分别计算 KZ1、KZ2、KZ3、KZ4 和 KZ5,通过加总上述分指数得到总 KZ;其次采用排序逻辑回归以总 KZ 为被解释变量,以上述具体指标为解释变量估计各变量回归系数;最后运用模型估计结果计算企业 KZ 指数衡量每年的融资约束程度。具体来说,KZ 指数越大,意味着上市公司面临的融资约束程度越高。

在代理成本的表征方面,本章借鉴戴亦一、肖金利、潘越(2016)的度量方法[②],使用经营费用率作为企业代理成本的替代变量。经营费用率是企业销售费用与管理费用之和与主营业务收入的比值,一定程度上能够反映管理层因过度在职消费等代理行

---

① 谭跃、夏芳:《股价与中国上市公司投资——盈余管理与投资者情绪的交叉研究》,《会计研究》2011 年第 8 期。

② 戴亦一、肖金利、潘越:《"乡音"能否降低公司代理成本?——基于方言视角的研究》,《经济研究》2016 年第 12 期。

为而产生的代理成本,该指标数值越大,表明股东与管理层之间的代理成本越高。

(三)控制变量

参照已有研究的普遍做法(曲永义、王可,2022[①];韩珣、李建军、彭俞超,2022[②]),本章选取以下控制变量:企业层面控制变量:公司规模($Size$),用上市公司总资产的自然对数衡量;资产负债率(Lev),用上市公司年末负债总额与资产总额的比值衡量;流动资产占比($Intasset$),用上市公司流动资产与资产总额的比值得到;盈利能力(ROA),用上市公司净利润总额表示;高管和董事长是否两职合一($Dual$),如果董事长兼任总经理为1,否则为0。地区层面控制变量:经济发展水平(Gdp),用地区生产总值增长率表示;开放程度($Fore$),用地级市进出口总额衡量;市政府教育财政支出占比($Govedu$),表示为年末市政府教育财政支出占国内生产总值比重。

表 11-1　数字金融影响企业创新效率的主要变量定义

变量	符号	定义
数字金融	$Digfin$	中国地级市数字金融百度新闻指数
企业创新效率	$Innovation$	三阶段链式网络 DEA 模型测算
公司规模	$Size$	上市公司总资产的自然对数
资产负债率	Lev	上市公司年末负债总额与资产总额的比值
流动资产占比	$Intasset$	上市公司流动资产与资产总额的比值

---

① 曲永义、王可:《中国政务服务信息化及其对企业创新的影响研究》,《数量经济技术经济研究》2022 年第 4 期。
② 韩珣、李建军、彭俞超:《政策不连续性、非金融企业影子银行化与企业创新》,《世界经济》2022 年第 4 期。

续表

变量	符号	定义
盈利能力	*ROA*	上市公司净利润总额
高管和董事长是否两职合一	*Dual*	董事长兼任总经理为1,否则为0
经济发展水平	*Gdp*	地区生产总值增长率
开放程度	*Fore*	地级市进出口总额
市政府教育财政支出占比	*Govedu*	年末市政府教育财政支出占GDP比重

三、数据来源与说明

本章数据区间为2011—2020年,主要使用三类数据:第一类是百度新闻网络爬虫数据,用于衡量地级市数字金融发展水平;第二类是上市公司企业层面数据,数据来源为国泰安数据服务中心和万得数据库,用于测度企业创新效率和企业层面控制变量;第三类是地级市层面数据,主要来源为EPS数据平台,用于测算地区层面控制变量。在实际处理过程中剔除了金融类上市公司数据和样本期内被ST处理、＊ST处理的上市公司当年数据,然后依据上市公司注册所在地信息实现地级市数据与上市公司企业数据二者间的匹配。

第四节　数字金融影响企业创新效率的实证检验

一、基准回归结果

表11-2汇报了数字金融对企业创新效率影响的具体拟合结果。其中,表11-2列(1)是普通最小二乘法的估计结果,数字金融的拟合系数在1%的置信水平上显著为正,在排除企业规模等

因素对企业创新效率的影响后,初步刻画了数字金融与企业创新效率之间的正向关系。列(2)、列(3)是个体—时间双固定效应模型估计结果,列(2)只加入了企业层面控制变量,列(3)进一步加入了地级市层面控制变量,拟合结果显示,在尽可能排除外部环境影响的情况下,数字金融的拟合系数仍显著为正。进一步地,考虑到企业创新效率的当期值在很大程度上会受到前期值的影响,从而产生序列自相关问题。为了排除这一影响,本章在列(4)、列(5)汇报了系统广义矩估计和差分广义矩估计的具体拟合结果,从中发现,企业创新效率滞后一期的拟合系数在两个模型中均显著为正,说明企业创新效率的变化在很大程度上取决于其过去的状态,而在控制企业创新效率前期值与残差项之间的内生关联、排除被解释变量时序自相关的影响后,而核心解释变量数字金融的拟合系数分别为 0.069 和 0.068,并且均通过了 1% 的统计显著性检验,证实数字金融对企业创新效率的促进作用依然显著。

　　以上基本计量模型着重考察了数字金融在均值区间对企业创新效率的影响,忽视了其在极值区域的尾部状态特征。为有效捕捉数字金融在企业创新效率极值区域的影响效果,刻画数字金融在不同分位点对企业创新效率的边际影响,本章接下来利用控制时间效应的分位数回归,分别估计在 15%、30%、50%、75% 和 90% 分位点上企业创新效率受数字金融影响的分位数方程。具体结果见表 11-3,从分位数回归模型的结果来看,数字金融在 15%、30%、50%、75%、90% 的分位数回归中均显著为正,说明数字金融对企业创新效率各分位点都具有显著的正向促进作用,且数字金融系数拟合值大小随着分位数的增加而呈现上升趋势,这表明针对企业创新效率的不同分位点,数字金融对高分位点样本企业创新效率的促进作用高于平均水平,对低分位点样本企业创新效率的促进作用低于平均水平。其现实意义在于,数字金融对企业创新效率的影响程度,在一定程度上依赖于企业创新效率的前期积累,相同程度的数字金融发展水平,能够对不同层级企业创新效率产生差异化影响,扩大二者间的创新效率鸿沟。

表 11-2　数字金融影响企业创新效率的基准回归结果 I

变量	（1）	（2）	（3）	（4）	（5）
$Digfin$	0.062***	0.017***	0.018***	0.069***	0.068***
	(0.005)	(0.006)	(0.006)	(0.015)	(0.009)
$L.Innovation$	—	—	—	0.462***	0.328***
				(0.017)	(0.033)
控制变量	是	是	是	是	是
常数项	1.540***	3.255***	3.172***	0.448	—
	(0.368)	(0.232)	(0.260)	(0.332)	
AR(1)p 值	—	—	—	0.000	0.000
AR(2)p 值	—	—	—	0.909	0.327
时间固定效应	—	是	是	—	—
个体固定效应	—	是	是	—	—
N	26662	26471	26242	22282	18824
R^2	0.089	0.683	0.683	—	—

注:*、**、***分别表示在10%、5%和1%的显著性水平上显著,括号内表示稳健标准误差,下同。

表 11-3　数字金融影响企业创新效率的基准回归结果 II

变量	15%分位点 (1)	30%分位点 (2)	50%分位点 (3)	75%分位点 (4)	90%分位点 (5)
$Digfin$	0.114*	0.147***	0.205***	0.279***	0.331***
	(0.061)	(0.049)	(0.040)	(0.058)	(0.081)
控制变量	是	是	是	是	是
时间固定效应	是	是	是	是	是
地区固定效应	是	是	是	是	是
N	26891	26891	26891	26891	26891

二、稳健性检验

(一)内生性问题处理

一方面,单个企业的创新效率很难对其所在地区的数字金融发展进程产生影响;另一方面,本章衡量各地级市数字金融发展水平运用的是各地级市在金融行业发布的与数字金融关键词相关的百度新闻词条数,是一个相对外生的衡量指标。通常而言,由于百度新闻搜索量级较大,其结果较难受到单个上市公司行为的影响,并且在实证检验过程中,我们也尝试对时间效应、个体效应和外部环境因素进行了多方面控制,尽量去控制那些可能同时影响数字金融发展和企业创新效率的因素,但实证结果仍有可能受到一些不可观测因素的影响,因此,本章使用工具变量法对基准模型进行再检验。

对于工具变量的选择,本章首先借鉴谭常春、王卓、周鹏(2022)①的方法,选用全国金融科技公司数量增长率乘以滞后一期的地级市金融科技公司数量,再除以地级市 GDP 水平,模拟出样本期内历年地级市数字金融发展水平的估计值,构建份额移动法工具变量。一方面,金融科技公司作为地级市数字金融整体发展的组成部分,其公司数量能够在一定程度上反映地区的数字金融发展情况,因此该工具变量满足相关性条件;另一方面,作为份额移动法构建的虚拟估计值,其本身很难对该地区企业创新效率造成影响,满足外生性要求。同时,在表 11-4 列(1)、列(2)的拟合结果中,该工具变量同时通过了弱工具变量检验与不可识别检

---

① 谭常春、王卓、周鹏:《金融科技"赋能"与企业绿色创新——基于信贷配置和监督的视角》2022 年第 1 期。

验,证明其是一个合意的工具变量。表11-4列(2)的结果显示在以上述工具变量进行二阶段最小二乘估计的情况下,数字金融的拟合系数与基准回归的结果基本一致。

其次,本章还参考特伦斯等(Terence 等,2013)的思想[①],使用企业所在省份内 GDP 最接近其注册地的三个其他地级市数字金融发展水平均值,作为该企业所在地数字金融发展的工具变量。在相关性方面,同一省份内部的地级市大都拥有相似的产业结构、受到相同省级政策的影响,而 GDP 接近的地级市更是处于同一发展阶段,在金融结构方面存在高度的相似性,满足相关性条件;而在外生性方面,由于地域分割性的存在,GDP 相近的其他地级市的数字金融发展水平难以影响本地企业创新活动,同时其也通过了弱工具变量检验与不可识别检验,证明其同样是一个合意的工具变量。具体结果见表11-4列(3)、列(4),列(3)是第一阶段回归结果,模型因变量是创新企业所在地级市的数字金融发展水平,工具变量对数字金融的拟合系数显著为正,且通过了不可识别检验和弱工具变量检验,满足了相关性条件。列(4)使用二阶段最小二乘法,估计结果表明,在以 GDP 相近地级市数字金融发展平均水平作为工具变量的情况下,数字金融对企业创新效率提升仍然存在显著的促进作用。

最后,本章将上述两个指标同时作为工具变量进行了二阶段最小二乘估计,在通过不可识别检验、弱工具变量检验和过度识别检验的基础上,列(6)的拟合结果表明,数字金融对企业投资效率

---

① Terence T.L., Chong L.P., Lu, Ongena S., "Does Banking Competition Alleviate or Worsen Credit Constraints Faced by Small- and Medium-Sized Enterprises? Evidence from China", *Journal of Banking & Finance*, Vol.37, No.9, 2013, pp.3412-3424.

的促进作用仍然稳健。

表 11-4　数字金融影响企业创新效率的内生性检验

变量	工具变量一		工具变量二		联合工具变量	
	（1）	（2）	（3）	（4）	（5）	（6）
Index	0.013 *** (0.002)	0.334 ** (0.142)	0.486 *** (0.066)	0.513 *** (0.116)	0.010 *** (0.001)	0.036 *** (3.662)
工具变量二					0.333 *** (0.069)	
控制变量	是	是	是	是	是	是
时间固定效应	是	是	是	是	是	是
个体固定效应	是	是	是	是	是	是
N	22158	22158	26471	26471	21949	21949
R^2		0.002		0.003		0.004
Kleibergen-Paap rk LM 统计量	51.382		16.270		63.600	
Cragg-Donald Wald F 统计量	7257.225		6579.404		5460.180	
Kleibergen-Paap rk Wald F 统计量	71.250		50.372		123.570	

（二）替换数字金融指标的再检验

考虑到北京大学数字普惠金融指数也是测度数字金融发展水平的常用指标,我们进一步将核心解释变量衡量指标由百度新闻词条数据更换为数字普惠金融指数进行再检验,具体结果见表11-5列（1）。结果显示,数字金融的拟合系数仍在 1% 的置信水平上显著为正,表明改变数字金融的度量方法并不影响本章核心结论,其对企业创新效率的促进作用仍然显著,即基准回归结果是稳健的。

(三)剔除直辖市样本的再检验

为了排除城市行政建制不同产生的差异性影响,本章删除北京市、上海市、天津市和重庆市四个直辖市样本进行再检验,具体结果见表11-5列(2),数字金融的拟合系数依然显著为正,说明剔除城市行政建制的影响,数字金融对企业创新效率的提升作用依然存在。

(四)剔除国内金融波动影响的再检验

2015年中国资本市场发生剧烈波动,股票市场多次出现千股跌停、多股停牌的断崖式下跌现象,对我国数字金融的发展与整体经济运行造成了长期破坏性干扰,考虑到此次金融波动的波及面与影响深度,本章只保留2015年前的样本进行稳健性检验,具体结果见表11-5列(3),数字金融的拟合系数仍然显著为正,说明在2015年金融波动发生之前,数字金融对企业创新效率的促进作用已经显现。

(五)调整数据样本之后的再检验

表11-4列(4)是将非平衡面板数据转化为平衡面板数据之后进行再检验,表11-5列(5)则是为了避免极端值影响,对样本连续变量进行上下1%缩尾处理之后的拟合结果,数字金融的拟合系数仍在1%的置信水平上显著为正,说明本章的核心结论具有高度稳健性。

（六）企业创新效率分环节的再检验

考虑到企业创新效率提升是创意转化、知识凝结和成果实现三个环节运行效率共同改善的过程,因此需要进一步分析数字金融与各环节企业创新效率提升之间的关系,考察数字金融对企业创新效率的提升的促进作用在哪些环节得到了现实体现。具体回归结果见表11-6。从中可知,在创意转化和创新成果实现阶段,数字金融分别在1%和5%的置信水平上显著为正,说明数字金融显著促进了创意转化和成果实现阶段的企业创新效率。而在创新知识凝结阶段,数字金融对企业创新效率的影响的统计意义并不显著,但其拟合系数为正,说明其对知识凝结环节的创新效率提升作用尚未完全显现。

表 11-5　数字金融影响企业创新效率的稳健性检验结果 I

变量	（1）	（2）	（3）	（4）	（5）
Digfin	0.746 ***	0.013 **	0.013 *	0.021 ***	0.018 ***
	(0.170)	(0.006)	(0.007)	(0.007)	(0.006)
控制变量	是	是	是	是	是
常数项	−0.574	3.213 ***	4.290 ***	3.506 ***	3.191 ***
	(0.935)	(0.314)	(1.599)	(0.418)	(0.257)
时间固定效应	是	是	是	是	是
个体固定效应	是	是	是	是	是
N	26242	20658	8461	14348	26242
R^2	0.684	0.684	0.709	0.678	0.681

表 11-6　数字金融影响企业创新效率的稳健性检验结果 II

变量	创意转化阶段 （1）	知识凝结阶段 （2）	成果实现阶段 （3）
$Digfin$	0.066*** （0.017）	0.038 （0.028）	0.018** （0.009）
控制变量	是	是	是
常数项	3.099** （1.367）	−0.684 （1.643）	16.016*** （2.282）
时间固定效应	是	是	是
个体固定效应	是	是	是
N	26242	26242	26242
R^2	0.652	0.646	0.871

第五节　数字金融影响企业创新效率的拓展分析

一、作用机制检验

由理论分析可知,数字金融主要通过缓解融资约束、降低代理成本,促进创意转化、知识凝结、成果实现三阶段的循环运转,提高企业创新效率。为了验证上述作用机制是否成立,我们参考李斌和黄少卿(2021)的检验策略[1],采用模型(11-4)的形式进行作用机制检验。

$$med_{cit} = b_0 + b_1 Fintech_{ct} + \sum bX_{cit} + \lambda_i + \mu_t + \varepsilon_{cit} \qquad (11-4)$$

其中, med_{cit} 表示机制变量,包括融资约束(fc)和代理成本($cost$)。对于融资约束机制衡量指标的选取,我们参考已有文献

_____

[1]　李斌、黄少卿:《网络市场渗透与企业市场影响力——来自中国制造业企业的微观证据》,《经济研究》2021 年第 11 期。

的通用做法选用 KZ 指数进行表示;而就代理成本机制的度量,本章借鉴戴亦一、肖金利、潘越(2016)的度量方法①,利用企业销售费用与管理费用之和与主营业务收入的比值计算经营费用率,并将其作为企业代理成本的替代变量。具体机制检验结果见表 11-7、表 11-8。表 11-7 列(1)报告的是数字金融对融资约束的影响,数字金融的拟合系数显著为负,因此数字金融能够通过缓解融资约束促进企业创新效率提升。考虑到技术支撑、典型应用维度是数字金融的核心构成,而典型应用维度又可以细分为支付结算、资本筹集和投资管理三个方面,为了确定数字金融改善信息披露质量的作用来源,我们从上述从数字金融的各细分环节进行了进一步检验。列(2)至列(7)分别是数字金融技术支撑维度、典型应用、支付结算、资本筹集和投资管理维度影响融资约束的检验结果,结果发现,各细分维度的发展均缓解了企业创新活动的融资约束。数字金融降低代理成本的检验结果见表 11-8。表 11-8 列(1)的结果表明数字金融对代理成本的参数拟合系数显著为负,说明数字金融发展会降低企业所有者与管理者之间的代理成本。列(2)至列(7)是数字金融技术支撑维度、典型应用、支付结算、资本筹集和投资管理维度影响代理成本的检验结果,结果证明数字金融各细分维度的发展均缓解了企业内部的代理冲突。综合机制检验部分的整体结果,数字金融可以通过在企业创新投入层面缓解融资约束,在企业创新管理层面降低代理成本促进创新效率的提升。

---

①　戴亦一、肖金利、潘越:《"乡音"能否降低公司代理成本?——基于方言视角的研究》,《经济研究》2016 年第 12 期。

表 11-7　数字金融影响企业创新效率的融资约束作用机制检验

变量	数字金融（1）	技术支撑（2）	支付结算（3）	资本筹集（4）	投资管理（5）	典型应用（6）
Digfin	-0.003** (0.001)					
Technical		-0.014*** (0.002)				
Payment			-0.019*** (0.001)			
Capital				-0.011*** (0.001)		
Investment					-0.013*** (0.001)	
Application						-0.020*** (0.002)
控制变量	是	是	是	是	是	是
常数项	2.885*** (0.179)	3.443*** (0.342)	3.469*** (0.331)	3.451*** (0.335)	3.456*** (0.344)	3.537*** (0.333)
时间固定效应	是	是	是	是	是	是
个体固定效应	是	是	是	是	是	是
N	26223	26223	26223	26223	26223	26223
R^2	0.632	0.752	0.758	0.752	0.753	0.757

表 11-8　数字金融影响企业创新效率的代理成本作用机制检验

变量	数字金融（1）	技术支撑（2）	支付结算（3）	资本筹集（4）	投资管理（5）	典型应用（6）
Digfin	-0.032*** (0.003)					
Technical		-0.016*** (0.002)				
Payment			-0.019*** (0.002)			
Capital				-0.015*** (0.002)		
Investment					-0.014*** (0.002)	

续表

变量	数字金融 （1）	技术支撑 （2）	支付结算 （3）	资本筹集 （4）	投资管理 （5）	典型应用 （6）
Application						-0.022^{***} （0.003）
控制变量	是	是	是	是	是	是
常数项	0.284 （0.738）	0.035 （0.735）	0.057 （0.749）	0.048 （0.743）	0.048 （0.732）	0.138 （0.749）
时间固定效应	是	是	是	是	是	是
个体固定效应	是	是	是	是	是	是
N	26242	26242	26242	26242	26242	26242
R^2	0.914	0.913	0.913	0.913	0.913	0.913

二、异质性分析

（一）积累效应：区域金融基础异质性

数字金融是新一代信息技术与金融系统融合创新的产物，其发展演进与区域自身的金融基础具有不可分割的联系。相对于前期金融基础较差的区域，良好的金融基础可以为数字金融技术与应用的渗透提供充足空间，有利于更快激发出规模效应带来数字金融发展规模的指数倍增，实现其对企业创新效率的改善作用。在具体实证验证方面，本章选用各省份每人拥有的银行网点数量衡量地区金融发展前期基础，通过在基准模型中引入其与数字金融的交互项进行验证。具体检验结果见表11-9列（1），数字金融与金融发展前期基础交互项拟合系数显著为正，说明金融基础积累越充足的地区，数字金融对企业创新效率的促进作用更加强烈。

（二）政策保障：知识产权保护力度异质性

知识产权保护作为一种兼具市场性与普惠性的功能性产业政策，已有研究大多验证了知识产权保护对企业创新的显著促进作用，但是考虑到数字金融缓解融资约束和代理问题的关键是企业披露更多的创新相关信息，而知识产权保护执行力度较强的地区，能够更好激励企业披露自身创新信息，便于数字金融实现对企业创新相关财务信息的持续收集，缓解企业委托代理问题促进创新效率提升。因此，区域的知识保护力度可能会致使数字金融对企业创新效率的提升作用产生差异化表现。在实证检验方面，本章根据樊纲、王小鲁、马光荣（2011）①对地区知识产权保护程度的评分衡量地区知识产权保护力度，并将其与数字金融的交互项引入基准模型，具体检验结果见表11-9列（2），数字金融与地区知识产权保护力度交互项的拟合系数在1%的置信水平上显著为正，说明知识产权保护保障越完善的地区，数字金融对企业创新效率的促进作用更加强烈。即：企业所在地知识产权保护制度越完善，能够提供多样化的维权途径，促进企业披露自身信息，从而激发数字金融对企业创新效率的改善作用。

（三）竞争动机：市场化程度异质性

在数字金融实现其对企业创新效率的影响过程中，较高的市场化程度有利于破除地方保护主义，在数字金融改善金融市场与创新企业、企业所有者与管理者之间的信息不对称的过程中，促进

---

① 樊纲、王小鲁、马光荣：《中国市场化进程对经济增长的贡献》，《经济研究》2011年第9期。

发挥市场自发调节机制提高资源配置效率,一方面改善创新企业的资金可得性;另一方面提高企业管理者竞争意识,从而更好提高企业创新效率。因此,地级市数字金融发展对企业创新效率的改善程度,与该地区的市场化程序息息相关。据此,本章采用樊纲、王小鲁、马光荣(2011)的测算方法衡量区域市场化程度,通过引入数字金融与市场化指数(Market)的交互项,检验数字金融在不同市场化水平下对企业创新绩效的差异性影响。具体检验结果见表11-9列(3),数字金融与市场化指数交互项的拟合系数显著为正,结果表明在市场化程度越高的地区,数字金融对企业创新效率的促进作用更加强烈。即该企业所在地的市场化程度越高,在数字金融发挥作用的过程中,企业更容易获取资金、市场信息、技术知识和行业发展趋势等资源,市场竞争更为透明,为企业创新提供了良好的市场环境。

(四)信号效果:行业类别异质性

数字金融发挥其对企业创新效率促进作用的关键是缓解金融市场与创新企业之间的信息不对称问题,为具有良好创新能力的企业缓解融资壁垒。事实上,高新技术行业是我国研发创新的主力军,高新技术企业认定虽然作为通过提供税收优惠激励企业进行创新活动的政策设计,能够为企业的创新能力提供良好背书,但是由于高新技术企业的认定门槛是"研发支出占营业收入之比",研发支出占比越高意味着企业有更高的经营风险,因此,在实际融资过程中,高新技术行业一般仍处于相对劣势地位。而数字金融可以通过拓展资金来源与可得性、增加信息透明度,缓解其融资约束,因此相对非高新技术行业,数字金融对高新技术行业创新效率的提升作用可能更加显著。对此,本章按照国务院《高技术产业(制造业)分类(2017)》和《高技术产业(服务业)分类(2018)》,定义是否属于高新技术行业虚拟变量 Tech,通过引入数字金融与高新技术行业(Tech)的交互项进行检验。具体回归结果见表 11-9 列(4),数字金融与高新技术行业交互项的拟合系数显著为正,表明针对高新技术行业,数字金融对企业创新效率的促进作用更加强烈。

表 11-9　数字金融影响企业创新效率的异质性分析

变量	(1)	(2)	(3)	(4)
Digfin	0.039*** (0.008)	0.048*** (0.013)	0.025** (0.012)	0.009 (0.006)
Scale				
Digfin×Scale				
Tech				−0.105 (0.118)
Digfin×Tech				0.017** (0.007)
Market			−0.295 (0.286)	
Digfin×Market			0.035* (0.021)	
Intelpro		−0.250*** (0.084)		
Digfin×Intelpro		0.019*** (0.006)		
Institutions	−0.273 (0.176)			
Digfin×Institutions	0.022* (0.012)			
控制变量	是	是	是	是
Cons	1.4202*** (0.363)	2.728*** (0.332)	0.034* (0.018)	3.168*** (0.270)
时间固定效应	是	是	是	是

续表

变量	（1）	（2）	（3）	（4）
个体固定效应	是	是	是	是
N	26242	26234	26471	26242
R^2	0.758	0.684	0.686	0.684

完善金融支持创新体系、引导金融机构加大对重点领域和薄弱环节的支持力度,是深化金融供给侧结构性改革的根本目标。而现阶段,数字金融的发展是否能够有效提升企业创新效率、增强中国的经济实力与科技实力? 这一问题目前仍未有学者通过详细的理论分析与经验检验进行回答。本章在把握数字金融核心特征的基础上,阐释数字金融影响企业创新效率的理论逻辑,并在更改初始统一资源定位系统拓展检索形式与检索范围的基础上,获取中国 2011—2020 年地级及以上城市的数字金融百度新闻指数数据,运用链式网络 DEA 模型从创意转化、知识凝结和成果实现三个环节测算上市企业创新效率,对数字金融与企业创新效率的因果效应和影响机制进行验证。得到如下主要结论:

第一,数字金融对企业创新效率提升具有显著的促进作用,并且通过划分企业创新活动细分环节、替换核心变量度量指标、构建工具变量等一系列稳健性检验,这一核心结论仍然稳健。第二,数字金融对企业创新效率提升的促进作用主要是缓解融资约束、降低代理成本实现的。第三,数字金融对企业投资效率提升的促进作用存在积累效应、政策保障、竞争动机和信号效果等方面的异质性表现。具体来说,在积累效应差异方面,数字金融对企业创新效率的促进作用在金融前期基础较高的地区更加明显;在政策保障差异方面,数字金融对企业创新效率的影响随地区知识产权保护力度的提高而增强;在竞争动机差异方面,数字金融对企业创新效率的影响随地区市场化发展程度的提高而增强;在信号效果差异方面,数字金融对高新技术企业创新效率的提升具有更加明显的促进作用。

参 考 文 献

[1]白俊红、蒋伏心:《协同创新、空间关联与区域创新绩效》,《经济研究》2015 年第 7 期。

[2]白俊红、王钺、蒋伏心、李婧:《研发要素流动、空间知识溢出与经济增长》,《经济研究》2017 年第 7 期。

[3]卞元超、白俊红:《市场分割与中国企业的生存困境》,《财贸经济》2021 年第 1 期。

[4]蔡继明、刘媛、高宏、陈臣:《数据要素参与价值创造的途径——基于广义价值论的一般均衡分析》,《管理世界》2022 年第 7 期。

[5]蔡跃洲、马文君:《数据要素对高质量发展影响与数据流动制约》,《数量经济技术经济研究》2021 年第 3 期。

[6]蔡跃洲、张钧南:《信息通信技术对中国经济增长的替代效应与渗透效应》,《经济研究》2015 年第 12 期。

[7]钞小静、廉园梅、罗鎏锴:《新型数字基础设施对制造业高质量发展的影响》,《财贸研究》2021 年第 10 期。

[8]钞小静、廉园梅:《劳动收入份额与中国经济增长质量》,

《经济学动态》2019 年第 9 期。

[9]钞小静、沈路、薛志欣:《基于形态属性的中国省域数字经济发展水平再测算》,《经济问题》2023 年第 2 期。

[10]钞小静、薛志欣、孙艺鸣:《新型数字基础设施如何影响对外贸易升级:来自中国地级及以上城市的经验证据》,《经济科学》2020 年第 3 期。

[11]钞小静、薛志欣:《新型信息基础设施对中国企业升级的影响》,《当代财经》2022 年第 1 期。

[12]钞小静、周文慧:《人工智能对劳动收入份额的影响研究——基于技能偏向性视角的理论阐释与实证检验》,《经济与管理研究》2021 年第 2 期。

[13]钞小静:《数字经济赋能中国式产业现代化》,《人文杂志》2023 年第 1 期。

[14]陈安平:《集聚与中国城市经济韧性》,《世界经济》2022 年第 1 期。

[15]陈德球、孙颖、王丹:《关系网络嵌入、联合创业投资与企业创新效率》,《经济研究》2021 年第 11 期。

[16]陈旭、邱斌、刘修岩、李松林:《多中心结构与全球价值链地位攀升:来自中国企业的证据》,《世界经济》2019 年第 8 期。

[17]陈彦斌、林晨、陈小亮:《人工智能、老龄化与经济增长》,《经济研究》2019 年第 7 期。

[18]陈中飞、江康奇:《数字金融发展与企业全要素生产率》,《经济学动态》2021 年第 10 期。

[19]陈子曦、青梅:《中国城市群高质量发展水平测度及其时空收敛性研究》,《数量经济技术经济研究》2022 年第 6 期。

［20］池仁勇：《区域中小企业创新网络形成、结构属性与功能提升：浙江省实证考察》，《管理世界》2005年第10期。

［21］戴魁早、刘友金：《要素市场扭曲与创新效率——对中国高技术产业发展的经验分析》，《经济研究》2016年第7期。

［22］戴翔、杨双至：《数字赋能、数字投入来源与制造业绿色化转型》，《中国工业经济》2022年第9期。

［23］戴亦一、肖金利、潘越：《"乡音"能否降低公司代理成本？——基于方言视角的研究》，《经济研究》2016年第12期。

［24］董保宝、葛宝山、王侃：《资源整合过程、动态能力与竞争优势：机理与路径》，《管理世界》2011年第3期。

［25］杜勇、曹磊、谭畅：《平台化如何助力制造企业跨越转型升级的数字鸿沟？——基于宗申集团的探索性案例研究》，《管理世界》2022年第6期。

［26］樊纲、王小鲁、马光荣：《中国市场化进程对经济增长的贡献》，《经济研究》2011年第9期。

［27］房逸靖、张治栋：《要素流动、技术扩散与地区间经济差距——基于长三角城市群的经验证据》，《区域经济评论》2021年第3期。

［28］封思贤、郭仁静：《数字金融、银行竞争与银行效率》，《改革》2019年第11期。

［29］高培勇、杜创、刘霞辉、袁富华、汤铎铎：《高质量发展背景下的现代化经济体系建设：一个逻辑框架》，《经济研究》2019年第4期。

［30］郭凯明、潘珊、颜色：《新型基础设施投资与产业结构转型升级》，《中国工业经济》2020年第3期。

[31]郭凯明:《人工智能发展、产业结构转型升级与劳动收入份额变动》,《管理世界》2019年第7期。

[32]郭美晨、杜传忠:《ICT提升中国经济增长质量的机理与效应分析》,《统计研究》2019年第3期。

[33]韩珣、李建军、彭俞超:《政策不连续性、非金融企业影子银行化与企业创新》,《世界经济》2022年第4期。

[34]韩永辉、黄亮雄、王贤彬:《产业政策推动地方产业结构升级了吗?——基于发展型地方政府的理论解释与实证检验》,《经济研究》2017年第8期。

[35]何大安:《大数据、人工智能与厂商竞争路径》,《商业经济与管理》2020年第7期。

[36]何宗樾、宋旭光:《数字金融发展如何影响居民消费》,《财贸经济》2020年第8期。

[37]贺晓宇、沈坤荣:《现代化经济体系、全要素生产率与高质量发展》,《上海经济研究》2018年第6期。

[38]洪银兴:《改革开放以来发展理念和相应的经济发展理论的演进——兼论高质量发展的理论渊源》,《经济学动态》2019年第8期。

[39]胡必亮、唐幸、殷琳、刘倩:《新兴市场国家的综合测度与发展前景》,《中国社会科学》2018年第10期。

[40]胡晟明、王林辉、董直庆:《工业机器人应用与劳动技能溢价——理论假说与行业证据》,《产业经济研究》2021年第4期。

[41]胡凯、吴清、胡毓敏:《知识产权保护的技术创新效应——基于技术交易市场视角和省级面板数据的实证分析》,《财经研究》2012年第8期。

［42］胡亚茹、陈丹丹:《中国高技术产业的全要素生产率增长率分解——兼对"结构红利假说"再检验》,《中国工业经济》2019年第2期。

［43］黄群慧、余泳泽、张松林:《互联网发展与制造业生产率提升:内在机制与中国经验》,《中国工业经济》2019年第8期。

［44］黄先海、余骁:《以"一带一路"建设重塑全球价值链》,《经济学家》2017年第3期。

［45］姜军、江轩宇、伊志宏:《企业创新效率研究——来自股权质押的影响》,《金融研究》2020年第2期。

［46］蒋灵多、陆毅、张国峰:《自由贸易试验区建设与中国出口行为》,《中国工业经济》2021年第8期。

［47］焦豪、杨季枫、王培暖、李倩:《数据驱动的企业动态能力作用机制研究——基于数据全生命周期管理的数字化转型过程分析》,《中国工业经济》2021年第11期。

［48］焦勇:《数字经济赋能制造业转型:从价值重塑到价值创造》,《经济学家》2020年第6期。

［49］荆文君、孙宝文:《数字经济促进经济高质量发展:一个理论分析框架》,《经济学家》2019年第2期。

［50］李斌、黄少卿:《网络市场渗透与企业市场影响力——来自中国制造业企业的微观证据》,《经济研究》2021年第11期。

［51］李川川、刘刚:《数字经济创新范式研究》,《经济学家》2022年第7期。

［52］李海舰、田跃新、李文杰:《互联网思维与传统企业再造》,《中国工业经济》2014年第10期。

［53］李海舰、赵丽:《数据成为生产要素:特征、机制与价值形

态演进》,《上海经济研究》2021 年第 8 期。

[54]李杰伟、吴思栩:《互联网、人口规模与中国经济增长:来自城市的视角》,《当代财经》2020 年第 1 期。

[55]李涛、高良谋:《"大数据"时代下开放式创新发展趋势》,《科研管理》2016 年第 7 期。

[56]李晓龙、冉光和:《中国金融抑制、资本扭曲与技术创新效率》,《经济科学》2018 年第 2 期。

[57]李心丹、肖斌卿、张兵、朱洪亮:《投资者关系管理能提升上市公司价值吗?——基于中国 A 股上市公司投资者关系管理调查的实证研究》,《管理世界》2007 年第 9 期。

[58]李燕:《工业互联网平台发展的制约因素与推进策略》,《改革》2019 年第 10 期。

[59]刘斌、甄洋:《数字贸易规则与研发要素跨境流动》,《中国工业经济》2022 年第 7 期。

[60]刘川、范力勇、李飞:《网络效应》,新华出版社 2017 年版。

[61]刘传明、马青山:《网络基础设施建设对全要素生产率增长的影响研究——基于"宽带中国"试点政策的准自然实验》,《中国人口科学》2020 年第 3 期。

[62]刘和东、刘繁繁:《要素集聚提升高新技术产业绩效的黑箱解构——基于经济高质量发展的门槛效应分析》,《科学学研究》2021 年第 11 期。

[63]刘洪愧、朱鑫榕、郝亮:《全球价值链在多大程度上是全球性的——兼论价值链的形式及演变》,《经济问题》2016 年第 4 期。

［64］刘瑞明、赵仁杰:《西部大开发:增长驱动还是政策陷阱——基于 PSM-DID 方法的研究》,《中国工业经济》2015 年第 6 期。

［65］刘思明、张世瑾、朱惠东:《国家创新驱动力测度及其经济高质量发展效应研究》,《数量经济技术经济研究》2019 年第 4 期。

［66］刘伟:《现代化经济体系是发展、改革、开放的有机统一》,《经济研究》2017 年第 11 期。

［67］刘晓星、张旭、李守伟:《中国宏观经济韧性测度——基于系统性风险的视角》,《中国社会科学》2021 年第 1 期。

［68］刘智勇、李海峥、胡永远、李陈华:《人力资本结构高级化与经济增长——兼论东中西部地区差距的形成和缩小》,《经济研究》2018 年第 3 期。

［69］鲁晓东、连玉君:《中国工业企业全要素生产率估计:1999—2007》,《经济学(季刊)》2012 年第 2 期。

［70］吕越、邓利静:《全球价值链下的中国企业"产品锁定"破局——基于产品多样性视角的经验证据》,《管理世界》2020 年第 8 期。

［71］吕越、谷玮、包群:《人工智能与中国企业参与全球价值链分工》,《中国工业经济》2020 年第 5 期。

［72］马述忠、任婉婉、吴国杰:《一国农产品贸易网络特征及其对全球价值链分工的影响——基于社会网络分析视角》,《管理世界》2016 年第 3 期。

［73］马述忠、张洪胜:《集群商业信用与企业出口——对中国出口扩张奇迹的一种解释》,《经济研究》2017 年第 1 期。

[74]马永开、李仕明、潘景铭:《工业互联网之价值共创模式》,《管理世界》2020 年第 8 期。

[75]毛宁、孙伟增、杨运杰、刘哲:《交通基础设施建设与企业数字化转型——以中国高速铁路为例的实证研究》,《数量经济技术经济研究》2022 年第 10 期。

[76]毛其淋、许家云:《外资进入如何影响了本土企业出口国内附加值?》,《经济学(季刊)》2018 年第 4 期。

[77]聂长飞、卢建新、冯苑、胡兆廉:《创新型城市建设对绿色全要素生产率的影响》,《中国人口·资源与环境》2021 年第 3 期。

[78]潘毛毛、赵玉林:《互联网融合、人力资本结构与制造业全要素生产率》,《科学学研究》2020 年第 12 期。

[79]裴长洪、倪江飞、李越:《数字经济的政治经济学分析》,《财贸经济》2018 年第 9 期。

[80]戚聿东、肖旭:《数字经济时代的企业管理变革》,《管理世界》2020 年第 6 期。

[81]钱海章、陶云清、曹松威、曹雨阳:《中国数字金融发展与经济增长的理论与实证》,《数量经济技术经济研究》2020 年第 6 期。

[82]邱红、林汉川:《全球价值链、企业能力与转型升级——基于我国珠三角地区纺织企业的研究》,《经济管理》2014 年第 8 期。

[83]曲永义、王可:《中国政务服务信息化及其对企业创新的影响研究》,《数量经济技术经济研究》2022 年第 4 期。

[84]芮明杰:《构建现代产业体系的战略思路、目标与路径》,《中国工业经济》2018 年第 9 期。

[85]沈国兵、袁征宇:《企业互联网化对中国企业创新及出口的影响》,《经济研究》2020年第1期。

[86]盛斌、毛其淋:《贸易开放、国内市场一体化与中国省际经济增长:1985—2008年》,《世界经济》2011年第11期。

[87]盛斌、赵文涛:《地区全球价值链、市场分割与产业升级——基于空间溢出视角的分析》,《财贸经济》2020年第9期。

[88]盛磊、杨白冰:《新型基础设施建设的投融资模式与路径探索》,《改革》2020年第5期。

[89]盛天翔、范从来:《金融科技、最优银行业市场结构与小微企业信贷供给》,《金融研究》2020年第6期。

[90]师博、樊思聪:《中国省际经济高质量发展潜力测度及分析》,《东南学术》2020年第4期。

[91]施炳展、冼国明:《要素价格扭曲与中国工业企业出口行为》,《中国工业经济》2012年第2期。

[92]石大千、李格、刘建江:《信息化冲击、交易成本与企业TFP——基于国家智慧城市建设的自然实验》,《财贸经济》2020年第3期。

[93]宋德勇、朱文博、丁海:《企业数字化能否促进绿色技术创新?——基于重污染行业上市公司的考察》,《财经研究》2022年第4期。

[94]苏丹妮、盛斌、邵朝对、陈帅:《全球价值链、本地化产业集聚与企业生产率的互动效应》,《经济研究》2020年第3期。

[95]孙浦阳、张靖佳、姜小雨:《电子商务、搜寻成本与消费价格变化》,《经济研究》2017年第7期。

[96]谭常春、王卓、周鹏:《金融科技"赋能"与企业绿色创

新——基于信贷配置和监督的视角》,《会计研究》2022年第1期。

[97]谭跃、夏芳:《股价与中国上市公司投资——盈余管理与投资者情绪的交叉研究》,《会计研究》2011年第8期。

[98]唐红梅、赵军:《数字普惠金融、产业结构与包容性增长》,《当代经济科学》2022年第6期。

[99]唐荣、黄抒田:《产业政策、资源配置与制造业升级:基于价值链的视角》,《经济学家》2021年第1期。

[100]万海远:《城市社区基础设施投资的创业带动作用》,《经济研究》2021年第9期。

[101]王桂军、卢潇潇:《"一带一路"倡议与中国企业升级》,《中国工业经济》2019年第3期。

[102]王靖宇、张宏亮:《债务融资与企业创新效率——基于〈物权法〉自然实验的经验证据》,《中国软科学》2020年第4期。

[103]王举颖、赵全超:《大数据环境下商业生态系统协同演化研究》,《山东大学学报(哲学社会科学版)》2014年第5期。

[104]王开科、吴国兵、章贵军:《数字经济发展改善了生产效率吗》,《经济学家》2020年第10期。

[105]王岚、李宏艳:《中国制造业融入全球价值链路径研究——嵌入位置和增值能力的视角》,《中国工业经济》2015年第2期。

[106]王鹏、岑聪:《市场一体化、信息可达性与产出效率的空间优化》,《财贸经济》2022年第4期。

[107]王谦、付晓东:《数据要素赋能经济增长机制探究》,《上海经济研究》2021年第4期。

[108]王如玉、梁琦、李广乾:《虚拟集聚:新一代信息技术与

实体经济深度融合的空间组织新形态》,《管理世界》2018 年第 2 期。

[109]王维、李宏扬:《新一代信息技术企业技术资源、研发投入与并购创新绩效》,《管理学报》2019 年第 3 期。

[110]王永钦、董雯:《机器人的兴起如何影响中国劳动力市场?——来自制造业上市公司的证据》,《经济研究》2020 年第 10 期。

[111]王勇、樊仲琛、李欣泽:《禀赋结构、研发创新和产业升级》,《中国工业经济》2022 年第 9 期。

[112]韦庄禹:《数字经济发展对制造业企业资源配置效率的影响研究》,《数量经济技术经济研究》2022 年第 3 期。

[113]邬爱其、刘一蕙、宋迪:《跨境数字平台参与、国际化增值行为与企业国际竞争优势》,《管理世界》2021 年第 9 期。

[114]吴非、常曦、任晓怡:《政府驱动型创新:财政科技支出与企业数字化转型》,《财政研究》2021 年第 1 期。

[115]吴伟伟、张天一:《非研发补贴与研发补贴对新创企业创新产出的非对称影响研究》,《管理世界》2021 年第 3 期。

[116]肖静华、吴小龙、谢康、吴瑶:《信息技术驱动中国制造转型升级——美的智能制造跨越式战略变革纵向案例研究》,《管理世界》2021 年第 3 期。

[117]肖曙光、杨洁:《高管股权激励促进企业升级了吗——来自中国上市公司的经验证据》,《南开管理评论》2018 年第 3 期。

[118]徐兰、吴超林:《数字经济赋能制造业价值链攀升:影响机理、现实因素与靶向路径》,《经济学家》2022 年第 7 期。

[119]徐圆、邓胡艳:《多样化、创新能力与城市经济韧性》,

《经济学动态》2020年第8期。

［120］徐圆、张林玲：《中国城市的经济韧性及由来：产业结构多样化视角》，《财贸经济》2019年第7期。

［121］许明、邓敏：《劳动报酬如何影响出口企业加成率：事实与机制》，《财经问题研究》2018年第9期。

［122］许宪春、王洋：《大数据在企业生产经营中的应用》，《改革》2021年第1期。

［123］许宪春、张钟文、关会娟：《中国新经济：作用、特征与挑战》，《财贸经济》2020年第1期。

［124］薛成、孟庆玺、何贤杰：《网络基础设施建设与企业技术知识扩散——来自"宽带中国"战略的准自然实验》，《财经研究》2020年第4期。

［125］阳镇、陈劲、李纪珍：《数字经济时代下的全球价值链：趋势、风险与应对》，《经济学家》2022年第2期。

［126］杨道广、王佳妮、陈汉文：《业绩预告："压力"抑或"治理"——来自企业创新的证据》，《南开管理评论》2020年第4期。

［127］杨帆、杜云晗：《创新与高端服务业人才集聚对经济增长影响的共轭效应研究——基于西部地区城市面板数据的分析》，《中国软科学》2021年第10期。

［128］殷德生、吴虹仪、金桩：《创新网络、知识溢出与高质量一体化发展——来自长江三角洲城市群的证据》，《上海经济研究》2019年第11期。

［129］杨骞、刘鑫鹏：《中国区域创新效率的南北差异格局：2001—2016》，《中国软科学》2021年第12期。

［130］杨学成、涂科：《出行共享中的用户价值共创机理——

基于优步的案例研究》,《管理世界》2017 年第 8 期。

[131]姚立杰、周颖:《管理层能力、创新水平与创新效率》,《会计研究》2018 年第 6 期。

[132]叶祥松、刘敬:《政府支持、技术市场发展与科技创新效率》,《经济学动态》2018 年第 7 期。

[133]余泳泽、杨晓章、张少辉:《中国经济由高速增长向高质量发展的时空转换特征研究》,《数量经济技术经济研究》2019 年第 6 期。

[134]张国胜、杜鹏飞、陈明明:《数字赋能与企业技术创新——来自中国制造业的经验证据》,《当代经济科学》2021 年第 6 期。

[135]张洪胜、潘钢健:《跨境电子商务与双边贸易成本:基于跨境电商政策的经验研究》,《经济研究》2021 年第 9 期。

[136]张虎、高子桓、韩爱华:《企业数字化转型赋能产业链关联:理论与经验证据》,《数量经济技术经济研究》2023 年第 5 期。

[137]张可、汪东芳、周海燕:《地区间环保投入与污染排放的内生策略互动》,《中国工业经济》2016 年第 2 期。

[138]张平淡、屠西伟:《制造业集聚、技术进步与企业全要素能源效率》,《中国工业经济》2022 年第 7 期。

[139]张勋、杨桐、汪晨、万广华:《数字金融发展与居民消费增长:理论与中国实践》,《管理世界》2020 年第 11 期。

[140]张叶青、陆瑶、李乐芸:《大数据应用对中国企业市场价值的影响——来自中国上市公司年报文本分析的证据》,《经济研究》2021 年第 12 期。

[141]张志元、马永凡:《数字金融与企业投资:银行风险承担

视角》,《当代经济科学》2022 年第 1 期。

[142]赵宸宇、王文春、李雪松:《数字化转型如何影响企业全要素生产率》,《财贸经济》2021 年第 7 期。

[143]赵玲、黄昊:《企业数字化转型、供应链协同与成本粘性》,《当代财经》2022 年第 5 期。

[144]周茂、陆毅、杜艳、姚星:《开发区设立与地区制造业升级》,《中国工业经济》2018 年第 3 期。

[145]周泽将、汪顺、张悦:《知识产权保护与企业创新信息困境》,《中国工业经济》2022 年第 6 期。

[146]朱德胜:《不确定环境下股权激励对企业创新活动的影响》,《经济管理》2019 年第 2 期。

[147]朱金生、李蝶:《技术创新是实现环境保护与就业增长"双重红利"的有效途径吗?——基于中国 34 个工业细分行业中介效应模型的实证检验》,《中国软科学》2019 年第 8 期。

[148]Acemoglu D., Restrepo P., "The Race Between Man and Machine: Implications of Technology for Growth, Factors Shares, and Employment", *American Economic Review*, Vol.108, No.6, 2018.

[149]Egger P., Larch M., Nigai S., "Trade Costs in the Global Economy: Measurement, Aggregation and Decomposition", *WTO Staff Working Papers*, 2021.

[150]Fan R., Dong L., Yang W.G., Sun J.Q., "Study on the Optimal Supervision Strategy of Government Low-Carbon Subsidy and the Corresponding Efficiency and Stability in the Small-World Network Context", *Journal of Cleaner Production*, Vol.168, 2017.

[151]Frenken K., Oort F. V., Verburg T., "Related Variety,

Unrelated Variety and Regional Economic Growth", *Regional Studies*, Vol.41, No.5, 2007.

[152] Goldfarb A., Tucker C., "Digital Economics", *Journal of Economic Literature*, Vol.57, No.2, 2019.

[153] Horner R., "The Impact of Patents on Innovation, Technology Transfer and Health: a Pre- and Post-Trips Analysis of India's Pharmaceutical Industry", *New Political Economy*, Vol. 19, No.3, 2014.

[154] Lendle A., Olarreaga M., Schropp S., Vézina P. L., "There Goes Gravity: eBay and the Death of Distance", *The Economic Journal*, Vol.126, No.591, 2016.

[155] Martin R., Sunley P., Gardiner B., Tyler P., "How Regions React to Recessions: Resilience and the Role of Economic Structure", *Regional Studies*, Vol.50, No.4, 2016.

[156] Zhang L. L., Huang S. J., "Social Capital and Regional Innovation Efficiency: the Moderating Effect of Governance Quality", *Structural Change and Economic Dynamics*, Vol.62, No.9, 2022.

[157] Agrawal A., Gans J. S., Goldfarb A., "Artificial Intelligence: the Ambiguous Labor Market Impact of Automating Prediction", *Journal of Economic Perspectives*, Vol.33, No.2, 2019.

[158] Béné C. "Are We Messing with People's Resilience? Analysing the Impact of External Interventions on Community Intrinsic Resilience", *International Journal of Disaster Risk Reduction*, Vol.44, 2020,

[159] Bingham C. B., Davis J. P., "Learning Sequences: Their

Existence, Effect, and Evolution", *Academy of Management Journal*, Vol.55, No.3, 2012.

[160] Bishop P., Shilcof D., "Spatial Dynamics of New Firm Births During an Economic Crisis: the Case of Great Britain, 2004-2012", *Entrepreneurship & Regional Development*, 2017.

[161] Bresman H., "Changing Routines: A Process Model of Vicarious Group Learning in Pharmaceutical R&D", *Academy of Management Journal*, Vol.56, 2013.

[162] Brown L. T., Greenbaum, R. T., "The Role of Industrial Diversity Ineconomic Resillience: An Empirical Examination Across 35 Years", *Urban Studiers*, Vol.54, No.6, 2017.

[163] Chaisemartin C. D., D'Haultfoeuille X., "Two-Way Fixed Effects Estimators with Heterogeneous Treatment Effects", *American Economic Review*, Vol.110, No.9, 2020.

[164] Edmond C., Midrigan V., Xu D. Y., "Competition, Markups, and the Gains from International Trade", *American Economic Review*, Vol.105, No.10, 2015.

[165] Elhorst J. P., "Matlab Software for Spatial Panels", *International Regional Science Review*, Vol.68, No.2, 2014.

[166] Ellison G., Glaeser E. L., Kerr W. R., "What Causes Industry Agglomeration? Evidence from Coagglomeration Patterns", *American Economic Review*, Vol.100, No.3, 2010.

[167] Fischer M., Imgrund F., Janiesch C., Winkelmann A., "Strategy Archetypes for Digital Transformation: Defining Meta Objectives Using Business Process Management", *Information &*

Management, Vol.57, No.5, 2020.

[168] Fu X., Pietrobelli C., Soete L., "The Role of Foreign Technology and Indigenous Innovation in the Emerging Economies: Technological Change and Catching-up", *World Development*, Vol.37, No.7,2011.

[169] Gardner J., "Two-Stage Differences in Differences", *NBER Working Paper*, 2021.

[170] Gebauer H., Fleisch E., Lamprecht C., et al., "Growth Paths for Overcoming the Digitalization Paradox", *Business Horizons*, Vol.63, No.3, 2020.

[171] Goldfarb A., Tucker C., "Digital Economics", *Journal of Economic Literature*, Vol.57, No.1, 2019.

[172] Goldsmith-Pinkham, P., Sorkin, I., Swift, H., "Bartik Instruments: What, When, Why, and How", *American Economic Review*, Vol.110, No.8, 2020.

[173] Gomber P., Kauffman R. J., Parker C., Weber B., "On the Fintech Revolution: Interpreting the Forces of Innovation, Disruption, and Transformation in Financial Services", *Journal of Management Information Systems*, Vol.35, No.1,2018.

[174] Grennan J., Michaely R., "FinTechs and the Market for Financial Analysis", *Journal of Financial and Quantitative Analysis*, Vol.56,No.6, 2021.

[175] Jain M., Sharma G. D., Goyal M., Kaushal R., Sethi M., "Econometric Analysis of COVID - 19 Cases, Deaths, and Meteorological Factors in South Asia", *Environmental Science and*

Pollution Research, Vol.22, 2021.

［176］Keller W., Yeaple S. R., "The Gravity of Knowledge", *American Economic Review*, Vol.103, No.4, 2013.

［177］Lendle A., Olarreaga M., Schropp S., Vézina P. L., "There Goes Gravity: eBay and the Death of Distance", *The Economic Journal*, Vol.126, No.591, 2016.

［178］Lesage J. P., Pace R. K., "Spatial Econometric Modeling of Origin-Destination Flows", *Journal of Regional Science*, Vol.45, No.8, 2008.

［179］Demertzis M., Merler S., Guntram B. Wolff, "Capital Markets Union and the Fintech Opportunity", *Journal of Financial Regulation*, Vol.4, No.1, 2018.

［180］Martin R., Sunley P., Gardiner B., Tyler P., "How Regions React to Recessions: Resilience and the Role of Economic Structure", *Regional Studies*, Vol.50, No.4, 2016.

［181］Martin R., Sunley P., Tyler P., "Local Growth Evolutions: Recession, Resilience and Recovery", Cambridge Journal of Regions, *Economy and Society*, Vol.8, No.2, 2015.

［182］Moodysson J., Zukauskaite E., "Institutional Conditions and Innovation Systems: on the Impact of Regional Policy on Firms in Different Sectors", *Regional Studies*, Vol.48, No.1, 2014.

［183］Nambisan S., Zahra S. A., Luo Y., "Global Platforms and Ecosystems: Implications for International Business Theories", *Journal of International Business Studies*, Vol.50, No.9, 2019.

［184］Ray G., Barney J. B., Muhanna W. A., "Capabilities,

Business Processes, and Competitive Advantage: Choosing the Dependent Variable in Empirical Tests of the Resource-Based View", *Strategic Management Journal*, Vol.25, No.1, 2004.

[185] Sun L., Abraham S., "Estimating Dynamic Treatment Effects in Event Studies with Heterogeneous Treatment Effects", *Journal of Econometrics*, Vol.225, No.2, 2021.

[186] Teece D.J., "Profiting from Innovation in The Digital Economy: Enabling Technologies, Standards, and Licensing Models in The Wireless World", *Research Policy*, Vol.47, No.8, 2018.

[187] Terzi N., "The Impact of E-commerce on International Trade and Employment", *Procedia—Social and Behavioral Sciences*, Vol.24, No.1, 2011.

[188] Vial G., "Understanding Digital Transformation: A Review and A Research Agenda", *The Journal of Strategic Information Systems*, Vol.28, No.2, 2019, pp.118-144.

[189] Williams N. T., Vorley, *Creating Resilient Economies*, Edward Elgar Publishing, 2017.

[190] Zahra S. A., George, G., "Absorptive Capacity: A Review, Reconceptualization, and Extension", *Academy of Management Review*, Vol.27, No.2, 2002.

[191] Acemoglu D., Restrepo P., "Low-Skill and High-Skill Automation", *Journal of Human Capital*, Vol.12, No.2, 2018.

[192] Biondi V., Iraldo F., Meredith S., "Achieving Sustainability Through Environmental Innovation: the Role of SMEs", *International Journal of Technology Management*, Vol.24, No.5, 2002.

[193] Brown D. H., Lockett N. J., "Engaging SMEs in Ecommerce: the Role of Intermediaries within eClusters", *Electronic Markets*, No.1,2001.

[194] Fardoodi M., Mihet R., Philippon T., Veldkamp L., "Big Data and Firm Dynamics", *AEA Papers and Proceedings*, Vol.109, No.1,2019.

[195] Heo P. S., Lee D. H., "Evolution of the Linkage Structure of ICT Industry and Its Role in the Economic System: The Case of Korea", *Information Technology for Development*, Vol.25, No.3,2019.

[196] Reggiani A., Graaff T. D., Nijkamp P., "Resilience: An Evolutionary Approach to Spatial Economic Systems", *Networks & Spatial Economics*, Vol.2, No.2,2002.

[197] Terence T. L., Chong L. P., Lu S. O., "Does Banking Competition Alleviate or Worsen Credit Constraints Faced By Small- and Medium-Sized Enterprises? Evidence From China", *Journal of Banking & Finance*, Vol.37, No.9,2013.

后　记

我从 2006 年开始从事经济增长质量的相关研究,在党的十九大明确提出"我国经济已由高速增长阶段转向高质量发展阶段"后,立足经济增长质量与高质量发展间一脉相承的关系,将研究方向拓展到经济高质量发展。不管在基础理论层面,还是在实践应用层面,研究推动经济高质量发展的关键性因素都是一个重要的问题。在更大范围、更深层次的科技革命和产业变革中,数字经济在推动人类生产方式变革、社会生产关系再造以及经济社会结构变迁等方面都展现出了独特优势,这种独特优势能够塑造出经济高质量发展的新优势。数字经济的发展给传统经济理论带来了新的挑战,现阶段对数字经济与经济高质量发展的理论研究仍处于探索阶段。因此,我和我的团队将研究方向进一步凝练在数字经济与高质量发展问题上。

对于这一领域的研究,我们首先尝试从新型数字基础设施、人工智能技术、数据要素等细分维度入手来梳理数字经济与高质量发展的关系,形成的研究成果发表在《经济科学》《经济与管理研究》等学术期刊上,这些前期成果使我顺利获得国家社会科学基金项目"数字经济推动高质量发展的机制及路径研究"的资助。以此为基础,我们关于这一问题的研究变得更加系统化,在《数量经济技术经济研究》《经济科学》等期刊发表多篇学术论文并被《新华文摘》等转摘,相关成果获得西安市哲学社会科学研究成果一等奖等6项。

本书是我和我的团队合作完成的,首先由我确定研究主题并设计基本框架,在集体讨论基础上,我、薛志欣、廉园梅又进一步对研究大纲进行细化并组织撰写,各部分分工如下:导论、第一章、第二章、第三章、第八章、第九章、第十一章由廉园梅完成;第四章由王宸威完成;第五章由沈路、薛志欣完成;第六章由周文慧、刘亚颖完成;第七章由刘亚颖完成;第十章由周文慧、王灿和黄冶娜完成。

本书在完成过程中得到了南京大学数字经济与管理学院任保平教授、师博教授、魏婕教授,西北大学经济管理学院郭晗教授的大力帮助,人民出版社经济与管理编辑部主任郑海燕编审为本书的出版做了大量工作,在此表示衷心的感谢!

钞小静

2023 年 8 月